Inhaltsverzeichnis

Abkürzungsverzeichnis

AMTPA	Alternative Mortgage Transaction Parity Act
ARM	Adjustable Rate Mortgage
AUS	Automated Underwriting System
Bio	Billion (nach deutscher Zählweise)
B&L	Building & Loan Association
CDO	Credit Debt Obligation
CDS	Credit Default Swap
CMO	Collateralized Mortgage Obligation
CRA	Community Reinvestment Act
CU	Credit Union
DIDMCA	Depository Institutions Deregulation and Monetary Control Act
DU	Desktop Underwriter
FDIC	Federal Deposit Insurance Corporation
FED	Federal Reserve
FHA	Federal Housing Administration
FHLB	Federal Home Loan Bank
FHLBB	Federal Home Loan Bank Board
FHLB	Federal Home Loan Bank System
FIRREA	Financial Institutions Reform Recovery and Enforcement Act
FRM	Fixed Rate Mortgage
FSLIC	Federal Savings and Loan Corporation
GB	Geschäftsbank
Ginnie Mae	Government National Mortgage Association auch GNMA
GSE	Government Sponsored Enterprise
HOLC	Home Owners Loan Corporation
HUD	U.S. Department of Housing and Urban Development
Hyp	Hypothekarkredit
HypM	Hypothekarkreditmarkt
KG	Kreditgeber
KN	Kreditnehmer
LP	Loan Prospector
LTV	Loan to Value – Verhältnis von Kreditsumme/Wert der Immobilie
MBB	Mortgage Bank Bond
MBS	Mortgage Backed Security
MMF	Market Money Funds
OCC	Office of Comptroller and Currency
OTS	Office of Thrift Supervision

PrimM	Primärmarkt
P-A	Prinzipal-Agenten
RA	Rating Agenturen
RHS	Rural Housing Service
S&L	Savings and Loan Association – Bausparkasse
SB	Savings Bank
SekM	Sekundärmarkt
TBS	Terminating Building Society
TRA	Tax Reform Act
VA	U.S. Department of Veterans Affairs
YSP	Yield Spread Premium
ZwG	Zweckgesellschaft
ZwV	Zwangsvollstreckung

Die Verwendung der englischsprachigen Terminologie des US-amerikanischer Hypothekarkreditmarktes ist gewählt worden, um Inhaltsverluste durch eine ungenaue Übersetzung auszuschließen.

Abbildungsverzeichnis

Tabellenverzeichnis

1 Einleitung

Die vorliegende Arbeit dient der Darstellung und Analyse von Produkten, Prozessen, Akteuren, Strukturen und Strategien des US-amerikanischen Vertriebs von Hypothekarkrediten. Hierbei sollen Stärken und Schwächen des Vertriebs, unter Berücksichtigung von Prinzipal-Agenten Problemen zwischen verschiedenen Marktakteuren, herausgearbeitet werden.

Nach einem einleitenden Überblick über den Hypothekarkreditmarkt der USA erfolgt eine kurze Erläuterung der Wertschöpfungskette bei der Vergabe von Hypothekarkrediten, der beiden grundsätzlich verschiedenen Vertriebsstrategien bezüglich der Verbriefung und der unterschiedlichen Distributionskanäle. Eine Vielzahl unterschiedlicher Finanzinstrumente und Marktakteure sind das Ergebnis einer langfristigen Weiterentwicklung des Hypothekarkreditmarktes der USA unter sich verändernden rechtlichen und technologischen Rahmenbedingungen.

Im Anschluss an die Darstellung des Systems der Kreditvergabe erfolgt eine Analyse zugrundeliegender Prinzipal-Agenten-Probleme. Es werden Stärken und Schwächen der Vertriebsstrategien herausgearbeitet, welchen Einfluss diese auf die Risikostandards des Hypothekarkreditmarktes hatten und wie dies die Vergabe und den Vertrieb von Hypothekarkrediten an den Kreditnehmer veränderte. Es wird untersucht, warum die Risikostandards des gesamten Systems derart sinken konnten, dass eine weltweite Finanzkrise ausgelöst wurde. Hierbei wird geklärt, ob eine Vertriebsstrategie, deren Ziel es ist, Hypothekarkredit zu verbriefen, trotz ihrer Probleme zukunftsfähig ist oder ob eine Rückkehr zum Vertrieb ohne eine Absicht der Verbriefung vorteilhaft wäre.

2 Überblick über den Hypothekarkreditmarkt der USA

Die Förderung des Eigenheims für alle US-Bürger ist ein lange bestehendes Ziel aller US-Regierungen seit dem Ende des 2. Weltkriegs.[1] Dieses Ziel manifestierte der Kongress in der Präambel des Housing Act von 1949: *„a decent home in a suitable living environment for every American family"*.[2] Unter Mithilfe verschiedener US-Regierungen konnte so innerhalb der letzten 60 Jahre einer der größten aber auch einer der kompliziertesten Hypothekarkreditmärkte der Welt entstehen. Dessen Vielfalt und Liquidität ermöglichte es Millionen von US-Amerikanern, den „American Dream" zu verwirklichen. Investitionen in das Eigenheim haben einen großen Einfluss auf das BSP der USA, da sie jährlich 4-8% von diesem und 20-30% aller Investitionen ausmachen.[3] Trotz dieses enormen Einflusses auf die Wirtschaft ist die institutionelle Vergabe langfristiger Hypothekarkredite ein Phänomen, welches in den USA erst ab dem 19. Jahrhundert an Bedeutung gewann. Bis zur Weltwirtschaftskrise Ende der 1930er Jahre war die Nutzung von Hypothekarkrediten (Hyp) zur Finanzierung von Wohneigentum eher selten, da Kapital dafür nur in geringem Maße vergeben wurde und dann auch nur zu äußerst restriktiven Bedingungen, welche einem Großteil der Bevölkerung eine Finanzierung beinahe unmöglich machte. Dies änderte sich erst infolge der Bekämpfung der Great Depression und der „New Deal" Politik der Regierung Roosevelt, welche nicht nur das bisherige System von Grund auf veränderte, sondern auch die Grundlage für den Hypothekarkreditmarkt (HypM) der Gegenwart legte. Da der Fremdkapitalbedarf bei der US-amerikanischen Immobilienfinanzierung traditionell sehr hoch ist, hat der Staat ein besonderes Interesse an einem funktionierenden Hypothekarkreditmarkt.[4] Die daraus resultierenden staatliche Interventionen und deren Einfluss auf dessen Entwicklung hatten aber auch zur Folge, dass bestimmte Teile des Hypothekarkreditmarktes sehr stark reguliert wurden, wohingegen andere Teile beinahe vollkommen dereguliert waren. Dies führte anfänglich zu mehr Wettbewerb und einem effizienterem Markt, erschuf aber ebenso fehlgeleitete Anreize, welche die Subprimekrise zur Folge hatten. Bis 2008 wurden so 130,4 Mio. Häuser errichtet, wobei der Gesamtwert aller Immobilien von 0,27 Bio. $ (1952) auf 19,3

1 Vgl. Barth, James R. u.a. (2009), S. 9.
2 Vgl. Schwartz Alex F. (2010), S. 1.
3 Vgl. Buckley, Robert u.a. in Housing Finance Policy in Emerging Markets (2009), S. 5.
4 Vgl. Albrecht, Michael (2004), S. 1.

Bio. $ (2008) anstieg und die Eigenheimquote bei 67,5% lag.[5] Die Gesamtsumme aller laufenden Hypothekarkredite betrug im 2. Quartal des Jahres 2008 10,6 Bio. $[6], was nur knapp unter dem BIP des Jahres 2008 in Höhe von 14,5 Bio. $ lag.[7]

Wie man in Abbildung 2.1 erkennen kann, wuchs diese Quote zwischen 1940 und 1960 besonders schnell, als sie sich von 44% auf 62% erhöhte. Diese rasante Steigerung lässt sich auf staatliche Eingriffe und Veränderungen des Hypothekarkreditmarktes zurückführen, welche im Detail in Kapitel 5 aufgezeigt werden. Ab den 1960er Jahren waren Zuwächse jedoch nur noch gering und die Eigenheimquote erreichte ihren bisherigen Maximalwert im Jahr 2005 bei 69,2%.[8] Dies kennzeichnete gleichzeitig den Höhepunkt der Immobilienblase. Infolge der Subprimekrise fiel der Anteil der Eigenheimbesitzer bis zum zweiten Quartal 2010 auf 66,9%.[9]

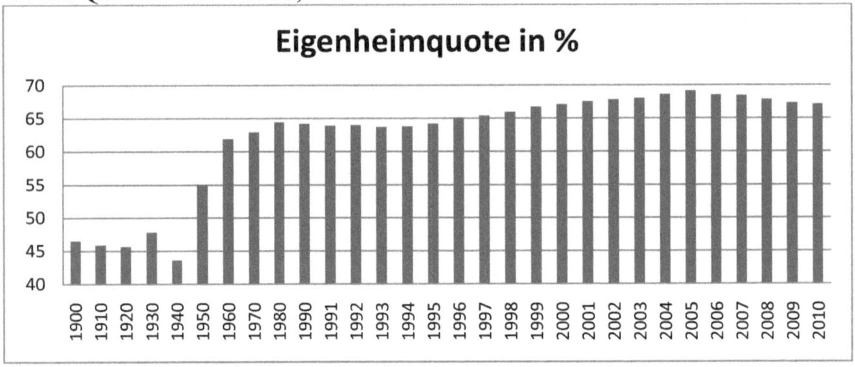

Abbildung 2.1 Eigenheimquote (1900-2010)

Quelle: Eigene Darstellung auf Basis der census.gov Angaben[10]

5 In Deutschland liegt diese Quote bei rund 42% vgl. Staub Uwe (o.J.) (Quelle: http://www.familienpolitik.net/Bauforderung/Landervergleich/body_landervergleich.html)

6 Vgl. Barth, James R. u.a. (2009), S. 13.

7 https://www.cia.gov/library/publications/the-world-factbook/geos/us.html (Zugriff am 03.11.2010).

8 Vgl. Schwartz Alex F. (2010), S. 19.

9 Vgl. Callis, Robert R. (2010), S. 4 (Quelle: http://www.census.gov/hhes/www/housing-/hvs/qtr210/files/q210press.pdf)

10 US. Census Bureau (o.J.) (Quellen: http://www.census.gov/hhes/www/housing/census /historic/owner.html) und http://www.census.gov/hhes/www/housing/hvs/qtr310/files /tab5.xls (Daten ab 1990 entsprechen den Q1 Angaben)

Da nur 1,6% der Eigentümer ihr Heim bar bezahlen können[11], erfolgt die Finanzierung beinahe aller Wohnhäuser mit Hilfe von Hypothekarkrediten. Ein Hypothekarkredit stellt eine Kreditform dar, bei der eine Hypothek auf das Grundstück des Schuldners dem Gläubiger als Kreditsicherheit dient. Dies sichert dem Gläubiger das Recht zu, beim Ausfall der Zahlungsverpflichtung des Schuldners, das Grundstück zu veräußern oder anderweitig zu verwerten, um die offenen Forderungen aus dem Hypothekarkredit abzudecken. Die Verfügbarkeit dieser Kapitalquelle ist folglich die Schlüsselgröße für eine Steigerung der Eigenheimquote und erklärt im Fall der USA, welche Vor- und Nachteile mit einer gesteigerten Verfügbarkeit von Hypothekarkredit verbunden sind. Da das Eigenheim für alle Familien, außerhalb der oberen 20% der Einkommen, das wichtigste Anlagegut darstellt, kommt ihm, bei der Vermögensbildung der Bürger, eine herausragende Stellung zu. Je geringer das Einkommen des Haushalts ausfällt, desto höher ist die Wichtigkeit. Somit repräsentieren Eigenheime vor allem für Geringverdiener die entscheidende Komponente ihres Nettovermögens.[12]

Gerade wegen des geringen Wachstums der Eigenheimquote, kann der Zuwachs seit dem Jahr 2000 als außerordentlich angesehen werden, da die Steigerung der Quote nur durch eine erhöhte Verfügbarkeit von Fremdkapital für eine breitere Bevölkerungsschicht zu erklären ist. Dieser starke Anstieg der Kreditvergabe wird in Abbildung 2.2 ersichtlich.

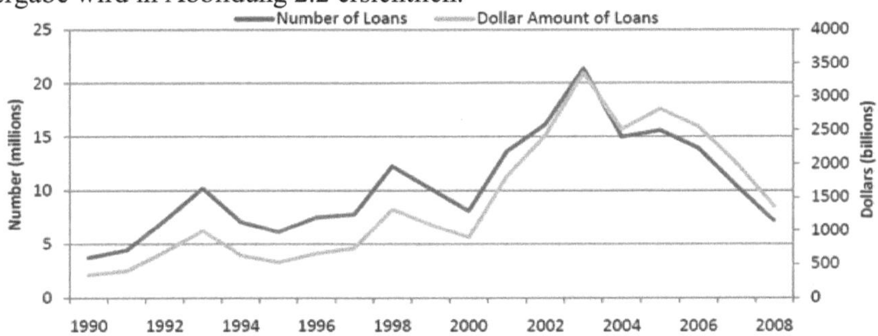

Abbildung 2.2 Hypothekarkreditvergabe (1990-2008)

Quelle: FCIC Report (2010a), S. 4.

Während der 1990er Jahren wurden jährlich im Mittel 7,6 Mio. Hypothekarkredite vergeben wurden, welche in Summe jährlich etwa 736 Mrd. $ betrugen,

11 Vgl. Chambers, Matthew S. u.a. (2008), S. 587.

12 Vgl. Barth, James R. u.a. (2009), S. 13.

stieg die Kreditvergabe ab dem Jahr 2000 bis zu ihrem Höhepunkt 2003 auf über 20 Mio. und verharrte daraufhin bis 2006 bei ca. 15 Mio., um danach wieder auf ca. 7 Mio. Kredite im Jahr 2008 zu fallen.[13]

2.1 Entwicklung makroöknomischer Faktoren

Ein Faktor, der den Kreditboom der letzten Jahre begünstigte, war ohne Zweifel das geringe Zinsniveau. Zur Bekämpfung der Rezession und der darauf folgenden Deflation senkte die Federal Reserve (FED) ihren Leitzins von 2001 bis zum Ende des Jahres 2004 auf 1% herab. Infolge dessen sanken die Zinssätze für Hyp aller Laufzeiten, wie in Abbildung 2.3 erkennbar ist.

Abbildung 2.3 Zinssätze für 30-jährige FRM, 1-jährige ARM und der FED Leitzins

Quelle: Barth, James R. u.a. (2009), S. 31

Internationale Ungleichgewichte, wie etwa die künstliche Bindung des chinesischen Yuan an den Wechselkurs des $ (Bretton Woods II), ließen zusätzliches Kapital in die USA fließen. Eine beinahe ausgeglichene Kapitalbilanz Anfang der 1990er Jahren veränderte sich bis 2006 derart, dass die USA jährlich Kapital i.H.v. 5,3% des eigenen BSP aus dem Ausland importierten. Im Jahr 2007 waren die USA der größte Kapitalimporteur der Welt.[14] Das so zur Verfü-

13 Vgl. FCIC (2010a), S. 4.
14 Vgl. Barth, James R. u.a. (2009), S. 32.

gung stehende Kapital fand seine Weg zum Teil in den HypM, was das Sinken der Hyp-Zinsen und das Wachstum der Kreditvergabe der letzten beiden Jahrzehnte zum Teil erklärt. Investoren suchten aufgrund des allgemein geringen Zinsniveaus von Staatsanleihen nach einer Anlagealternative, welche sie in Mortgage Backed Securities (MBS) und anderen strukturierten Produkten des HypM fanden. Diese wiesen, gemäß den Ratings der Rating Agenturen (RA) ein vergleichbares Risiko, wie Staatsanleihen auf, wobei ihre Couponzahlungen sogar über denen von US-Staatsanleihen lagen.

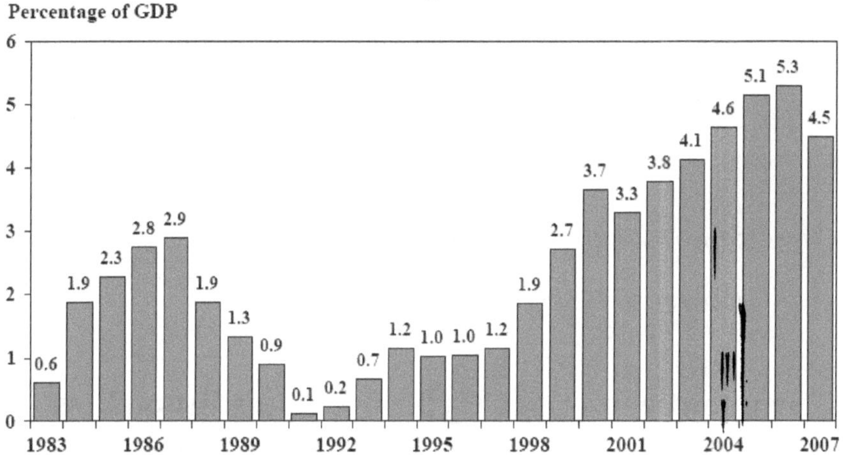

Abbildung 2.4 Kapitalimporte in die USA in % des BSP[15]

Quelle: Barth, James R. u.a. (2009), S. 32.

Die Niedrigzins-Politik der FED in Kombination mit Kapitalimporten bewirkte, dass den Kreditnehmern (KN) auf dem HypM immer mehr Kapital zur Verfügung stand und in der Folge die Zinsen sanken. Wie in Abbildung 2.3 ersichtlich wird, sank der kurzfristige Zinssatz für einen 1-jährigen variablen Hyp von 7,04% (2000) auf 3,76% (2003). In der Folge der vermehrten Kreditvergabe stiegen, wie man in Abbildung 2.5 erkennen kann, auch die Immobilienpreise. Auf dem Höhepunkt des Immobilienbooms im Jahr 2005 stiegen die Preise landesweit um jährliche 9,4%, wobei einige Teilmärkte, wie etwa Las Vegas, Los Angeles oder Miami um 17,1%, 16,1% bzw. 14% stiegen. Dies macht deutlich, dass nicht nur Eigenheimbesitzer aktiv waren, sondern ebenso Investoren und Spekulanten.

15 Barth, James R. u.a. (2009), S. 32.

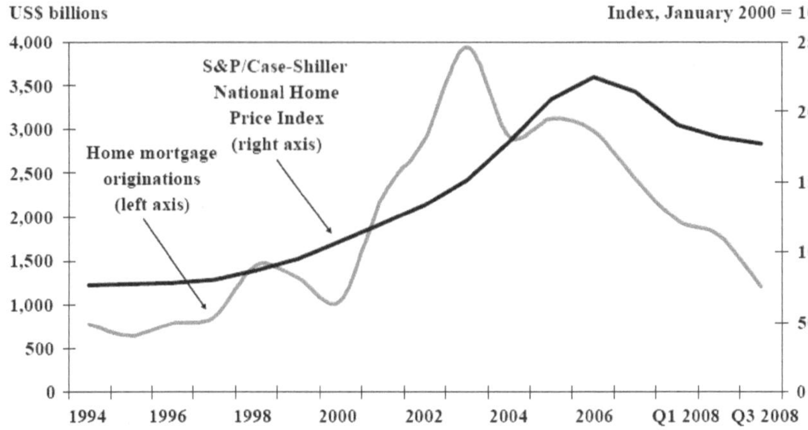

Abbildung 2.5 Entwicklung der Hauspreise und der Kreditvergabe

Quelle: Barth, James R. u.a. (2009), S. 37.

2.2 Segmentierung des Hypothekarkreditmarktes

Grob lässt sich der US-amerikanische Hypothekarkreditmarkt in zwei vertikal getrennte Märkte unterteilen, obwohl die Trennlinie der Beiden seit Jahrzehnten aufgrund von technologischem Fortschritt und den government-sponsored Enterprises (GSE) immer mehr verschwimmt.[16]

Der Primärmarkt (PrimM) bildet die Schnittstelle zwischen Kreditnehmer (KN) und Kreditgeber (KG). Der Sekundärmarkt (SekM) dient wiederum als Schnittstelle zwischen dem HypM und den internationalen Kapitalmärkten, da auf diesem Hypothekarkredite (Hyp) des PrimM in Form von strukturierten Wertpapieren, durch GSE oder private Emittenten, an Investoren verkauft werden.

16 Duncan, Douglas (2001), S. 2.

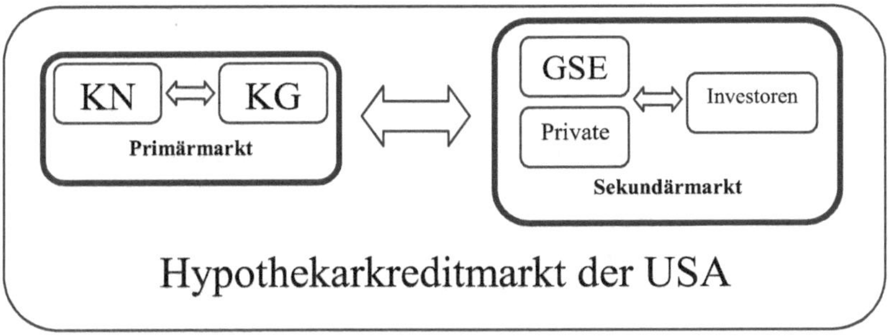

Abbildung 2.6 Aufbau des HypM der USA

Quelle: Eigene Darstellung

Traditionell entwickelt sich ein SekM immer dann, wenn Institutionen des HypM durch herkömmliche Mittel keinen profitablen Absatzmarkt für ihr Kapital finden und gleichzeitig die Kapazität der Kreditvergabe und –betreuung größer als die Möglichkeit des Haltens dieser Hyp im eigenen Portfolio wird.[17] Der Beweggrund zur Bildung des SekM in den USA war es, die regionalen Kapitalungleichgewichte auszugleichen, welche durch restriktive Gesetzgebungen hervorgerufen wurden. Die Kapitalüberschussregionen des Nordostens sollten somit die Kapitalnachfrageregionen des Westens und Südens finanzieren.[18]

2.2.1 Die Struktur des Primärmarktes

Trotz der traditionellen Neigung der US-Regierung hin zur freien Marktwirtschaft und der Eigenverantwortung der Bürger, wird der HypM vor allem durch direkte und indirekte Eingriffe von Seiten der US-Regierung bestimmt. Auf dem HypM findet man zwar sowohl private, als auch staatliche Unternehmen, jedoch sind es gerade die staatlichen (Ginnie Mae) bzw. staatlich gesponserten, aber dennoch privatwirtschaftlichen, Gesellschaften des SekM (Federal National Mortgage Association (Fannie Mae) bzw. Federal Home Loan Mortgage Corporation (Freddie Mac)), die den HypM bestimmen.

17 Vgl. Boleat, Mark (1985), S. 78.
18 Vgl. Boleat, Mark (1985), S. 78.

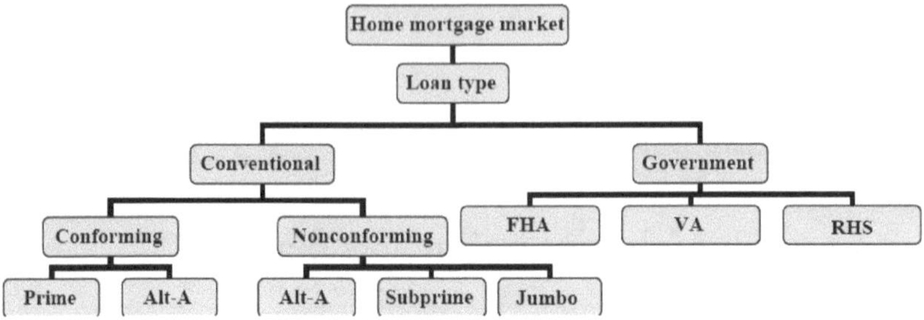

Abbildung 2.7 Unterscheidung der Hyp des Primärmarktes

Quelle: Barth, James R. u.a. (2009), S. 31.

Dies führt, wie man in Abbildung 2.7 erkennen kann, zu einer Zweiteilung des PrimM, in einen staatlichen (Government) und einen privatwirtschaftlichen Teil (Conventional). Auf dem staatlichen Teilmarkt versichern die staatlichen Behörden (Federal Housing Administration (FHA), Department of Veteran Affairs (VA) und das Rural Housing Service of the Department of Agriculture (RSA)) Hyp von spezifischen KN, welche die Risikobestimmungen bzw. Kreditanforderungen der jeweiligen Behörde erfüllen.[19]

Der private Teil des PrimM unterteilt sich wiederum in einen Conforming- und einen Nonconforming-Teilmarkt. Hyp, die den Bestimmungen der beiden GSE entsprechen, werden als Conforming bezeichnet und von diesen Gesellschaften entweder verbrieft und als MBS am SekM verkauft, im eigenen Portfolio gehalten, oder es erfolgt eine Garantie der rechtzeitigen Rückzahlung an MBS-Investoren.[20] Hyp, die deren Anforderungen nicht erfüllen, werden folglich als Nonconforming bezeichnet. Diese weisen gem. der Vorgaben der GSE entweder eine unvollständige Dokumentation beim Kreditantrag auf (Alt-A), ein zu hohes Risiko (Subprime) oder aber eine zu hohe Kreditsumme (Jumbo) auf. Herrscht keiner dieser Mängel vor, so handelt es sich um einen Prime-Hyp. Alt-A-Hyp hingegen stehen in ihrer Risikoeinstufung zwischen Prime und Subprime-Hyp. Die ihnen zugrunde liegenden KN weisen eine Kreditwürdigkeit auf, welche unter der von Prime-KN liegt, jedoch über der von Subprime-KN. Der entscheidende Aspekt bei deren Einstufung in Alt-A ist jedoch das Fehlen einer vollständigen Dokumentation bei ihrem Kreditantrag, insbesondere des Einkommensnachweises. Traditionell sind dies Selbstständige mit hohem Netto-

19 Vgl. Barth, James R. u.a. (2009), S. 16.
20 Duncan, Douglas (2001), S. 2.

vermögen, welche es vorziehen, ihr Einkommen nicht offen zu legen oder die dies einfach ablehnen. Es handelt sich somit um KN, deren Kreditwürdigkeit nicht zwangsweise geringer ist, als es bei Prime-KN der Fall ist, sondern lediglich um KN, deren Ausfallrisiko sich aufgrund der geringeren Transparenz nicht genau bestimmen lässt.

2.2.2 Die Struktur des Sekundärmarktes

Auf Grundlage der Einstufung des PrimM können Hyp am SekM entweder an staatliche oder an private Marktteilnehmer verkauft bzw. weitergereicht werden.

Wie Abbildung 2.8 zeigt, verbrieft Ginnie Mae ausschließlich Government-Hyp, also Hyp, die vom Staat via FHA, VA oder RHS versichert wurden. Dabei tritt Ginnie Mae jedoch nicht als Käufer auf, sondern als zusätzliche Garantieinstanz, die MBS-Investoren eine pünktliche und vollständige Zinszahlung sowie Tilgung garantiert.[21] Wie jedoch aus Tabelle 2.1 ersichtlich wird, werden am SekM aber vor allem Conventional Hyp verbrieft. Diese Aufgabe übernehmen die GSE (Fannie Mae und Freddie Mac) für Conforming-Hyp und private Investoren für NonConforming-Hyp

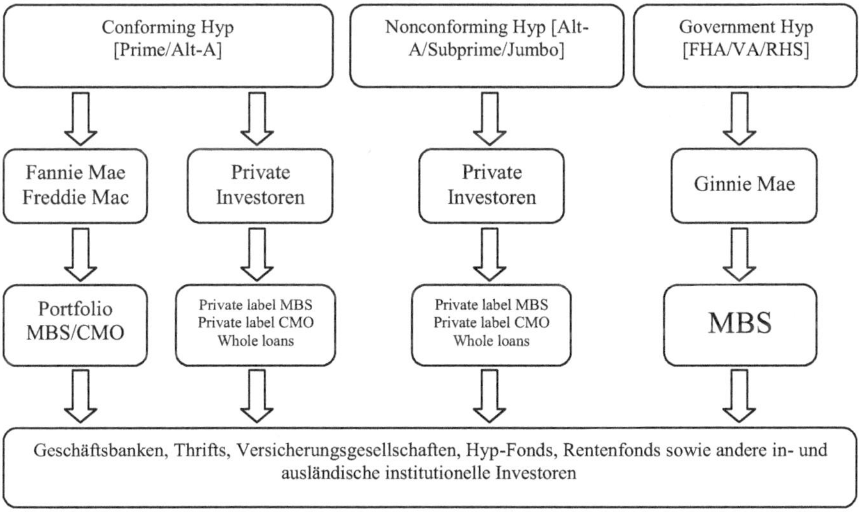

Abbildung 2.8 Aufbau des Sekundärmarktes

Quelle: Eigene Darstellung in Anlehnung an Albrecht, Michael (2004), S. 32

21 Vgl. Albrecht, Michael (2004), S. 37.

Aus Tabelle 2.1 wird ersichtlich, dass ca. 70% aller Hyp Conventional (non-jumbo) sind und folglich von den GSE verbrieft werden. Dies zeigt, dass in den USA vornehmlich Prime-Hyp vergeben und verbrieft werden. Was wiederum die Vormachtstellung der GSE erklärt, da diese, aufgrund ihrer Nähe zum Staat, Hyp-Käufe konkurrenzlos günstig refinanzieren können und demnach beinahe alle Prime-Hyp an sie weiter gereicht werden. Andere Emittenten können somit lediglich Hyp verbriefen, welche durch das Raster der GSE und von Ginnie Mae fallen. Im Gegensatz zu den GSE beabsichtigen Private-Label-Emittenten jedoch keineswegs Hyp im eigenen Portfolio zu halten oder deren Rückzahlung zu garantieren. Nonconforming- und ein geringer Teil aller Conforming-Hyp werden von ihnen entweder verbrieft und als Private-Label MBS bzw. CMO oder aber als Whole Loans[22] an Investoren verkauft.

Tabelle 2.1 Conventional und Government Hyp-Vergabe von 1990 bis 2008 (2. Quartal)

Quelle: Eigene Darstellung in Anlehnung an Barth, James R. u.a. (2009), S. 17

Jahr	gesamte Kreditvergabe in Bio. $	Conventional (non-jumbo)	Conventional (jumbo)	FHA	VA	RHS
1990	0,5	64%	20%	11%	5%	<1%
1995	0,6	69%	20%	7%	4%	<1%
2000	1	66%	23%	9%	2%	<1%
2005	3,1	72%	25%	2%	1%	<1%
2007	2,4	77%	19%	3%	1%	<1%
Q1-Q2 2008	0,9	78%	11%	9%	2%	<1%

Wie Tabelle 2.1 zeigt, stiegen ab dem Jahr 1990 sowohl die gesamte Kreditvergabe in $ bis 2005 von 0,5 Bio. $ auf 3,1 Bio. $, als auch der Anteil der Conventional Hyp, wohingegen der Anteil der staatlich gesicherten Hyp stark zurück ging. Dieser Trend kehrte sich dann mit Ausbruch der Subprimekrise ab 2007 ins Gegenteil um. Neben dem starken Absinken der gesamten Kreditvergabe von vormals 3,1 Bio. $ auf nur noch 0,9 Bio. $ stieg jedoch der Anteil staatlich gedeckter Hyp wieder auf das Niveau von 2000. Dies geschah jedoch zu Kosten des Anteils von Conventional (Jumbo) Hyp, also jenen Hyp, die von privaten Instituten vergeben wurden. Der Anteil der Conventional (Non-Jumbo)

22 secondary mortgage market term that distinguishes an investment representing an original residential mortgage loan (whole loan) from a loan representing a participation with one or more lenders or a pass-through security representing a pool of mortgages. (Quelle: http://www.allbusiness.com/glossaries/whole-loan/4943244-1.html Zugriff: 16.09.2010)

Hyp verharrte im ersten und zweiten Quartal 2008 auf hohem Niveau, bei 78%. Es zeigt sich somit, dass der private Sektor, und hier insbesondere der Jumbo- und Subprime-Markt, entscheidenden Anteil am Entstehen der Immobilienblase hatte, da er für kurze Zeit eine der wichtigsten Finanzierungsquellen des HypM darstellte.

2.3 Unterschied zwischen Prime und Subprime

Entgegen des allgemeinen Glaubens ist eine Unterscheidung zwischen Subprime und Prime nicht allgemein definierbar und der Übergang zwischen beiden nicht genau erkennbar.

> *„By providing loans to borrowers who do not meet the credit standards for borrowers in the prime market, subprime lending can and does serve a critical role in the nation's economy. These borrowers may have blemishes in their credit record, insufficient credit history or non-traditional credit sources. Through the subprime market, they can buy a new home, improve their existing home, or refinance their mortgage to increase their cash on hand."*[23]

> *"Subprime borrowers typically have weakened credit histories that include payment delinquencies, and possibly more severe problems such as charge-offs, judgments, and bankruptcies. The borrowers may also display reduced repayment capacity as measured by credit scores, debt-to-income ratios, or other criteria that may encompass borrowers with incomplete credit histories."*[24]

> *„The term subprime generally refers to borrowers who do not qualify for prime interest rates because they exhibit one or more of the following characteristics: weakened credit histories typically characterized by payment delinquencies, previous charge-offs, judgments, or bankruptcies; low credit scores; high debt-burden ratios; or high loan-to-value ratios."*[25]

All diesen Charakterisierungen des Begriffs Subprime ist gemein, dass sie von KG vorgenommen werden und an der geringen Kreditwürdigkeit der KN ansetzen. Bekannte Bewertungsmaßstäbe umfassen Risikomaße, wie die FICO-Score, die Kredit-Vergangenheit, LTV, das Verhältnis von Darlehen zu Immobilienwert und andere beobachtbare Kreditschwächen. Eine Bewertung der Kreditwürdigkeit setzt folglich nicht nur an einem einzelnen der oben genannten

---

23 U.S. Department of Housing and Urban Development (2000) (http://archives.hud.gov/reports/subprime/subprime.cfm; Zugriff: 12.10.2010)

24 FDIC (2007) (Quelle: http://www.fdic.gov/about/comein/background.html; Zugriff am 12.10.2010)

25 Roger T. Cole (2007), http://www.federalreserve.gov/newsevents/testimony/-cole20070322a.htm (Zugriff: 12.10.2010)

Indikatoren an. Eine FICO-Score unter 620 allein reicht KG somit nicht allein aus, um einen KN zu klassifizieren. Würden man allein die Grenze bei 620 ziehen, so wären gemäß Abbildung 2.9 79% aller US-Amerikaner potenzielle Prime-KN.[26]

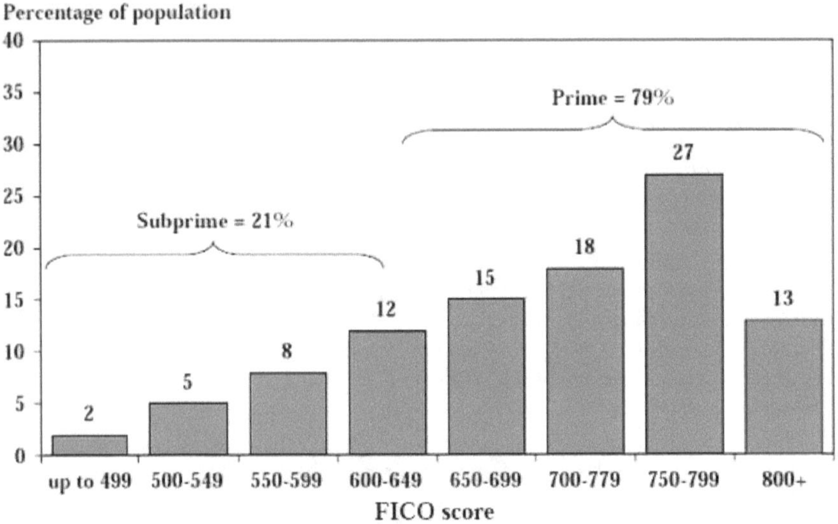

Abbildung 2.9 Verteilung der landesweiten FICO-Scores

Quelle: Barth, James R. u.a. (2009), S. 43.

Obwohl die FICO-Score einen Großteil der wichtigen Faktoren der Kreditwürdigkeit berücksichtigt, fehlen ihrer Berechnung entscheidende Faktoren, welche in die Kategorisierung der KG bezüglich Prime oder Subprime eingehen, wie etwa Einkommen, die Historie des Beschäftigungsverhältnisses des KN, das LTV oder das Verhältnis von Einkommen zu Kreditsumme.[27]

Wie Abbildung 2.10 zeigt, erhielten 55% der KN 2006 einen Subprime-Hyp, obwohl ihre FICO-Score über 620 lag. Ebenso zeigt sich, dass selbst KN mit einer FICO-Score von über 800 einen Subprime-Hyp erhielten, wohingegen KN mit FICO-Scores von 500 einen Prime-Hyp erhielten.

26 Vgl. Barth, James R. u.a. (2009), S. 44.
27 Vgl. Barth, James R. u.a. (2009), S. 44.

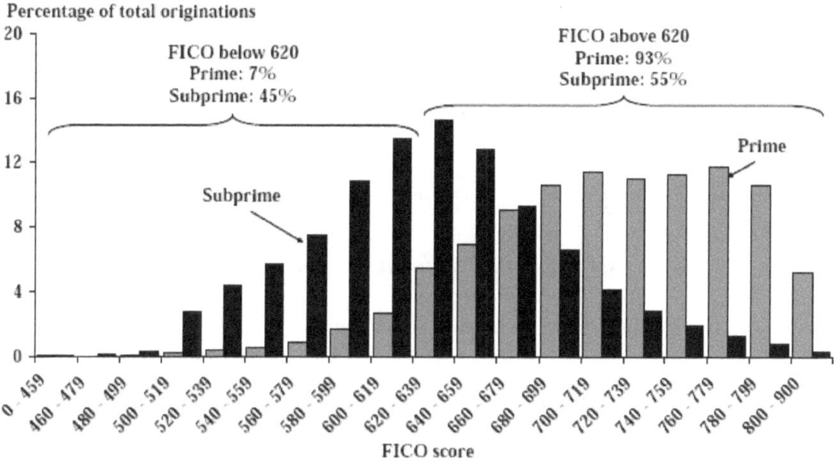

Abbildung 2.10 Prime und Subprime-Kreditvergabe bei Berücksichtigung der FICO-Scores der KN

Quelle: Barth, James R. u.a. (2009), S. 45.

Zudem scheidet eine alleinige Orientierung an dem gewählten Hyp-Produkt, wie etwa ARM, aus. Obwohl Subprime-KN häufiger bestimmte Hyp-Produkte aufnehmen oder angeboten bekommen, kann eine Verallgemeinerung der Produktwahl irreführen. Zwischen 1999 und 2007 wählten Prime-KN 31 der 32 verfügbaren Hyp-Produkte, welche Subprime-KN angeboten wurden.[28]

Die Unterscheidung, ob ein KN als Prime oder Subprime kategorisiert wird, geht in der Praxis von den KG aus, wobei alle oben genannten Faktoren berücksichtigt werden. Diese Klassifizierung ist jedoch subjektiv und muss nicht zwangsläufig mit der Einschätzung eines anderen KG übereinstimmen. Es liegt somit auch am KN, ob er mit den Kreditbestimmungen einverstanden ist und diese akzeptiert. Um dieser Intransparenz des HypM entgegen zu wirken, ist es folglich von hoher Bedeutung, dass KN sich im Voraus in die Materie der Hyp-Vergabe einarbeiten, damit sie sich ihrer Kreditwürdigkeit und der damit verbundenen Möglichkeiten bewusst sind. Unterbleibt dies, so kann ihre Unwissenheit und Naivität ihnen zum Nachteil gelangen, da sie von betrügerischen oder skrupellosen KG bzw. Brokern falsch klassifiziert werden können und folglich höhere Zinsen zahlen müssen, als dies angemessen wäre.

28 Vgl. Barth, James R. u.a. (2009), S. 45.

2.4 Prozess der Kreditvergabe

Der Prozess der Hypothekarkreditvergabe unterteilt sich in die 5 Teilleistungen: Origination, Underwriting, Closing & Funding, Sekundärmarkt-Aktivitäten und Servicing.

Abbildung 2.11: Die Wertschöpfungskette der Kreditvergabe

Quelle: eigene Darstellung in Anlehnung an Lereah, David (2003), S. 9.

Der Teilprozess der Origination bezeichnet die Entstehung des Hyp und beinhaltet sowohl die Kundenakquise als auch die Bearbeitung des Kreditantrages. Nach der Einholung von Kreditanträgen potenzieller KN über die unterschiedlichen Vertriebskanäle erfolgt in der Regel die Bearbeitung dieser durch den KG. Hierbei überprüft der KG die Angaben des Kreditantrags und fordert vom potenziellen KN unterschiedliche Nachweise und Dokumentationen (z.B. Einkommensnachweis, Urteil des Immobilienwertschätzers, Angaben bezüglich zusätzlicher Sicherheiten, etc.) an, welche bei der nachfolgenden Kreditwürdigkeitsprüfung benötigt werden.[29]

Im anschließenden Prozess des Underwritings erfolgt die Kreditwürdigkeitsprüfung des KN. Hierbei werden die Angaben des Kreditantrags von den Sachbearbeitern in der Regel erneut auf Vollständigkeit und Richtigkeit überprüft. Anhand der Angaben bestimmt man manuell oder automatisch die Rückzahlungsfähigkeit des KN und folglich auch das Kreditrisiko. Teil einer ordnungsgemäßen Risikobewertung stellt aber ebenfalls eine Überprüfung am Ort der Immobilie dar. Zur Ausschließung von Betrugsfällen überprüft der Sachbearbeiter hierbei, ob die Angaben des Antrags der Realität entsprechen, in welchem Zustand sich die Immobilie befindet und ob diese vom KN auch tatsächlich bewohnt wird. Beabsichtigt der KG einen unmittelbaren Verkauf des Hyp an einen SekM-Akteur, so beinhaltet das Underwriting insbesondere die Überprüfung, ob die Risikomerkmale, wie Einkommen des KN, LTV, Kreditsumme, usw., dessen Anforderungen entsprechen. Am Ende des Underwriting trifft der Kreditsachbearbeiter die Entscheidung, ob der Kreditantrag angenommen werden kann oder aber abgelehnt werden muss. Erfolgt eine Annahme des Antrags so wird der KN in der Regel entsprechend seines Kreditrisikos in eine Risiko-

29 Vgl. OCC (1998), S. 10.

klasse eingeordnet, anhand derer sich die Kreditbedingungen, wie Auswahlmöglichkeit der Finanzinstrumente, Zinssatz, usw. bestimmen.[30]

Im Anschluss an die Genehmigung des Kreditantrags erfolgt das Closing bzw. der Abschluss. Hierbei fügt der Kreditsachbearbeiter alle bisher gesammelten Informationen zusammen, dokumentiert diese und legt sie ordnungsgemäß ab. In der Regel erfolgt zehn Tage nach dem Abschluss des Hyp eine erneute Überprüfung der Hyp-Akte durch einen anderen Sachbearbeiter, wobei die Einhaltung der Risikostandards überprüft wird und eventuelle Unregelmäßigkeiten sowie fehlende Unterlagen festgestellt werden.

Die SekM-Aktivitäten beinhalten sowohl die Finanzierung des Hyp als auch das Verwalten des korrespondierenden Kreditrisikos durch Hedging. Die Finanzierung des Hyp hängt daraufhin von der Art des KG ab und variiert von eigenständiger Finanzierung im eigenen Haus, wodurch der Hyp im eigenen Portfolio gehalten wird, über kurzfristige Warehouse Kreditlinien durch externe Kreditgeber, der sofortigen Weitergabe an Akteure des SekM bis hin zur Verbriefung eines ganzen Pool von Hyp durch Zweckgesellschaften.[31]

Der letzte Teilprozess, das Servicing, resultiert daraus, dass infolge der Kreditvergabe, neben dem Kredit, ein Kuppelprodukt in Form der Betreuung des Hyp entsteht. Die Notwendigkeit zur Betreuung der Hyp entspringt aus der langen Laufzeit der Hyp, den hohen Beträgen, den enormen Risiken und der Allgemeinen Komplexität des Vertragskonstrukts.[32] Der Servicer kümmert sich während der Laufzeit des Hyp um das Management und die Überwachung der monatlichen Zahlungen des KN, den Versand der Zahlungsaufforderungen, die Betreuung des Mahnwesens, die Verwaltung von Darlehens- und Treuhandkonten, die allgemeine Betreuung der KN und die Einleitung und Durchführung von Zwangsversteigerungen (ZwV). Ab der Feststellung der ZwV ist der Servicer solange für die Instandhaltung des Anwesens verantwortlich, bis diese verwertet wird.[33] Für die Erfüllung der Service-Funktion in der Wertschöpfungskette von Hyp, wird der Servicer entlohnt, indem er eine Service-Gebühr erhält, welche sich als fester Prozentsatz der Kreditsumme errechnet. Neben dieser bezieht der Servicer weitere Einnahmen durch Zinserträge der Treuhandkonten, durch Floats aus Zinserträgen von Zahlungseingängen der KN oder durch Strafgebühren von säumigen KN.[34]

---

30 Vgl. OCC (1998), S. 10
31 Vgl. Lereah, David (2003), S. 12.
32 Vgl. Albrecht, Michael (2004), S. 33.
33 Vgl. Ashcraft, Adam B./Schuermann, Til (2007), S. 12.
34 Vgl. Albrecht, Michael (2004), S. 33-34.

2.5 Vertriebsstrategien

Der Vertrieb bezeichnet alle Entscheidungen und Systeme, die, basierend auf einer Vertriebsstrategie, notwendig sind, um ein Produkt oder eine Dienstleistung für den Kunden oder Endverbraucher verfügbar zu machen.

Die Entwicklung der Hausfinanzierung in den USA unterlag seit den 1980er Jahren einem grundlegenden Wandel. Der HypM der USA ist ein Paradebeispiel für die natürliche Selektion bzw. Schumpeter´s schöpferische Zerstörung. Innerhalb der letzten Jahrzehnte entwickelte sich die Vertriebsstrategie vieler KG von der Portfolio-Kreditvergabe hin zu einer fragmentierten sekundärmarktorientierten Kreditvergabe, deren Evolution niemals still stand und technologische sowie theoretische Fortentwicklungen diese immer weiter fragmentierten und rekonfigurierten ließ.[35]

Vor den 1980er Jahren vergaben vor allem Einlageninstitute, wie Savings & Loans Associations (S&L), Credit Unions, Mutual Banks oder Geschäftsbanken Hyp an die US-Bürger. Diese Institute erfüllten alle Teilleistungen der Kreditvergabe selbständig und hielten die Hyp und somit das Kreditrisiko zum Großteil im eigenen Portfolio.[36] Wie man in Abbildung 2.12 sehen kann, bedienen sie sich, zur Finanzierung der Kreditvergabe, bei den Einlagen der Sparer, die dafür Zinsen erhielten, welche wiederum aus den Hypothekarkrediten generiert wurden. Dieses einfache System internalisierte das Risiko aus den Hyp größtenteils, da diese im Portfolio des Einlageninstituts gehalten wurden.

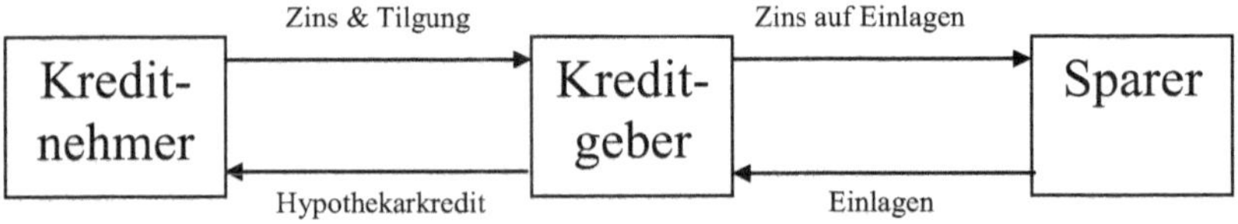

Abbildung 2.12 Beteiligte Originate-to-Hold

Quelle: Eigene Darstellung

Ab den frühen 1970er Jahren wandelte sich dieses System aber schrittweise hin zum Originate-to-Distribute Modell.

35 Vgl. Jacobides, Michael G. (2001), S. 3.

36 Vgl. Barth, James R. u.a., (2009), S. 23.

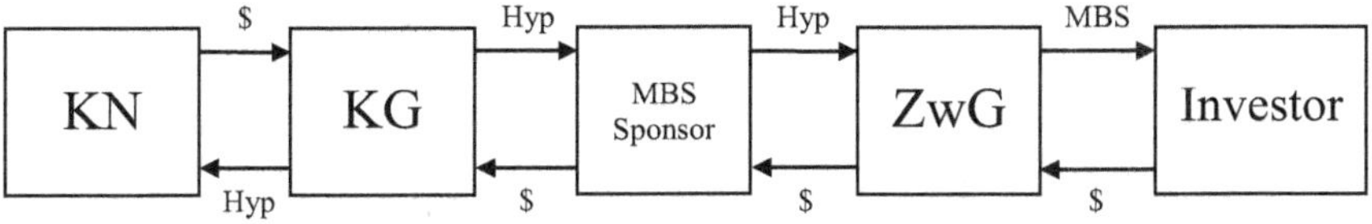

Abbildung 2.13 Beteiligte Originate-to-Distribute

Quelle: Eigene Darstellung

Anstelle einiger weniger Beteiligter, waren, wie man in Abbildung 2.13 erkennen kann, nunmehr viele, eigenständige Akteure beteiligt, welche verschiedene Teilprozesse der Kreditvergabe als Finanzdienstleistung anboten. Hyp wurden nun vergeben, um sie daraufhin auf dem SekM veräußern zu können. Finanzinnovationen, eine zunehmende Disintermediation und technischer Fortschritt ermöglichten eine Entflechtung (unbundling) des Prozesses der Kreditvergabe.[37] Verschiedenste KG (Einlageninstitute, Hyp-Broker, (kleinere) Korrespondenz-KG und auch Hyp-Banken) kamen nunmehr zur Finanzierung des Hausbaus bzw. -kaufs für KN infrage. Einige von ihnen schlossen jedoch ein Halten der Hyp im eigenen Portfolio von Anfang an aus, da die Alternative des Weiterverkaufs auf dem SekM für sie profitabler war. Ihr einziges Anliegen war demnach die kurzfristige Finanzierung und Vergabe des Kredites, um diesen dann schnellstmöglich an Andere weiter zu reichen. Somit verkauften die KG den Hyp entweder direkt an MBS-Emittenten oder erst an Wholesale Hyp-Banken, die Hyp verschiedenster Quellen sammeln und daraufhin an Verbriefungs- und Emissionsinstitute zu veräußern.

Spezialisierte Marktteilnehmer konnten die einzelnen Teilaspekte der Kreditvergabe, im Vergleich zu anderen herkömmlichen KG, günstiger und effizienter anbieten. In der Folge wurden Hyp immer häufiger vergeben, um sie kurz darauf an einen anderen Marktteilnehmer und schlussendlich am SekM zu veräußern. Teilleistungen wie Kundenakquise, die Risikobewertung, Service, Rating, Versicherung und Finanzierung (kurz- oder langfristig) wurden von spezialisierten Marktteilnehmern erbracht, die nach Beendigung ihrer Aufgabe den Hyp, ähnlich einer Wertschöpfungskette, an ein anderes Institut weiter veräußerten.

Der Schlüsselfaktor bei dieser Entflechtung des Kreditvergabeprozesses war die Verbriefung auf dem SekM, durch die Zweckgesellschaften (ZwG) der MBS Sponsoren. Diese entscheidende Finanzinnovation ermöglichte es dem HypM

37 Vgl. Albrecht, Michael (2004), S. 23.

der USA, seine Finanzierungsquellen zu erweitern und Investoren der internationalen Kapitalmärkte für die Kapitalbereitstellung zu gewinnen. Die Folge war eine Trennung der Kreditvergabe und des Service von der Finanzierung. Die Fragmentierung und Spezialisierung, sowie deren Auswirkung auf den HypM, soll in der Folge am Beispiel der Broker und Service Unternehmen dargestellt werden.

2.5.1 Broker und die Spezialisierung der Kreditvergabe

Wie Abbildung 2.14 zeigt, stieg der Anteil der verbrieften Hyp von 11% im Jahr 1980 auf 59% im Jahr 2008 an. Hyp werden zwar weiterhin im Portfolio gehalten, jedoch ist zu erkennen, dass im Laufe der Zeit immer mehr Hyp verbrieft wurden und der SekM nunmehr die wichtigste Finanzierungsquelle des HypM der USA darstellt.

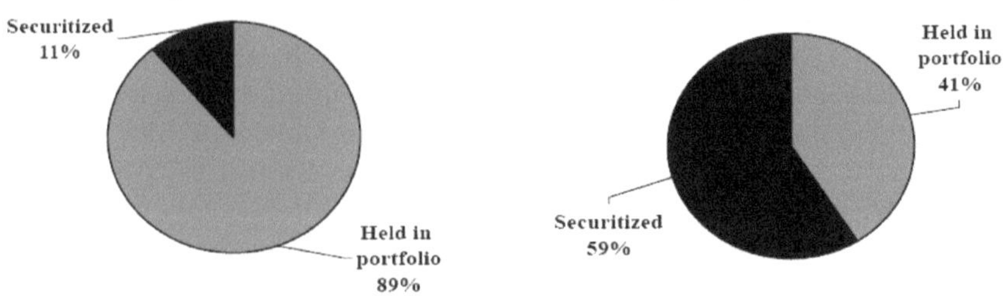

Abbildung 2.14 Wandel von Originate-to-Hold zu Originate-to-Distribute

Quelle: Barth, James R. u.a. (2009), S. 24.

Die S&L Krise, und der mit ihr einhergehende Rückgang der Kreditvergabe sowie der gleichzeitige Aufstieg der Verbriefung durch die GSE hinterließ auf dem HypM eine Lücke bei der Kreditvergabe, die von Hyp-Banken und insbesondere von Hyp-Brokern geschlossen wurde. Diese Finanzintermediäre erkannten den Strukturwandel auf dem HypM und passten sich dem neuen System als Erste an. Zu dieser Zeit veränderten auch Einlageninstitute ihre Geschäftspraxis, was zur Folge hatte, dass nicht mehr all ihre Hyp im Portfolio gehalten wurden, sondern einen Teil dieser am SekM verkaufen wurde. Im Gegenzug zum Verzicht auf die monatlichen Rückzahlungen während der Kreditlaufzeit, erhielt der KG bei Verkauf eine einmalige Zahlung des kaufenden Marktteilnehmers. Dies hat den Vorteil, dass neben der Kreditvergabegebühr ebenso Liquidität bereitgestellt wird, die zur Vergabe neuer Hyp genutzt werden kann.[38] Hyp, welche über die verschiedensten Kanäle (Retail, Wholesale, Korrespondenz) oder von spezialisierten Hyp-Banken vergeben werden konnten, wurden daraufhin bei der Zweckgesellschaft eines MBS-Sponsors oder einer GSE gebündelt, verbrieft und letztendlich an Investoren verkauft. Der Investor, der letztendlich der Finanzier des Hyp darstellt, erhielt von einem Servicer monatlich die Zins- und Tilgungsraten.

Die Entflechtung des Prozesses der Kreditvergabe ermöglicht somit verschiedenen Marktteilnehmern, durch Erbringen einer dieser Teilleistungen, Einnahmen zu generieren. KG können sich demnach Dritter bedienen, die ihnen verschiedene Aspekte der Kreditvergabe abnehmen, wie etwa die Betreuung, Finanzierung oder die Kundenakquise. So zeichnete sich in den letzten Jahrzehnten der Trend ab, dass die Kundenakquise immer häufiger von Hyp-Brokern übernommen wurde. Ende der 1980er Jahre spezialisierten sich Hyp-Broker zu reinen Brokern, indem sie Hyp nicht länger selbst finanzieren, sondern diese nur noch vergaben und bearbeiteten und sie nur noch bis zum schnellstmöglichen Verkauf mit Hilfe von Warehouse Kreditlinien finanzierten.[39] Für die Erbringung dieser Leistung erhalten sie eine Gebühr, da sie im Prozess der Kreditvergabe einen Wert durch Kundenakquise und Risikobewertung schöpfen. Weitere Spezialisierung führte dazu, dass Broker kein Interesse an Pipeline Management, dem Verkauf am SekM oder am Service der Hyp mehr hatten, jedoch die Vergabefunktion selbständig und konkurrenzlos günstig anbieten konnten. Später folgten einige Hyp-Banken dem Vorbild der Broker und beteiligten sich am Brokergeschäft, indem sie Hyp verkauften, welche sie nicht selbst im Portfolio halten wollten oder nicht selbst finanzieren konnten. Andere kleinere Hyp-Banken realisierten, dass sie weder die nötigen Skaleneffekte erbringen konnten, noch die nötige Effizienz bei der Nutzung ihrer Kapazitäten aufweisen konnten, um wettbewerbsfähig sein zu können. Diese Hyp-Banken entschieden sich in der Folge dazu nur noch als Broker zu agieren.[40]

38 Vgl. Barth, James R. u.a. (2009), S. 24.

39 Vgl. Jacobides, Michael G. (2001), S. 6.

40 Vgl. Jacobides, Michael G. (2001), S. 7.

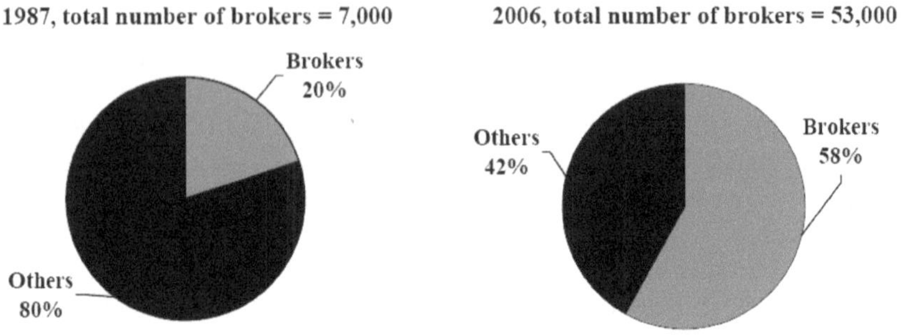

Abbildung 2.15 Entwicklung des Anteils von Brokern bei der Kreditvergabe

Quelle: Barth, James R. u.a. (2009), S. 25.

Hyp-Broker gewannen dank des Aufstiegs der Verbriefung von Hyp immer mehr an Bedeutung, da die stetig steigende Liquidität des SekM einen Verkauf vereinfachte. Wie Abbildung 2.15 zeigt, kletterte deren Anzahl von 7.000 im Jahr 1987 auf 53.000 im Jahr 2006, wobei sich der Anteil der Kreditvergaben durch Broker von gerade einmal 20% auf 58% erhöhte.

2.5.2 Die Trennung der Kreditvergabe von der Service-Leistung

In der Vergangenheit wurden Hyp unter anderem vergeben, um in den Besitz der Service-Rechte zu gelangen. Diese wurden als natürlicher Hedge angesehen, da sich die Einnahmen aus Service und Vergabe i.d.R. entgegengesetzt entwickeln, sodass Verluste der einen Funktion durch Gewinne der anderen abgefedert werden können.[41] Somit gab es ursprünglich kaum einen Anlass Service-Rechte zu verkaufen. Mit dem Beginn der Verbriefung änderte sich das Denken bezüglich der Behandlung der Service-Rechte grundlegend. Mit dem Auftreten spezialisierter Service-Gesellschaften, die sich auf die alleinige Ausführung der Service-Leistung konzentrierten, erlangten diese Kostenvorteile durch Skaleneffekte, die Portfolio-KG unmöglich erreichen konnten. Diese Service-Gesellschaften konnten nunmehr, aufgrund ihrer Kostenvorteile durch Computerisierung der Serviceleistung[42], Preise für den Verkauf der Service-Rechte anbieten, die den Verkauf, trotz Hedging-Überlegungen, vorteilhaft machte. Aus der weiteren Fragmentierung der Hyp-Wertschöpfungskette ergab sich, dass sowohl

41 Vgl. Jacobides, Michael G. (2001), S. 7.
42 Vgl. Jacobides, Michael G. (2001), S. 8.

Käufer als auch Verkäufer Gewinne erzielen konnten und der Markt effizienter wurde. Als Folge dessen entschieden sich kleinere Hyp-Banken sowohl ihre Hyp, als auch die Service Rechte zu verkaufen, was den Service-Markt sowie die Skaleneffekte der spezialisierten Gesellschaften zusätzlich wachsen ließ. Jedoch zogen anfänglich hohe Gewinne Nachahmer an, was wiederum den Wettbewerb erhöhte und die Gewinnmargen sinken ließ. Die fortschreitende Konzentration der Service-Branche führte schließlich dazu, dass die Top10 Servicer im Jahr 2008 81,55% Marktanteil hatten, wobei die Top5 dieser 71,64% des Marktes unter sich aufteilten.[43] Im Vergleich dazu hatten die Top10 der Service-Unternehmen 1989 lediglich einen Marktanteil von 10%, der jedoch bis 1999 schon auf 40% anstieg.[44]

Sowohl die Entflechtung der Wertschöpfungskette als auch der einsetzende Wettbewerbsdruck ermöglichten Preisvorteile, welche an den KN weiter gereicht werden konnten. Ebenso führten sie aber auch zu einem ruinösen Wettbewerb, den ein Marktbeobachter folgendermaßen bewertete:[45]

> *„The Industry has been broken apart into a multitude of different entities. Mortgage origination is often distinct from mortgage funding. And mortgage funding is often quite distinct from mortgage servicing ... The splintering of the mortgage industry may have hit a point of no return. The profit margins, once enough to support a thriving industry, now are so squeezed and vulnerable they make one wonder if we've gone beyond the logical boundaries of unbundling."*

Hoher Wettbewerbsdruck erfordert somit einen steigenden Marktanteil, um bei sinkenden Margen ein Halten des Gewinnniveaus zu ermöglichen. Dies ist wiederum ist nur durch steigendes Volumen oder durch Übernahme von Wettbewerbern möglich. Die daraus resultierende Marktmacht im Service-, aber auch im Vergabebereich, führte jedoch nicht nur zu Kostenvorteilen für die KN, sondern auch zu falschen Anreizen, welche wiederum Betrug nach sich zog.

2.6 Distributionskanäle

Obwohl alle KG die Kreditschaffungsfunktion ausführen, zwingt der Wettbewerbsdruck des US-amerikanischen HypM sie immer mehr dazu, auf den Kunden einzugehen und dessen Wünsche zu beachten. Anstelle reiner Kreditsachbearbeiter, welche die Kreditanträge der KN lediglich entgegen nehmen und bearbeiten, verlangt der Kampf um Marktanteile, dass KG neben der eigenen Kre-

---

43 Quelle: http://mortgagestats.com/residential_servicing/?timeframe=2008&category=-res_serv_vol (Zugriff: 17.09.2010)

44 Vgl. Jacobides, Michael G. (2001), S. 7.

45 Vgl. Jacobides, Michael G. (2001), S. 5.

ditvergabe auch auf ein breiteres Netz aus Externen zurück greifen kann, welche die Kreditvergabe für sie übernehmen. Die derzeit populärsten Vertriebsformen in den USA sind: Retail, Correspondent, Wholesale und Consumer Direct. Historisch betrachtet war einer der Gründe jedes Vertriebssystems die Minimierung der Kosten der Kreditvergabe, da diese vor der Automatisierung der Kreditvergabe nicht mit Gewinn vergeben werden konnten.[46]

2.6.1 Retail

Ein Retail-Vertriebssystem besteht in der Regel aus verschiedenen Filialen des KG, welche mit einem Verkaufspersonal und Kreditsachbearbeitern besetzt sind, die Beratungs- und Verkaufsgespräche mit potenziellen und tatsächlichen KN durchführen. Das Neukundengeschäft wurde in der Vergangenheit häufig durch Empfehlungen Außenstehender, wie bspw. Hyp-Brokern, Hausbauunternehmen, Finanzplanern, Rechtsanwälten oder Versicherungsunternehmen bestimmt. Diese empfahlen aufgrund guter Erfahrungen oder aber aufgrund monetärer Anreize bestimmte KG an ihre Kunden.[47] Abgesehen von der Kundenakquise, führen Retail-Vertriebssystem somit alle erforderlichen Schritte der Kreditvergabe, wie Antragstellung, Bearbeitung, Risikobewertung und Abschluss, in der Regel selbst aus.[48]

2.6.2 Correspondent

Die Korrespondenz-Vertriebsstruktur kann als Mischung aus Retailer und Broker angesehen werden. Wie Retailer auch, treffen sie die Entscheidung der Kreditvergabe und finanzieren den Hyp meist aus ihren eigenen Mitteln oder mit Hilfe von kurzfristigen Kreditlinien. Jedoch unterscheiden sich Korrespondenz-KG von Retailern dadurch, dass sie nach Vergabe des Hyp diesen so schnell wie möglich an andere Marktakteure veräußern. Da sie bei ihrem Weiterverkauf des Hyp nicht an einen bestimmten KG gebunden sind, können KG dem KN theoretisch günstigere Zinssätze anbieten. Im Gegensatz zu reinen Brokern, vergeben Korrespondenz-KG Hyp aus eigenen Mitteln und bieten dem KN, im Gegensatz zu Brokern, mehr Finanzdienstleistungen, als die reine Vermittlung des Hyp von einem möglichst günstigen KG an.

---

46 Vgl. Macke, John F./McGuire, Rick L. (1993), S. 145.
47 Vgl. Macke, John F./McGuire, Rick L. (1993), S. 147.
48 Vgl. Dennis, Marshall W. (1989), S. 64.

2.6.3 Wholesale

Wholesaler sind im Gegensatz zu Retailern und Korrespondenz-KG von dem Prozess der Krediterstellung und dem Kontakt zum KN vollkommen losgelöst. Anstelle der eigenständigen Kreditvergabe, erwerben sie Hyp von kleineren Retailern, Brokern oder Korrespondenz-KG, die in der Regel bereits erstellt wurden. Das Ausmaß der Bearbeitung des Kredits kann variieren und hängt von den Bedürfnissen des Erstellenden und des Wholesalers ab. In den meisten Fällen schließt der erstellende KG mit dem KN den Kreditantrag ab und fordert die verschiedenen Dokumentationen an. Diese Daten werden daraufhin dem Wholesaler zugesandt, der auf Basis dieser Daten den Risikobewertungsprozess vornimmt. In anderen Fällen übernimmt der erstellende KG sowohl die Bearbeitung als auch die Risikobewertung, wobei der Wholesaler die Risikobewertung lediglich stichprobenartig überprüft, was in der Regel stark davon abhängt, wie lange die Geschäftsbeziehung beider Parteien bereits besteht und wie die Kreditqualität vorangegangener Transaktionen ausfiel.[49] Im Anschluss an die Übermittlung der Daten wird dem Wholesaler in der Regel eine Entscheidungsfrist von 48 Stunden bzgl. der Annahme der Hyp gewährt. Sollte es zu einer Ablehnung der Transaktion durch den Wholesaler kommen, ermöglicht sich daraufhin meist eine Neuverhandlung mit dem KN, bevor der Hyp abgeschlossen werden kann. Ist der Hyp jedoch bereits mit dem KN geschlossen, so muss der Retailer oder Korrespondenz-KG den Hyp günstiger anbieten oder sich einen anderen Wholesaler suchen, was jedoch zu höhere Finanzierungskosten und weiteren Kosten aufgrund des Zinsrisikos führen kann.[50] Als Gegenleistung für die von ihm erbrachten Finanzdienstleistungen erhalten die KG, ähnlich wie Broker auch, eine Kommissionsgebühr, welche jedoch aufgrund der größeren Menge an erbrachten Dienstleistungen höher als bei Brokern ausfällt. Ebenso erhält der verkaufende KG auch eine Service Release Gebühr, welche als Entschädigung für die Einnahmen aus den Service-Rechten entsteht.[51] Nach erfolgreicher Transaktion zwischen dem Wholesaler und dem verkaufenden KG, schließt dieser, soweit noch nicht durch den ursprünglichen KG geschehen, diesen im eigenen Namen ab und legt diesen im eigenen Portfolio ab oder verkauft diesen als Teil eines größeren Pools an PrimM- bzw. SekM-Akteure.[52]

49 Vgl. Dennis, Marshall W. (1989), S. 69.
50 Vgl. Dennis, Marshall W. (1989), S. 69.
51 Vgl. Dennis, Marshall W. (1989), S. 69.
52 Vgl. Dennis, Marshall W. (1989), S. 70.

2.6.4 Direct Consumer Retail

Diese Art der Kreditvergabe galt Anfang der 1990er Jahre als Innovation, welche unterschiedliche direkte Marketingstrategien beinhaltete. Sie richtet sich direkt an den Kunden, in Form von Werbung, Telemarketing, direktes Anschreiben oder mittels des Internets. Der Direct Consumer Retail ermöglichte eine Eliminierung der Schritte, welche ursprünglich von Kreditsachbearbeitern ausgeführt wurden. Durch den Wegfall der Kundenakquise konnte der Kreditsachbearbeiter direkt mit der Bearbeitung des Kredits beginnen. Mit Hilfe von Computerized Loan Origination Systems konnten sich große KG direkt mit Brokern vernetzen, was die Übertragung aktueller Daten und Preise vereinfachte.[53] Im Allgemeinen ist der Marktanteil der direkten Kreditvergabe an den KN durch Internet oder Anschreiben als gering anzusehen. Im Jahr 2005 wurden gerade einmal 2% aller Hyp über das Internet und 5% durch andere direkte Maßnahmen vergeben. Selbst im Subprime-Markt lag der Anteil bei nur 1%.[54]

2.6.5 Vergleich von Retail mit Wholesale

Die Retail-Kreditvergabe bietet KG den Vorteil, dass sie mit den KN im direkten Kontakt stehen und diesen Kunden infolge des Kreditabschlusses an sich binden können. Dies eröffnet ihnen die Möglichkeit des Cross-Sellings. Ebenso ermöglicht es den KG eine genauere Bestimmung der Kreditwürdigkeit des KN, da man sich nicht auf die Angaben der Korrespondenz-KG oder Wholesaler verlassen muss, sondern die Risikobewertung selbst durchführt. Außerdem wird häufig angeführt, dass die Kreditvergabe als natürlicher Hedge für das Service-Portfolio dient, wodurch das Gesamtrisiko des KG minimiert werden kann.[55]

Die Wholesale-Kreditvergabe ermöglicht es wiederum, bei vielen KG die Kosten der Krediterstellung entscheidend zu senken. Gründe der Kostenvorteile sind darauf zurückzuführen, dass der KG seine Mitarbeiterzahl erheblich senken kann, wenn die Kundenakquise und die Bearbeitung von einem anderen Unternehmen durchgeführt werden. Dies führt dazu, dass bei Verwendung von externen KG Fixkosten in variable Kosten umgewandelt werden können, bei gleichzeitiger Möglichkeit eines stark steigenden Volumens des eigenen Hyp-

53 Vgl. Macke, John F./McGuire, Rick L. (1993), S. 154.

54 Vgl. http://www.mortgagebankers.org/files/Bulletin/InternalResource/44664_September2006-ResidentialMortgageOriginationChannels.pdf, S.1 (Zugriff am 01.12.2010).

55 Vgl. https://www.wellsfargo.com/downloads/pdf/invest_relations/presents/may2010/HeidenHeid.pdf, S. 16 (Zugriff am 01.12.2010).

Portfolios. Durch die Verwendung von Wholesalern wird eine schnelles Eintreten und Verlassen eines Marktes ermöglicht, da keine Rücksicht auf Mitarbeiter oder getätigte Investitionen in Bürogebäude genommen werden muss. Dadurch können geografisch attraktive Märkte bearbeitet werden, selbst wenn sie weit entfernt liegen.[56]

Der entscheidende Nachteil der Wholesale-Kreditvergabe liegt jedoch in der Kreditqualität, da die Kredite nicht selbst bearbeitet werden. Dies führt häufig dazu, dass die Qualität geringer, als bei einer Selbsterstellung ausfällt. Viele Wholesaler umgehen dieses Problem, indem sie nur mit KG zusammen arbeiten, die einen guten Ruf bezüglich ihrer Kreditqualität, ihres Broker- und Korrespondezsystems besitzen. Es gilt jedoch allgemein, dass Wholesaler höhere Risikobewertungs- und Qualitätskontrollkosten zu tragen haben, als Retailer. Ebenso können die Service-Einnahmen aufgrund der geringeren Kreditqualität abnehmen.[57]

In der Praxis bedienen sich größere KG in der Regel sowohl des Retail- als auch des Wholesale-Distributionskanals. Es wird lediglich unterschieden, in welchem Ausmaß der jeweilige Kanal verwendet wird. Kleinere KG treten hingegen, aufgrund des Wettbewerbsdrucks häufig als Teil eins Wholesale-Netzes auf oder aber als Korrespondenz KG für größere KG.

56 Vgl. Dennis, Marshall W. (1989), S. 70.

57 Vgl. Dennis, Marshall W. (1989), S. 71.

3 Finanzinstrumente des Hypothekarkreditmarktes

Der HypM der USA entwickelte eine große Anzahl an Hyp-Instrumenten, um verschiedensten Bedürfnissen sowohl der KG als auch der KN gerecht zu werden. Eine allgemeine Beurteilung bezüglich eines idealen Instruments lässt sich jedoch nicht pauschal treffen. Die Eignung jedes einzelnen Instruments hängt viel mehr von der Kreditwürdigkeit und den Zielen des KN, dem KG und der Zinsentwicklung des HypM ab.[58] Trotz dessen lässt sich festhalten, dass ein stabiler HypM immer eine große Anzahl an verschiedenen Hyp-Instrumenten anbieten wird.[59]

Die Eignung für den KN ist jedoch keineswegs mit der des KG gleich zu setzen. Da KN vor allem auf Erschwinglichkeit zu Beginn und während der Laufzeit achten und KG nach einer akzeptablen, risikobereinigten Rendite über die Laufzeit des Hyp trachten, kann man allgemein von einer Unvereinbarkeit beider Ziele ausgehen. So verringert eine Begrenzung der Höhe der Zinssätze bei variabel verzinsten Hyp zwar einerseits das Verzugsrisiko des KN, reduziert aber gleichzeitig die Rendite des KG.[60] Eine Steigerung der Attraktivität für den KN oder eine Zunahme des Konsumentenschutzes geht somit immer zulasten der KG, was die Auswahl des passenden Hyp-Instruments für KN erschwert, da ihnen häufig das Wissen oder gar Informationen bezüglich einzelner Hyp und ihrer Alternativen fehlen.

Im weiteren Verlauf dieses Kapitels sollen die einzelnen Hyp-Instrumente des US-amerikanischen HypM am Beispiel eines Hyp in Höhe von 200.000 $ veranschaulicht werden. Dieser besitzt eine Laufzeit von 30 Jahren und wird bei einem Zinsniveau von anfänglich 6% vergeben. Mit diesem Hyp soll der Erwerb einer Immobilie im Wert von 250.000 $ finanziert werden, was einer Eigenbeteiligung von 20% entspricht. Dieses Beispiel soll die Entwicklung der einzelnen Rückzahlungselemente - Tilgung und Zinszahlung - und deren Veränderung während der Laufzeit für viele der verfügbaren Möglichkeiten des HypM aufzeigen. Dabei sollen Belastungen, Entlastungen und die Vorteilhaftigkeit der verschiedenen Finanzinstrumente des HypM für den KN demonstriert werden.

58 Vgl. Lea, Michael (2009), S. 49.

59 Vgl. Lea, Michael (2009), S. 49.

60 Vgl. Lea, Michael (2009), S. 49.

3.1 Festzins-Hypothekarkredite (Fixed-Rate Mortgages)

Die wichtigste Größe beim Design von Hyp ist der periodische Zinssatz. Daher kommt der Inflation bei der Beurteilung der jeweiligen Geeignetheit des Hyp-Instruments besondere Aufmerksamkeit zu, da diese den Zins und somit die gesamten Kosten der Kreditaufnahme erhöht. Da Fixed-Rate Mortgages (FRM) monatlich selbstamortisierende Instrumente darstellen, deren Zinssatz während der gesamten Laufzeit fix ist, bieten sie KN eine hohe Planungssicherheit. Im Voraus feststehende Rückzahlungen lassen den KN zu jedem Zeitpunkt der Kreditlaufzeit wissen, wie viel er dem KG schuldet.[61] Die monatliche Rückzahlung besteht, wie bei allen anderen Instrumenten auch, aus der Zinszahlung und einer Tilgung.

Tabelle 3.1 Zahlungsverlauf eines 30-jährigen FRM bei einem Zins i.H.v. 6%

Quelle: Chambers, Matthew S. u.a. (2008), 589.

Characteristics of a Fixed-Rate Mortgage at 6 Percent*

Payment	Total payment ($)	Interest ($)	Principal ($)	Remaining principal ($)
1	1,178.74	973.51	205.23	199,794.77
2	1,178.74	972.51	206.23	199,588.54
120	1,178.74	812.98	365.76	166,655.59
181	1,178.74	686.89	491.85	140,625.26
219	1,178.74	587.23	591.51	120,049.79
240	1,178.74	523.73	655.01	106,940.84
251	1,178.74	487.89	690.95	99,521.83
360	1,178.74	5.71	1,173.03	0.00
Total	424,346.40	224,346.40	200,000.00	–

NOTE: *Based on 30-year maturity.

Wie Tabelle 3.1 verdeutlicht, zeichnen sich FRM dadurch aus, dass der periodische Zinssatz über die gesamte Laufzeit des Hyp hinweg gleich bleibt. Der monatliche Tilgungsanteil senkt jedoch während der Laufzeit nicht nur die Kreditsumme, sondern auch die monatliche Zinszahlung, womit ein Großteil der Tilgung an das Ende der Laufzeit verlagert wird. In Tabelle 3.1 wird folglich erst ab der 251. Rückzahlung die Hälfte der Kreditsumme beglichen, also erst nach ca. 21 Jahren der 30-jährigen Kreditlaufzeit. Ebenso sieht man, dass der

61 Vgl. Dennis, Marshall W. (1989), S. 74.

Zinsanteil der Rückzahlung von anfänglich mehr als 80% auf unter 1% bei der letzten Rückzahlung abfällt.

Tabelle 3.2 Zahlungsverlauf eines 30-jährigen FRM bei einem Zins i.H.v. 7%

Quelle: Chambers, Matthew S. u.a. (2008), 590.

Characteristics of a Fixed-Rate Mortgage at 7 Percent*

Payment	Total payment ($)	Interest ($)	Principal ($)	Remaining principal ($)
1	1,301.85	1,130.83	171.02	199,828.98
2	1,301.85	1,129.86	171.99	199,656.99
120	1,301.85	967.32	334.53	170,746.58
181	1,301.85	830.00	471.85	146,322.72
239	1,301.85	647.47	654.38	113,858.74
240	1,301.85	643.77	658.08	113,200.66
260	1,301.85	565.22	736.63	99,965.68
360	1,301.85	7.31	1,294.54	0.00
Total	468,666.00	268,666.00	200,000.00	–

NOTE: *Based on 30-year maturity.

Eine Erhöhung des anfänglichen Zinses um 1% verändert das Ausgangsbeispiel insoweit, dass aufgrund der höheren monatlichen Zinslast nicht nur der monatliche Betrag der Zinsrückzahlung, sondern auch der Betrag der gesamten Rückzahlung steigt. Ebenso verlagert sich die Tilgung des Kredits weiter ans Ende der Laufzeit. Eine Tilgung der Hälfte der Kreditsumme erfolgt nunmehr erst nach 260 Rückzahlungen. Es zeigt sich, dass eine Erhöhung des Zinses die Gesamtbelastung des KN bei der Kreditrückzahlung erhöht, da, wie Tabelle 3.2 verdeutlicht, die gesamte Zinsbelastung und mit ihr die gesamte Rückzahlungssumme an den KG um jeweils mehr als 40.000 $ steigt.

Da FRM für KN nach der Kreditvergabe inflationsunabhängig sind, besitzen sie ein geringes Risiko für KN und eignen sich für Hauskäufer, welche einen langfristigen Verbleib in ihrem Haus planen, also keine baldige Refinanzierung des Hyp bzw. einen Verkauf des Hauses in der näheren Zukunft. Das Zinsrisiko bei FRM liegt somit nach Abschluss des Vertrags beim KG, da steigende Inflationsraten FRM für diesen zu riskant und unprofitabel machen. Dies ist auch der Grund dafür, dass FRM bis zu den 80ern das Standardinstrument des US-amerikanischen HypM darstellte. Einlageninstitute, wie S&L, besaßen, unter anderem aufgrund ihrer günstigen Refinanzierungsmöglichkeit und der konstant niedrigen Inflation, einen Zins-Spread von 100-200 Bps. Die Möglichkeit der Kapitalaufnahme für 5-5,5% und die gleichzeitige Möglichkeit der Hyp-Vergabe für 6,5-7% ermöglichte es insbesondere den S&L über Jahrzehnte hinweg überaus lukrativ agieren zu können.[62] Erst die Ölkrisen der 1970er und 1980er Jahre veränderten dies.

Langfristige FRM stellen somit eine Herausforderung für das Risiko-Management der KG dar. Neben dem Zinsrisiko aus unterschiedlichen Laufzeiten von Aktiva und Passiva besteht ebenso das Risiko, dass KN ihren Hyp vorzeitig zurückzahlen (Prepayment). Letzteres muss der KG im Voraus berechnen und in Gebühren oder Zinssätzen berücksichtigen. Es zeigt sich, dass vorzeitige Tilgungen immer dann auftreten, wenn die Zinssätze sinken und eine Refinanzierung zu diesen geringeren Sätzen vorteilhaft ist.

3.2 Hyp mit konstanter Amortisation (Constant Amortization Mortgage)

Wie man im ersten Beispiel erkennen kann, dauert es bei FRM sehr lange, bis ein Großteil der Kreditsumme getilgt wird, da die anfänglichen Rückzahlungen größtenteils aus Zinszahlungen bestehen. Da einige KN von einer Kombination aus FRM und schnellerer Tilgung profitieren würden, bieten einige KG Constant Amortization Mortgages (CAM) an.[63]

Tabelle 3.3 Zahlungsverlauf eines 30-jährigen CAM bei 6%

Quelle: Chambers, Matthew S. u.a. (2008), 591.

Characteristics of a Constant Amortization Mortgage at 6 Percent*

Payment	Total payment ($)	Interest ($)	Principal ($)	Remaining principal ($)
1	1,529.07	973.51	555.56	199,444.44
2	1,526.36	970.81	555.56	198,888.89
120	1,207.27	651.71	555.56	133,333.33
156	1,109.92	554.36	555.56	113,333.33
181	1,042.31	486.76	555.56	99,444.44
240	882.76	327.21	555.56	66,666.67
360	558.26	2.70	555.56	0.00
Total	375,718.58	175,718.58	200,000.00	–

NOTE: *Based on 30-year maturity.

Anstelle einer konstanten Rückzahlung, zahlt der KN nun einen konstanten Tilgungsbetrag, wodurch die gesamte Rückzahlung im Laufe der Zeit auf ca. 1/3

62 Vgl. Dennis, Marshall W. (1989), S. 75.

63 Vgl. Chambers, Matthew S. u.a. (2008), 590.

der anfänglichen Summe sinkt. Wie auch bei FRM sinkt bei dieser Variante der Zinsanteil aufgrund der Tilgung. Durch die schnellere Tilgung wird die Begleichung der halben Kreditsumme bereits nach der Hälfte der Laufzeit erreicht. Dies führt dazu, dass KN über die gesamte Laufzeit geringere Zinszahlungen und damit auch geringere Rückzahlungsbelastungen haben. Trotz selben Zinssatzes, wie in Tabelle 3.3, sinkt der gesamte Rückzahlungsbetrag um ca. 50.000 $. Dieses sinkende Rückzahlungsprofil entspricht jedoch nicht der herkömmlichen Verdienstentwicklung normaler Haushalte, wodurch diese Form der Hyp-Tilgung für junge Familien unattraktiv ist, da deren Einkommen meist im Laufe der Zeit ansteigt.[64]

3.3 Interest-Only Mortgages

Neben dem Zinssatz können Hyp ebenso an der Amortisation ansetzen. Anstelle einer gleichmäßigen Amortisation über die Kreditlaufzeit, ermöglichen Interest Only (IO) Hyp für eine bestimmte Periode lediglich die Zahlung der Zinsen. Demzufolge fallen die Zahlungen der periodischen Tilgung für diesen Zeitraum aus. Um die vollständige Amortisation innerhalb der Laufzeit zu gewährleisten, erhöht sich die Tilgung im Vergleich zum Standard FRM folglich mit Ablauf der IO-Phase.

Wie das Beispiel in Tabelle 3.4 zeigt, beginnen die Tilgungen erst ab Mitte der Kreditlaufzeit und steigen dann bis Ende der Kreditlaufzeit auf mehr als das Doppelte der ersten Tilgungszahlung an. Da eine Tilgung innerhalb der ersten 180 Zahlungen nicht erfolgt, verändert sich auch die anfängliche Zinszahlung nicht.

Diese sinkt somit erst mit Beginn der Tilgung, was dazu führt, dass der Betrag der anfänglichen Rückzahlung zwar geringer ist, als bei einem Standard FRM, sich dieser Betrag aber nach Beginn der Tilgung stark erhöht und den Vergleichsbetrag des FRM stark übersteigt.

64 Vgl. Chambers, Matthew S. u.a. (2008), 591.

Tabelle 3.4 Zahlungsverlauf eines 30-jährigen IO Hyp mit 15-jähriger IO-Phase

Quelle: Chambers, Matthew S. u.a. (2008), 592.

Characteristics of a Balloon Mortgage at 6 Percent*

Payment	Total payment ($)	Interest ($)	Principal ($)	Remaining principal ($)
1	973.51	973.51	0.00	200,000.00
2	973.51	973.51	0.00	200,000.00
180	973.51	973.51	0.00	200,000.00
181	1,670.59	973.51	697.08	199,302.92
219	1,670.59	832.25	838.34	170,141.84
240	1,670.59	742.26	928.33	151,562.86
290	1,670.59	487.16	1,183.43	98,898.87
360	1,670.59	8.09	1,662.50	0.00
Total	475,938.02	275,938.02	200,000.00	–

NOTE: *Based on 30-year maturity, 15 years interest only.

Ein Vergleich der 15-jährigen IO Phase aus Tabelle 3.4 mit einer 3-jährigen IO-Phase in Tabelle 3.5 zeigt, dass eine Verlängerung der IO-Phase die spätere Rückzahlung erhöht. Eine Erhöhung der Zinslast bewirkt eine Vergrößerung der Gesamtlast, welche im Vergleich zu einer 3-jährigen IO Phase um mehr als 40.000 $ höher liegt.

Tabelle 3.5 Zahlungsverlauf eines IO-Hyp mit 3-jähriger IO-Phase

Quelle: Chambers, Matthew S. u.a. (2008), 592.

Characteristics of an Adjustable-Rate Mortgage with a Constant Interest Rate of 6 Percent*

Payment	Total payment ($)	Interest ($)	Principal ($)	Remaining principal ($)
1	973.51	973.51	0.00	200,000.00
2	973.51	973.51	0.00	200,000.00
36	973.51	973.51	0.00	200,000.00
37	1228.20	973.51	254.89	199,745.30
120	1,228.20	847.10	381.10	173,648.03
181	1,228.20	715.71	512.49	146,525.31
219	1,228.20	611.86	616.34	125,086.37
240	1,228.20	545.70	682.50	111,427.30
257	1,228.20	486.97	741.23	99,303.08
360	1,228.20	5.95	1,222.25	0.00
Total	432,983.16	232,983.16	200,000.00	–

NOTE: *Based on 30-year maturity, 3 years interest only.

Tabelle 3.6 zeigt den Effekt einer Zinserhöhung um 1% auf. Anstelle der 6%, welche der KN während der IO-Phase zu zahlen hat, erhöht sich der Zinssatz, z.B. durch steigende Inflation, in Anschluss an diese auf 7%. Es wird ersichtlich, dass dies die Zinslast deutlich steigert und die Gesamtbelastung während der Kreditlaufzeit um ca. 40.000 $ steigt.

Tabelle 3.6 Zahlungsverlauf eines IO-Hyp mit 3-jähriger IO-Phase bei steigendem Zins

Quelle: Chambers, Matthew S. u.a. (2008), 593.

Characteristics of an Adjustable-Rate Mortgage with a Rising Interest Rate*

Payment	Total payment ($)	Interest ($)	Principal ($)	Remaining principal ($)
1	973.51	973.51	0.00	200,000.00
2	973.51	973.51	0.00	200,000.00
36	973.51	973.51	0.00	200,000.00
37	1,347.72	1,130.83	216.89	199,783.11
120	1,347.72	1,001.40	346.32	176,762.45
181	1,347.72	859.24	488.48	151,477.91
239	1,347.72	670.28	677.44	117,869.91
240	1,347.72	666.45	681.27	117,188.65
264	1,347.72	567.74	779.98	99,630.97
360	1,347.72	7.57	1,340.15	0.00
Total	471,707.64	271,707.64	200,000.00	—

NOTE: *Based on 30-year maturity, 3 years interest only at a 6 percent interest rate, and the remaining years at 7 percent.

Diese Form der Hyp eignet sich folglich nur für KN, die planen das Haus in naher Zukunft wieder zu verkaufen oder ein Fallen der zukünftigen Zinssätze antizipieren und eine spätere Refinanzierung planen. Da in der IO-Phase keinerlei Tilgungen vorgenommen werden, kommt diese Art des Hyp der Miete sehr nahe, wobei eine Partizipation an der Wertsteigerung des Eigenheims möglich ist.[65] Ebenso bietet diese Form des Hyp KN mit geringem Einkommen die Möglichkeit, ein Eigenheim zu erwerben und die Zinszahlungen steuerlichen absetzen zu können.

Den IO-Hyp ähneln die sogenannten Balloon Mortgages. Diese Form des Hyp verlangt vom KN während der Laufzeit lediglich die monatliche Zahlung der Zinsen, ohne jegliche Tilgung. Die Tilgung erfolgt erst in der letzten Zahlung, in der dann die gesamte Kreditsumme auf einmal beglichen wird. Da diese Form des Hyp i.d.R. eine Refinanzierung nach sich zieht, wird sie meist nur kurzfristig vergeben.[66]

65 Vgl. Chambers, Matthew S. u.a. (2008), 592.
66 Vgl. Schwartz (2010), S. 67.

3.4 Hyp mit variabler Verzinsung (Adjustable-Rate Mortgages)

ARM unterscheiden sich von FRM dadurch, dass der Zinssatz periodisch an einen vorher festgelegten Index[67] angepasst wird. Sie wurden erstmals in den frühen 1970er Jahren von kalifornischen S&L eingesetzt und ermöglichen es dem KG, das Zinsrisiko auf den KN zu übertragen. Diese periodische Anpassung an den Index bietet KN den Vorteil, dass deren Veränderungen im Vergleich zum Geldmarkt weniger stark fluktuieren.[68] Um einer Manipulation der Zinsraten des Index durch den KG zuvorzukommen, werden gewöhnlich nur nicht beeinflussbaren Indices verwendet, welche sich für alle Marktteilnehmer transparent und einflussfrei entwickeln.[69] Aufgrund der Übernahme des Zinsrisikos durch den KN eignet sich diese Form der Hyp für ihn vor allem, wenn die Zinssätze fallen. Der Zinssatz von Adjustable-Rate Mortgages (ARM) berechnet sich durch die Addition des Indexsatzes und einer vor festgelegten, konstanten Margin, in Form eines festen Prozentsatzes (z.B. 2%), welcher vom Hyp-Instrument und der Dauer zwischen den Anpassungen abhängt.[70] Die Verringerung des Zinsrisikos für den KG ermöglicht es diesem, geringere Zinssätze (Teaser Rate) und Margen anzubieten, was die Erschwinglichkeit dieser Hyp weiter steigert.[71]

Zur Begrenzung des Zinsrisikos für den KN besitzen ARM verschiedene Caps. Diese „Rettungsanker" für den KN begrenzt die Höhe des Zinssatzes infolge der periodischen Zinsanpassungen. Die gebräuchlichsten Begrenzungen stellen Initial Caps, Periodic Caps und Lifetime Caps dar. Initial Caps begrenzen dabei die Höhe der ersten Zinsanpassung, wohingegen Periodic Caps jegliche weitere Zinsanpassungen limitieren. Lifetime Caps wiederum geben ein absolutes Limit des Zinssatzes vor, welches während der Laufzeit nicht überschritten werden kann. Bei einem anfänglichen Zinssatz von 3% und einem Lifetime Cap von 6%, kann der monatliche Zins folglich niemals über 9% liegen, selbst wenn der Index auf 7,25% steigen würde und die Margin 2% betragen würde. Diese Limitierung des Zinssatzes erfordert somit ein Hedgen des möglichen Zinsrisikos durch den KG, da ein Übersteigen des Liftime Caps seine eigene Rendite minimieren würde.[72]

---

67 Z.B. Zinssatz von Staatsanleihen (mit 6/12/36/60 Monaten Laufzeit), FHLBB Cost of Funds, LIBOR, Bank Prime Loan Rate, Cost of Savings Index, Certificate of Deposite Index, usw.

68 Vgl. Lea, Michael (2009), S. 52.

69 Vgl. Lea, Michael (2009), S. 54.

70 Vgl. Dennis, Marshall W. (1989), S. 82.

71 Vgl. Lea, Michael (2009), S. 53.

72 Vgl. Lea, Michael (2009), S. 54.

Da der Verlauf der Rückzahlung eines ARM von der Zinsentwicklung abhängt, wird auf ein konkretes Zahlenbeispiel verzichtet, da eine Vorteilhaftigkeit im Vergleich mit FRM von der Zinsentwicklung und weniger von der Struktur des ARM an sich abhängt.

3.5 ARM-Mischformen

Eine Mischform aus ARM und FRM, sogenannte hybride Hyp, fanden im letzten Jahrzehnt großen Anklang. Diese Hyp zeichnen sich dadurch aus, dass sie anfangs wie ein FRM und später wie ein ARM strukturiert sind. Den festen Zinssätzen der Anfangsperiode, welche für gewöhnlich 3,5,7 oder 10 Jahre betragen kann, folgen somit variable Zinssätze, die periodisch angepasst werden. Der Vorteil dieser Hyp ist, dass die KN anfangs geringere Zinsen zahlen, als bei FRM. Dieser anfängliche Vorteil wird jedoch häufig in Form hoher Margins versteckt, die nach Anpassung der Rate (Resets) zu sehr hohen monatlichen Zahlungen führen können. Hybride Hyp eigenen sich somit lediglich für KN, welche bereits im Voraus eine Refinanzierung des Hyp, nach Ablauf der FRM-Periode, planen. Dies wirft jedoch das Problem der Zinsänderung bis zur Refinanzierung auf. Steigende Zinsen, der Wertverfall des Eigenheims oder fehlende Liquidität am Markt könnten eine Refinanzierung unmöglich machen. All diese Faktoren müssen vom KN berücksichtigt werden, da er all diese Risiken trägt. Ebenso verbergen KG ihre Kosten der Refinanzierung durch KN gern in hohen Refinanzierungsstrafgebühren, welche der KN bei Ausübung seiner Refinanzierungsoption zu zahlen hat.

Eine weitere Mischform stellen Pay-Option-ARM dar. Diese geben dem KN jeden Monat die Möglichkeit, seine Rückzahlung zu variieren. Neben einer minimalen Rückzahlung besitzt der KN ebenso die Möglichkeit, lediglich den fälligen Zins zu zahlen. Im Gegensatz zu IO-Zahlung kann es bei der minimalen Rückzahlung jedoch zu einer negativen Amortisation kommen, wenn die Zahlung nicht ausreicht, um die anfallenden Zinskosten zu decken. In diesem Fall wird die Differenz zur bestehenden Kreditsumme hinzugefügt.[73] Die beiden letzten Optionen stellen Rückzahlungen dar, welche in selber Höhe wie 30 oder 15-jährige FRM gestaltet sind. Neben der planmäßigen Rückzahlung ermöglicht der KG dem KN somit eine schnellere Tilgung.[74] Pay-Option-ARM besitzen somit ein hohes Maß an Freiheit für den KN. Die Wahl anfänglich geringerer Rückzahlungen wird jedoch durch die Verpflichtung der höheren Rückzahlungen am

73 http://mortgage-x.com/library/option_arm.asp (Zugriff: 13.10.2010)
74 http://mortgage-x.com/library/option_arm.asp (Zugriff: 13.10.2010)

Ende der Kreditlaufzeit erkauft. Die vorgeschriebene Amortisation innerhalb der Kreditlaufzeit birgt somit auch ein Risiko in sich, da ein KN seine mangelnde Rückzahlungsmöglichkeit bei diesem Hyp-Instrument zu Beginn recht gut verbergen kann.

3.6 Graduated-Payment Mortgages

Anstelle der bisher dargestellten, recht starren Rückzahlungsvarianten bietet der HypM der USA auch die Möglichkeit eines variablen Rückzahlungsplanes. Beispielsweise bietet sich einem KN die Option, seine Rückzahlungen geometrisch ansteigen zu lassen. Diese Hyp bieten vor allem geringverdienenden Erstkäufern die Möglichkeit ihren Traum vom Eigenheim zu erfüllen und den Großteil seiner Tilgungen auf einen späteren Zeitpunkt zu verlegen, zu welchem er ein gesteigertes Einkommen oder mehr Kapital zur Verfügung hat.[75] Wie Tabelle 3.7 zeigt, zeichnet sich eine Steigerung der monatlichen Rückzahlung um jeweils 1% durch anfängliche negative Amortisation aus, welche die Kreditsumme auf ca. 350.000 $ ansteigen lässt, aber ebenfalls die monatliche Rückzahlung minimiert. Die Kehrseite dessen sind jedoch höhere Rückzahlungen gegen Ende der Laufzeit, da eine Amortisation innerhalb der Laufzeit gewährleistet werden muss.[76]

Tabelle 3.7 Zahlungsverlauf eines GPM bei 1% geometrisch steigender Wachstumsrate

Quelle: Chambers, Matthew S. u.a. (2008), 594.

Characteristics of a Graduated-Payment Mortgage: 1 Percent Geometric Growth Rate*

Payment	Total payment ($)	Interest ($)	Principal ($)	Remaining principal ($)
1	195.18	973.51	-778.33	200,778.33
2	197.13	977.30	-780.17	201,558.50
120	637.79	1,459.98	-822.19	300,763.84
181	1,170.26	1,666.83	-496.57	342,933.91
220	1,725.11	1,719.49	5.57	353,260.70
240	2,104.96	1,701.52	403.44	349,161.20
344	5,924.70	508.34	5,416.36	99,017.59
360	6,947.18	33.65	6,913.53	0.00
Total	682,149.10	482,149.10	200,000.00	—

NOTE: *Based on interest rate of 6 percent, 30-year maturity, and a payment growth of 1 percent.

75 Vgl. Chambers, Matthew S. u.a. (2008), 593.
76 Vgl. Chambers, Matthew S. u.a. (2008), 594.

Da die Tilgung jedoch erst sehr spät und dann in sehr hohen Rückzahlungsbeträgen erfolgt, ist die Popularität sehr gering. Besonders auffällig ist die hohe akkumulierte Zinslast. Mit ca. 480.000 $ ist diese mehr als doppelt so hoch wie bei einem Standard FRM. Ebenso liegt die Gesamtbelastung dieser Form mit ca. 680.000 $ ca. 260.000 $ über dem Standard FRM und ist somit nur für KN empfehlenswert, die eine entsprechende Einkommensentwicklung aufweisen und die zukünftigen Kosten tatsächlich tragen können.

Da die Annahme einer Steigerung der Rückzahlung um 1% jedoch sehr hoch ist, zeigt Tabelle 3.8 eine realistischere Wachstumsrate von lediglich 0,1%.

Tabelle 3.8 Zahlungsverlauf eines GPM bei 0,1% geometrisch steigender Wachstumsrate

Quelle: Chambers, Matthew S. u.a. (2008), 595.

Characteristics of a Graduated-Payment Mortgage: 0.1 Percent Geometric Growth Rate*

Payment	Total payment ($)	Interest ($)	Principal ($)	Remaining principal ($)
1	1,030.68	973.51	57.17	199,942.83
2	1,031.71	973.23	58.48	199,884.36
120	1,160.85	884.19	276.67	181,372.92
240	1,308.78	614.19	694.59	125,485.59
273	1,352.67	489.90	862.77	99,782.99
360	1,475.56	7.15	1,468.41	0.00
Total	446,356.77	246,356.77	200,000.00	–

NOTE: *Based on interest rate of 6 percent, 30-year maturity, and a payment growth of 0.1 percent.

Eine Verringerung der Wachstumsrate auf 0,1% verhindert somit bereits eine negative Amortisation und senkt die gesamte Zinszahlung auf ca. 246.000 $ ab.

3.7 Combo-Hypothekarkredite (80-20)

Combo-Hyp wurden ab den späten 1990ern überaus populär, da sie eine Möglichkeit zur Vermeidung hoher Anzahlungen und einer daraus resultierenden Kreditversicherungen darstellten. Da GSE bei einer Selbstbeteiligung von unter 20% eine Kreditversicherung erfordern, umgehen Combo-Hyp dieses Problem, indem anstelle der Kreditversicherung ein zweiter Hyp aufgenommen wird, um die Anzahlung für den ersten Hyp leisten zu können. Auf diese Weise wird es KN ohne Eigenkapital (EK) ermöglicht, ein Eigenheim zu erwerben. Andere

Varianten wie 80-15-5 sehen hingegen eine Selbstbeteiligung von 5% vor, wobei die restlichen 15% der Anzahlung durch die zweite Hyp abgedeckt werden.[77]

Die Finanzierung des ersten Prime-Hyp erfordert in der Praxis meist die Aufnahme eines zweiten i.d.R. Subprime-Hyp In unserem Beispiel aus Tabelle 3.9 beträgt der Zinssatz des Prime-Hyp 6% und der des Subprime-Hyp 8%. Beide verfügen über eine Laufzeit von 30 Jahren und weisen die Rückzahlungsstruktur eines FRM auf. In der Praxis weisen diese zweiten Hyp jedoch meist eine kürzere Laufzeit (10 oder 15 Jahre) und meist einen höheren Zinssatz auf.

Tabelle 3.9 Zahlungsverlauf eines 80-20 Hyp

Quelle: Chambers, Matthew S. u.a. (2008), 596.

Characteristics of an 80-20 Combo Loan Mortgage*

Payment	Total payment ($)	Interest ($)	Principal ($)	Remaining principal ($)
1	1,535.94	1,295.21	240.73	249,759.27
2	1,535.94	1,293.98	241.96	249,517.32
120	1,535.94	1,094.04	441.90	210,261.45
181	1,535.94	931.49	604.45	178,528.13
156	1,535.94	554.36	555.56	113,333.33
228	1,535.94	765.78	770.16	146,301.19
240	1,535.94	716.53	819.41	136,742.23
281	1,535.94	522.76	1,013.15	99,220.31
360	1,535.94	7.99	1,527.95	0.00
Total	552,938.40	302,938.40	250,000.00	–

NOTE: *Based on interest rate of 6 percent, 30-year maturity, and second loan rate of 8 percent.

Da es sich um einen 80-20 Combo-Hyp handelt, erhöht sich die Kreditsumme auf die volle Kaufsumme des Eigenheims. Es zeigt sich, dass die monatliche Rückzahlung um mehr als 350 $ steigt. Ebenso steigt die gesamte Zinslast und folglich auch die Gesamtlast des Hyp auf über 550.000 $, was ca. 130.000 $ über einem Standard FRM liegt, der aber nur eine Kreditsumme von lediglich 200.000 $ aufweist.

Combo-Hyp sind somit eher für junge KN interessant, die auch ohne Eigenkapital ein Haus erwerben möchten, sich aber die hohen monatlichen Rückzahlungen leisten können.[78]

---

77 Vgl. Chambers, Matthew S. u.a. (2008), 595.

78 Vgl. Chambers, Matthew S. u.a. (2008), 596.

3.8 Reverse Mortgages

Diese Hyp-Form richtet sich zum Großteil an die Zielgruppe der Rentner. Sie ermöglicht es diesen, einen Teil des Wertes ihrer Immobilie für beispielsweise Konsumzwecke zu verwenden oder ihr Einkommen aufzubessern. Der KN bekommt hierbei eine Annuität auf Lebenszeit bzw. für einen gewissen Zeitraum oder eine Einmalzahlung bei Abschluss. Die Höhe ist dabei vom Wert der Immobilie und von der Laufzeit (feste Laufzeit oder bis Tod) des Kontrakts abhängig. Bei Beendigung der Vertragslaufzeit bekommt der KG einen Teil des Immobilienwertes aus dem Verkauf der Immobilie. In den USA kann der KN bis zum Tod im Eigenheim wohnen und der Kredit ist von der FHA versichert.[79]

3.9 Hyp-Instrumente in der Praxis

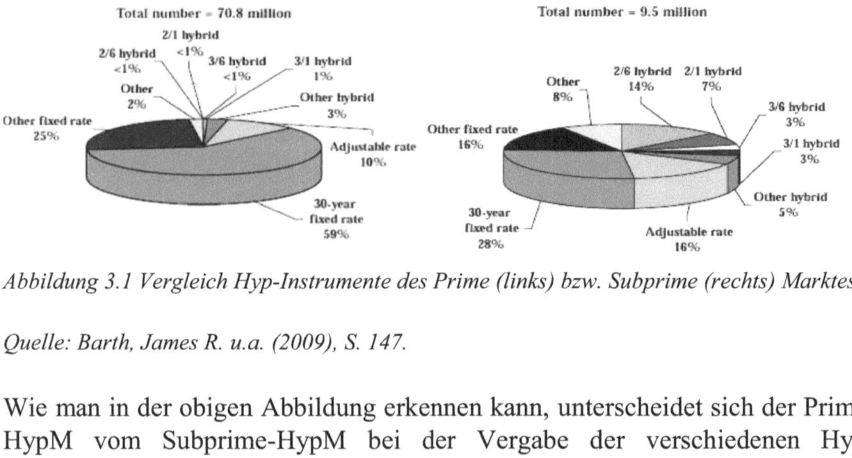

Abbildung 3.1 Vergleich Hyp-Instrumente des Prime (links) bzw. Subprime (rechts) Marktes

Quelle: Barth, James R. u.a. (2009), S. 147.

Wie man in der obigen Abbildung erkennen kann, unterscheidet sich der Prime-HypM vom Subprime-HypM bei der Vergabe der verschiedenen Hyp-Instrumente. Während KN auf dem Prime-HypM im Zeitraum 1999-2007 zu 74% FRM aufgenommen hatten, lag der FRM-Anteil auf dem Subprime-HypM lediglich bei 44%. Der verbleibende Teil beider Märkte wurde durch ARM und Hybrids bestimmt, wobei der Anteil an hybriden Hyp auf dem Subprime-HypM mit insgesamt 32% im Vergleich zu ca. 5% auf dem Prime-Markt besonders hoch ausfiel. Der Anteil an ARM lag auf dem Prime-Markt bei 10% und auf dem Subprime-Markt bei 16%. Andere Hyp-Instrumente, wie Reverse Mortgages, Graduated-Payment-Mortgages oder Constant-Amortization-Mortgages

79 Vgl. Lea, Michael (2009), S. 62.

spielten auf beiden Märkten eine untergeordnete Rolle und gingen in die 2% bzw. 8% der Kategorie „Andere" ein.

Hyp wurden jedoch keinesfalls nur zur Finanzierung von Hauskäufen aufgenommen. Wie man in Abbildung 3.2 erkennen kann, gibt es verschiedene Gründe für die Aufnahme eines Hyp

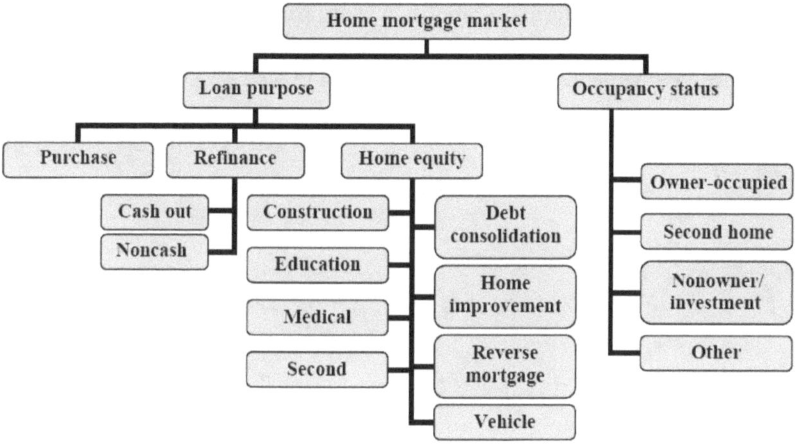

Abbildung 3.2 Gründe für die Aufnahme eines Hyp

Quelle: Barth, James R. u.a. (2009), S. 22.

Neben dem Anlass der Finanzierung nehmen US-Amerikaner ebenso Hyp auf, um bestehende Hyp zu refinanzieren. Dabei unterscheidet man zwischen Cash-Out- und Noncash-Refinanzierungen, wobei Erstere dem KN einen Differenzbetrag beschert, welcher von diesem zu anderweitigen Zwecken, wie etwa Konsumgütern, verwendet werden kann. Ein weiterer Grund für die Aufnahme eines Hyp stellen Home-Equity-Hyp dar. Hierbei nutzt der KN das bereits gesammelte EK in seinem Haus, welches er durch Tilgung seines bestehenden Hyp akkumuliert hat, um anderweitige Ausgaben, wie Renovierungen, Ausbildung, Arztrechnungen, etc. begleichen zu können. Diese Hyp werden häufig in Form von zweiten Hyp auf die Immobilie aufgenommen und sind folglich ebenfalls durch das Haus besichert.

Wie man anhand der Verschiedenartigkeit einzelner Hyp erkennen kann, offeriert der HypM der USA einem KN ein breite Palette an Auswahlmöglichkeiten. Dies ermöglicht es einerseits, auf die Bedürfnisse eines jeden KN individuell eingehen zu können, eröffnet aber ebenso die Möglichkeit des Betrugs. Durch gezieltes Ausnutzen der finanzwirtschaftlichen Unwissenheit vieler KN, in Bezug auf bestimmte versteckte Vertragspunkte, die Zinsentwicklung und die Veränderung der daraus resultierenden Rückzahlungen, kann es geschehen, dass KN Hyp abschließen, die keineswegs ihren Interessen entsprechen, sondern jene, die den Gewinn des KG maximieren. Diese latenten Prinzipal-Agenten-Probleme gilt es, in Kapitel 6 zu untersuchen und aufzuzeigen, ob und wie sie sich tatsächlich manifestierten. Dabei soll insbesondere geklärt werden, ob das Kreditrisiko im Allgemeinen, aber auch im Bereich der Subprime-Hyp-Vergabe, aufgrund dieser Probleme steigen konnte und wie sich dies auf den HypM auswirkte.

4 Akteure des Hypothekarkreditmarktes

Wie in Kapitel 2 dargestellt, unterteilt sich der US-amerikanische HypM in einen Primär- und einen Sekundärmarkt. In diesem Kapitel sollen die einzelnen Akteure der jeweiligen Märkte vorgestellt werden. Dabei soll auf deren Geschäftspolitik eingegangen werden, was eine Einordnung dieser im System des HypM und ihrer heutigen Bedeutung verdeutlichen soll.

4.1 Akteure des Primärmarktes

Wie bereits erläutert, stellt der Primärmarkt die Schnittstelle zwischen Kreditnehmern und Kreditgebern dar. Deshalb sollen im folgenden Abschnitt anfangs jene Institute vorgestellt werden, welche traditionell mit dem Retail Geschäft assoziiert werden und als Einlageninstitute definiert sind. Zum Schluss erfolgt daraufhin eine Darstellung jener PrimM-Akteure, welche am ehesten mit der Wholesale und Korrespondenz-Kreditvergabe assoziiert werden.

4.1.1 Savings and Loan Associations

Savings and Loans Associations (S&L), sind spezialisierte Wohnfinanzierungsinstitute, welche gemäß ihrer Geschäftspraxis Einlagen von Sparer sammeln, um damit primär Hyp zu finanzieren.[80] Obwohl sich ihr Name in einigen Staaten unterscheidet (homestead association, building and loan, etc.), bleibt die Rolle dennoch dieselbe: Die Förderung des Eigenheims für seine Mitglieder oder Einleger. S&L kamen bis zu den 1980er Jahren eine herausragende Rolle bei der Vergabe von Hyp zu, da sie bis dahin zum Großteil von ihnen vergeben wurden. Wirtschaftliche Kräfte und Gesetzesänderungen zwangen die S&L Industrie jedoch zu jener Zeit zum Wandel, der ihre ehemalige Bedeutung verblassen ließ.

Bezüglich ihrer Organisationsform unterscheidet man zwischen genossenschaftlichen S&L und S&L in Form von Kapitalgesellschaften. Genossenschaftliche S&L, manchmal auch Mutual Savings Banks genannt, geben ihren Kunden, sowohl den Einlegern, als auch den Kreditnehmern, ein Mitspracherecht, wodurch diese direkten Einfluss auf Organisation und Unternehmensziele nehmen können. Das Ausmaß der Einflussnahme eines jeden Kunden resultiert dabei aus der Höhe der jeweiligen Einlage. S&L hingegen, welche als Kapitalgesellschaft organisiert sind, ermöglichen ihren Kunden diese Form der Mitbe-

80 Vgl. Dennis, Marshall W. (1989), S. 41.

stimmung jedoch nicht, wodurch das Management unabhängiger agieren kann.[81] Seit 1980 ist ein Trend weg von genossenschaftlichen hin zu Kapitalgesellschaften zu beobachten, da der Vorteil bezüglich der Planungssicherheit von Kapitaleinlagen erkannt wurde.[82]

S&L können entweder einzelstaatlich oder föderal reguliert sein, wobei ihnen die Wahl frei steht, welche Regulierungsform sie bevorzugen. Föderal regulierte S&L unterliegen dabei nicht nur der Aufsicht des Federal Home Loan Bank Board (FHLBB, später geändert in Office of Thrift Supervision (OTS)), sondern mussten ebenso ihre Einlagen bei der Einlagesicherungsgesellschaft Federal Savings and Loan Insurance Corporation (FSLIC, später mit der FDIC fusioniert) sichern lassen.[83] Staatlich regulierte S&L wiederum besitzen ein weiteres Wahlrecht. Ihnen steht es frei, zwischen der Regulierung durch das FHLBB oder aber durch eine staatliche Aufsichtsbehörde reguliert zu werden. Eine Sicherung ihrer Einlagen bei der FSLIC steht ihnen frei, wird jedoch von der Mehrzahl in Anspruch genommen.[84] Eine staatliche Aufsicht wird im Allgemeinen als weniger restriktiv angesehen, jedoch orientiert sich diese, wie die föderale auch, an denselben Risikomaßen (Art der Kredite, LTV, maximale Kredithöhe, etc.).[85] In der Praxis besteht zwischen beiden Regulierungsformen jedoch kaum ein Unterschied, und ein Wechsel zwischen diesen steht den S&L jederzeit offen.[86] Optieren staatliche S&L zur Regulierung durch das FHLBB, erschließt sich ihnen jedoch der Vorteil, jederzeit Liquiditätsengpässe durch Kredite der 12 regionalen FHLB aufzunehmen. Diese können ebenso regulatorische Kapitalbestimmungen verändern (von 4 bis auf 10%, des Gesamtkapitals), um Liquiditätsprobleme der S&L zu mindern.[87]

Da S&L per Gesetz dazu verpflichtet sind, mindesten 65% ihres Kapitals in Hyp zu investieren, sind sie in besonderer Weise vom Auf und Ab des Immobilienmarktes abhängig. Sollte die Grenze von 65% für mehr als 4 von 12 Monaten unterschritten werden, so verlieren die S&L ihre steuerlichen Vorteile, was folglich ihre Spezialisierung sicher stellt.[88]

Da S&L anfangs eher lokale KG waren und somit über einen hohen Wissensstand bezüglich der lokalen KN und deren Risiko verfügten, beschränkten sie sich bis zu den 1980er Jahren primär auf die Vergabe von lokalen Hyp, wel-

81 Vgl. Dennis, Marshall W. (1989), S. 45.
82 Vgl. Dennis, Marshall W. (1989), S. 45.
83 Vgl. Dennis, Marshall W. (1989), S. 45.
84 Vgl. Boleat, Mark (1985), S. 68.
85 Vgl. Dennis, Marshall W. (1989), S. 46.
86 Vgl. Boleat, Mark (1985), S. 68.
87 Vgl. Dennis, Marshall W. (1989), S. 46.
88 Vgl OTS (2002), S. 270.1.

che zum Großteil im eigenen Portfolio gehalten wurden. Ihre lokale Expertise, sowie eine anfängliche Limitierung ihres Tätigkeitsbereichs (Mc Fadden Act) hielt sie davon ab, FHA/VA Hyp zu vergeben. S&L vergeben somit traditionell Conventional-Hyp. Der Wandel in Folge der S&L-Krise zwang sie jedoch dazu, ihren Kredithorizont zu erweitern und ebenso einen Teil ihres Hyp-Portfolios am SekM zu veräußern.[89] Derart wurden S&L im Jahr 1987 erstmals Nettoverkäufer auf dem SekM, was ein Ausdruck des Wandels der S&L-Industrie darstellt.[90]

4.1.2 Mutual Savings Banks

Eine Savings Bank (SB) ist den S&L sehr ähnlich, besitzt aber ebenso einige Eigenschaften von GB. Die Gesamtheit aus Mutual Savings Banks und S&L wird allgemein als Thrifts bezeichnet.[91] SB siedelten sich, wie die ersten S&L auch, vor allem im Nordosten der USA an und sind noch immer in den Staaten New York und Massachusetts sehr stark vertreten.[92] Da SB meist in Kapitalüberschussregionen angesiedelt sind, kaufen sie meist FHA/VA und Conventional-Hyp von anderen Hyp-KG, insbesondere von Hypothekenbanken aus Kapital-Mangelregionen, z.B. seit den 1980er Jahren vor allem in Form von MBS.[93]

In ihren Anfängen waren SB eher aus einem philanthropischen Impuls heraus gegründet worden, da Arbeiter und Geringverdiener zu Beginn des 19. Jhd. (1816) von den Geschäftsbanken gemieden wurden und somit ein Sparen für sie erschwert wurde. Als Reaktion darauf finanzierten vermögende Einzelpersonen das Startkapital und dienten der Bank als Treuhänder. Das Hauptaugenmerk der ersten SB lag folglich auf der Förderung des Sparens für Kleinsparer und Arbeiter.[94] Ihre Anzahl und somit auch ihr Marktanteil sind jedoch im Vergleich zu S&L als gering zu betrachten.

Der entscheidende Unterschied zwischen S&L und Savings Banks ist jedoch, dass Savings Banks von den Aufsichtsbehörden nie dazu ermutigt oder angehalten wurden, einen bestimmten Anteil ihres Portfolios in Hyp zu investieren. Nichtsdestotrotz investierten diese ca. 50-75% in Hyp. Folglich steht es ihnen frei, jede andere Art von Krediten zu vergeben, wie etwa Konsum- und Firmenkredite.[95] Außerdem investieren SB ebenfalls in andere Anlagen, wie Fir-

89 Vgl. Dennis, Marshall W. (1989), S. 47.
90 Vgl. Dennis, Marshall W. (1989), S. 47.
91 Vgl. Boleat, Mark (1985), S. 74.
92 Vgl. Boleat, Mark (1985), S. 75.
93 Vgl. Boleat, Mark (1985), S. 76.
94 Vgl. FDIC (1997), S. 211.
95 Vgl. Boleat, Mark (1985), S. 75.

menaktien und –anleihen, Staatsanleihen und –obligationen oder staatliche und kommunale Obligationen.

Genau wie bei S&L können auch SB in genossenschaftlicher Form oder als Kapitalgesellschaft auftreten. Primär treten SB jedoch in Form genossenschaftlicher Banken auf, deren Aufgabe es ist, das Sparen der Einleger zu fördern und deren Einlagen zu schützen, indem lediglich sichere Anlagen daraus finanziert werden. Diese konservative Anlagestrategie ermöglichte es den SB, ihren Marktanteil selbst in turbulenten Zeiten und trotz der Insolvenz vieler S&L und GB zu bewahren.[96] Trotz dieser Sicherheit waren auch die SB nicht vor den Schwierigkeiten der S&L-Krise geschützt. Aufgrund der ähnlichen Geschäftsstrategie wie die S&L mussten SB ebenfalls große Verluste erleiden, welche in der Folge einige insolvent werden ließ und andere dazu bewog, sich in eine Kapitalgesellschaft umzuwandeln.[97]

4.1.3 Credit Unions

Credit Unions (CU) sind erneut spezialisierte Sparkassen, die eine genossenschaftliche Form besitzen. Ähnlich wie SB wurden die ersten CU gegründet, um bestimmten Personen eine Form des Sparens zu ermöglichen, da Geschäftsbanken dies für Unvermögende meist unmöglich gestalteten. So entstanden CU meist im Umfeld einer Kirche, einer Arbeitsstelle oder einer Stadt, wobei deren Mitgliederschaft anfangs noch auf einen kleinen Kreis begrenzt war. Gemäß des Federal Credit Union Act aus dem Jahr 1934 waren CU nur für "*groups having a common bond of occupation or association, or to groups within a well-defined neighborhood, community or rural district.*"[98] Diese Limitierung der möglichen Mitgliederanzahl wurde jedoch 1982 durch die Deregulierungswelle der Reagan Regierung abgeschafft, und ebenso wurde eine Expansion des Geschäftsfeldes in mehrere Staaten ermöglicht.

Der Vorteil von CU und gleichsam deren Popularität basiert im Kern auf den höheren Zinsen, welche auf Einlagen gezahlt werden, und den geringeren Zinsen, welche von KN für aufgenommene Kredite gezahlt werden müssen.[99] [100]

Ähnlich wie SB, aber im Gegensatz zu S&L, sind CU nicht auf die Vergabe von Hyp fokussiert, wodurch sie ebenso Konsumentenkredite und Kfz-Kredite vergeben, welche größtenteils im eigenen Portfolio gehalten werden. Dies kann

---

96 Vgl. FDIC (1997), S. 212.

97 Vgl. FDIC (1997), S. 233. (http://www.fdic.gov/bank/historical/history/211_234.pdf)

98 Vgl. http://articles.latimes.com/1998/feb/26/news/mn-23280/2 (Zugriff: 15.10.2010)

99 Vgl. Dennis, Marshall W. (1989), S. 57.

100 Vgl. http://www.creditunion.coop/ratedex.php

zwar zu Liquiditätsengpässen führen, ermöglicht aber ebenfalls die Vergabe von unkonventionellen Hyp.[101] Diese Geschäftspolitik und die geringe Größe halfen den CU, die Subprimekrise verhältnismäßig gut zu überstehen.

4.1.4 Commercial Banks

Geschäftsbanken (GB) sind private Finanzinstitute, welche sich durch Termingelder und Sichteinlagen finanzieren und ihren Kunden das gesamte Spektrum von finanziellen Dienstleistungen anbieten können.[102] Die fehlende Spezialisierung im Bereich der Hyp-Vergabe beruht dabei auf der langen Laufzeit von Hyp und der mangelnden Kongruenz mit der eigenen, kurzfristigen Kapitalbasis. Neben diesem Grund beruht der verhältnismäßig geringe Einfluss von GB außerdem auf dem HypM auf historischen Limitierungen. So war es GB seit dem National Bank Act aus dem Jahr 1863 verboten, Hyp bis zum Jahr 1913 zu vergeben.[103] Ebenso war ihnen durch den McFadden Act aus dem Jahr 1927 bis zum Jahr 1994 die Kreditvergabe über die einzelstaatlichen Grenzen hinaus verboten. Dies begründete die anfängliche Existenz tausender GB, wobei viele von ihnen zunächst sehr klein waren. Erst durch Aufhebung der Limitierung des Tätigkeitsgebiets und der Möglichkeit zur Akquise von Thrifts und Hyp-Banken wendeten sich GB dem HypM im größeren Umfang zu.[104]

Wie bei den S&L unterscheidet man auch hier zwischen föderalen und staatlich regulierten GB. Die föderale Regulierung übernimmt im Fall der GB jedoch das Office of Comptroller and Currency (OCC) und auf einzelstaatlicher Ebene erneut staatliche Aufsichtsbehörden. Staatlichen GB steht es frei, dem Federal Reserve System beizutreten, wohingegen dies für föderale GB Pflicht ist. Eine Mitgliedschaft im FED System ermöglicht den GB verschiedene Dienstleistungen, wie die Diskontierung von Krediten, Clearing und das Halten von Reserven.[105]

Geschäftsbanken unterscheiden sich von anderen KG des HypM, da sie weder eine ökonomische Neigung noch die erforderliche Organisation für eine größere Hyp-Vergabe besitzen.[106] Da ihr Kapital zum Großteil aus kurzfristigen Sparkonten und Sichteinlagen stammt, ist eine langfristige Kreditvergabe für sie nicht sehr attraktiv. GB haben eher Interesse an der Vergabe von Firmenkredi-

101 Vgl. Dennis, Marshall W. (1989), S. 58.
102 Vgl. Boleat, Mark (1985), S. 75.
103 Vgl. Dennis, Marshall W. (1989), S. 53.
104 Vgl. Boleat, Mark (1985), S. 76.
105 Vgl. Dennis, Marshall W. (1989), S. 53.
106 Vgl. Dennis, Marshall W. (1989), S. 53.

ten, da diese eine kürzere Laufzeit aufweisen und eher zur Laufzeit ihrer Einlagen passen. Daraus zeigt sich, dass in Zeiten hoher Nachfrage nach Firmenkrediten Hyp von ihnen eher vernachlässigt werden und umgekehrt. Dieses Verhalten kann für den HypM nachteilig sein, da unseriöse Kredite daraus resultieren können. Dies wurde in den 1970ern ersichtlich, als ein Überschusskapital in den Jahren 1972-73 vorhanden war, welches auf eine sinkende Nachfrage nach Firmenkrediten zurückgeführt werden konnte. Als dieses Kapital vollständig in den HypM investiert wurde, kam es zu Prinzipal-Agenten-Problemen, welche die Kreditqualität der vergebenen Hyp senkte und in Folge zu massiven Kreditausfällen führte.[107] Dennoch lässt sich beobachten, dass der Marktanteil der GB, trotz stetig steigender Größe des HypM und der jährlichen Kreditvergabe, im Laufe der Jahre recht stabil geblieben ist. Ebenso ist die Bandbreite ihrer Aktivitäten auf dem HypM vielfältiger, als die anderer KG. So vergeben GB nicht nur Government- und Conventional-Hyp, sondern finanzieren außerdem noch langfristige Renditeobjekte (income-property), sind größter Anbieter von Baukrediten und stellen außerdem Warehouse-Kreditlinien, v.a. für andere, kleinere KG (z.B. Hyp-Banken) zur Verfügung.[108]

4.1.5 Hypothekarkreditbanken (Mortgage Banks)

Hypothekarkreditbanken (Hyp-Banken) sind Finanzinstitute des HypM, welche sich auf die Vergabe und/oder den Service von Hyp spezialisiert haben. Die Bezeichnung Bank kann jedoch irreführen, da Hyp-Banken über keinerlei Einlagen verfügen, sondern sich durch kurzfristige Kredite anderer KG finanzieren.[109] Die von ihnen vergebenen Hyp halten sie jedoch nicht im eigenen Portfolio, sondern veräußern diese und/oder deren Service-Rechte am SekM. Sie halten Hyp folglich in der Regel 30-60 Tage, bevor diese einzeln und als Pools an Investoren oder den SekM verkauft werden.[110] Mit dem Verkaufserlös zahlt die Hyp-Bank ihre Kreditlinie zurück und behält den Restbetrag nach Abzug der Kosten als Gewinn. Als primäre Einnahmequellen dienen ihnen die Kreditvergabegebühr (origination fee) und die Service-Gebühren, soweit sich der Hyp-Banker zum Behalten des Service-Rechts entschließt, oder die Service Release Gebühr, falls das Service Recht verkauft wird.

Aufgrund dieser Geschäftspolitik sichern sich Hyp-Banken, vor der Aufnahme ihrer Geschäftstätigkeit, eine Zusage eines permanenten Investors, wie

107 Vgl. Dennis, Marshall W. (1989), S. 54.
108 Vgl. Dennis, Marshall W. (1989), S. 54.
109 Vgl. Dennis, Marshall W. (1989), S. 47.
110 Vgl. Dennis, Marshall W. (1989), S. 51.

etwa einer SB, oder einer GSE, wie Fannie Mae oder Freddie Mac. Durch diese Maßnahme garantiert der Investor bzw. die GSE, eine bestimmte Anzahl an Hyp zu kaufen, welche die vorher festgelegten Eigenschaften aufweisen.[111]

Obwohl Hyp-Banken dieselbe Funktion wie GB und S&L ausüben, werden sie nicht auf dieselbe Art und Weise überwacht. Hyp-Banken werden im Grunde genommen durch keine staatliche oder föderale Agentur bzw. Behörde direkt überwacht.[112] Eine Kontrolle erfolgt lediglich durch die Standards der Investoren oder durch GSE, welche den Hyp-Banken als Geschäftspartner dienen. Für sie gelten folglich nur die allgemeinen einzelstaatlichen Gesetzgebungen bezüglich der Kreditvergabe und des Konsumentenschutzes.

4.1.6 Hypothekarkredit-Broker (Mortgage Broker)

Gemäß der National Association of Mortgage Brokers (NAMB) sind Broker:

> *"Real estate financing professionals acting as the intermediary between consumers and lenders during mortgage transactions. A mortgage broker works with consumers to help them through the complex mortgage origination process."*[113]

Es handelt sich folglich, wie bei Hyp-Banken auch, um Intermediäre auf dem HypM. Im Unterschied zu Hyp-Banken finanzieren Hyp-Broker die Kreditvergabe jedoch nicht mit ihrem Eigenkapital, sondern dienen als reiner Vermittler zwischen KN und dem eigentlichen KG. Sie sollen dem KN dabei helfen, den jeweils besten Hyp für ihre Zwecke zu finden und dienen dem KN, indem sie dessen Suchkosten und somit die Unsicherheit bezüglich des Finden des jeweils besten Angebots minimieren, welche auf ineffizienten Märkten auftreten.[114]

Wie bei Hyp-Banken nahm die Bedeutung von Hyp-Brokern mit dem Aufstieg des SekM zur wichtigsten Finanzierungsquelle des HypM sehr stark zu. Mit der Einführung von AUS ab ca. 1995 und der damit verbundenen weiteren Entflechtung der Wertschöpfungskette des HypM wurden spezialisierte Marktteilnehmer, wie Hyp-Broker, immer wichtiger für den HypM, da sie die Bedürfnisse des SekM am Besten bedienen konnten. Ihr Marktanteil an der Kreditvergabe wuchs bis 1997 auf 53% aller vergebenen Hyp Bis zum Höhepunkt des zweiten Subprime Booms im Jahr 2004 stieg dieser sogar auf 65%, um im An-

111 Vgl. Dennis, Marshall W. (1989), S. 51.
112 Vgl. Dennis, Marshall W. (1989), S. 50.
113 Vgl. http://www.namb.org/namb/Mission.asp?SnID=1434718777 (Zugriff: 12.10.2010)
114 Vgl. LaCour-Little, Michael (2008), S. 6.

schluss an die Subprimekrise im ersten Quartal des Jahres 2008 wieder auf 49% zu fallen.[115]

Broker verdienen dabei auf verschiedene Art und Weise. Einerseits berechnen sie KN einen bestimmten Prozentsatz der Kreditsumme und andere Gebühren für ihre Dienstleistungen. Ebenso können Hyp-Broker anhand von Yield-Spread-Prämien (YSP) verdienen. Diese stellen eine Zahlung dar, welche durch den KG an den Broker für Hyp gezahlt werden, die über Nennwert laufen (zB einen 6% Hyp bei einem 5,5% Marktzins).[116] Bei der Behandlung von YSP unterscheiden sich Hyp-Banken von Hyp-Brokern. Da Hyp-Banken ihr eigenes Kapital riskieren, ist es ihnen erlaubt, die Preise nicht offen legen zu müssen, zu denen sie Hyp an Dritte veräußern.[117] Hyp-Broker hingegen sind zur Offenlegung dieser zusätzlichen Gebühr verpflichtet. YSP sind gemäß einer Klarstellung des HUD zulässig, soweit ihr eine eindeutige Gegenleistung durch den Hyp-Broker gegenübersteht und die gesamten Gebühren als angemessen angesehen werden können.[118] Dies zeigt auch das allgemeine Agentenproblem bei der Verwendung von Hyp-Brokern auf. Da Broker umso mehr verdienen, je mehr der KN für seinen Hyp zahlt, wird der Broker versuchen, dem KN einen Hyp zu vermitteln, der besonders hoch ausfällt und ihm hohe Gebühren (Vergabe- und YSP-Gebühr) einbringen. Im schlimmsten Fall wäre dies ein Hyp in unnötiger Höhe, welcher eine variable Verzinsung aufweist und möglichst viele alternative Krediteigenschaften aufweist.

Wie Hyp-Banker sind auch Hyp-Broker nur wenig und inkonsistent reguliert. So lizenzieren 28 Bundesstaaten lediglich Firmen, nicht aber Individuen. In manchen Staaten (Alabama, Alaska, Colorado, Montana und Wyoming) gibt es für Hyp-Broker gar keinerlei Regulierung. Andere Staaten wiederum verlangen zumindest einen gewissen Wissenstand und die Einhaltung finanzieller Voraussetzungen, welche entweder von den individuellen Brokern oder von deren Firmen einzuhalten sind.[119]

4.2 Akteure des Sekundärmarktes

Wie bereits erläutert, stellen Akteure des Sekundärmarktes die Schnittstellen zwischen den Kapitalmärkten und dem HypM dar. Entsprechend ihrer Relevanz für den HypM der USA konzentriert sich dieser Abschnitt anfangs vor allem auf

115 Vgl. LaCour-Little, Michael (2008), S. 3.
116 Vgl. LaCour-Little, Michael (2008), S. 4.
117 Vgl. http://en.wikipedia.org/wiki/Mortgage_bank (Zugriff: 12.10.2010)
118 Vgl. http://www.in.gov/dfi/2657.htm (Zugriff 12.10.2010)
119 Vgl. LaCour-Little, Michael (2008), S. 4.

die GSE und staatliche SekM-Akteure, um dann am Ende kurz auf private SekM-Akteure einzugehen.

4.2.1 Staatliche Akteure und die GSE

Zur Realisierung gesellschaftspolitischer Ziele bedient sich die US-amerikanische Regierung einer Reihe staatlicher und privater Unternehmen. Neben dem direkten Eingriff in den HypM der USA durch die staatliche Ginnie Mae, wird dieser vor allem durch die Government Sponsored Enterprises (GSE) Fannie Mae und Freddie Mac beeinflusst, welche anfangs zwar durch den Kongress gegründet wurden, sich aber nunmehr in privater Hand befinden.[120]

4.2.3.1 Government National Mortgage Association (GNMA oder Ginnie Mae)

Ginnie Mae wurde 1968 gegründet und ihre Hauptaufgabe besteht darin, das Kreditangebot für Haushalte mit geringem und mittlerem Einkommen zu erhöhen, indem sie einen Sekundärmarkt für FHA, VA und RHS gesicherte Hyp ermöglicht. Dazu bietet Ginnie Mae verschiedene MBS-Programme an, in welchen privat emittierte Wertpapiere garantiert werden, die von Ginnie Mae jedoch nicht gekauft oder emittiert werden dürfen.[121] Ginnie Mae stellt lizenzierten Primärmarktakteuren somit eine Verbriefungstechnologie bereit, welche es diesen ermöglicht, das Kreditrisiko abzutreten.[122] Dazu bitten KG des PrimM um Erlaubnis, GNMA Wertpapiere vergeben zu dürfen, welche eine Einhaltung der Risikobestimmungen von Ginnie Mae voraussetzen. Erfolgt eine Einigung bezüglich der Zusammenarbeit beider Parteien, so kann der KG nunmehr GNMA garantierte Hyp vergeben, welche er in Pools sammelt und die jeweiligen Hyp-Dokumente an Ginnie Mae übermittelt. Nach einer Prüfung des Kreditrisikos dieses Pools übernimmt Ginnie Mae, bei Einhaltung der Risikobewertungsstandards, das Kreditrisiko des Pools. Der Emittent ist somit für die Vermarktung und die Verwaltung der Wertpapiere verantwortlich, was unter anderem die monatliche Zahlung von Zins und Tilgung beinhaltet.[123] Ginnie Mae erhält vom KG im Gegenzug eine monatlich zu zahlende Garantie-Gebühr in Höhe von 0,006% der ausstehenden Kreditsumme der jeweiligen Wertpapie-

120 Vgl. Albrecht, Michael (2004), S. 13.
121 Vgl. Boleat, Mark (1985), S. 82.
122 Vgl. Albrecht, Michael (2004), S. 20.
123 Vgl. Boleat, Mark (1985), S. 83.

re.[124] Da eine Garantie durch eine Ginnie Mae einer staatlichen Garantie gleichzusetzen ist, sind die von ihr garantierten Wertpapiere sehr sicher und somit, sowohl für KG, als auch für Investoren, handelbar.[125]

4.2.3.2 Fannie Mae und Freddie Mac

Die beiden GSE Fannie Mae und Freddie Mac besitzen im Vergleich zu Ginnie Mae einen weitaus größeren Einfluss auf den SekM und den HypM im Ganzen. Der Begriff GSE definiert dabei:

> „... *a government-sponsored enterprise is a privately owned, federally chartered financial institution with nationwide scope and limited lending powers that benefits from an implicit federal guarantee to enhance its ability to borrow money.*"[126]

Folglich arbeiten GSE im Spannungsfeld zwischen dem privaten und dem öffentlichen Interesse. Neben einer angemessenen Verzinsung des privaten Kapitals müssen sie ebenfalls einen öffentlichen Auftrag im Sinne der gesellschaftspolitischen Ziele der Regierung erfüllen.[127]

Der Einfluss der Regierung auf die beiden privaten Aktiengesellschaften stammt jedoch aus der Zeit ihrer jeweiligen Gründung. Beide Gesellschaften wurden anfangs von staatlicher Seite gegründet. Fannie Mae 1938, um als Wegbereiter eines SekM für FHA und VA Hyp zu dienen, und Freddie Mac 1970, um den S&L als SekM-Institution zu dienen.[128] In der Folge wurden beide Gesellschaften jedoch privatisiert (Fannie Mae 1968 und Freddie Mac 1989), woraufhin ihnen gewisse Rechte zugesichert wurden, soweit sie ihren staatlichen Auftrag erfüllen. Beide GSE agieren auf dem SekM in zwei verschiedenen Geschäftszweigen. Sie emittieren und garantieren beide MBS und ebenso investieren sie in Hyp-Wertpapiere, welche sie in ihrem Portfolio halten.[129]

Die Emission und Garantie von MBS erfolgt dabei i.d.R. derart, dass KG des PrimM (GB, S&L, Hyp-Banken, etc.) einen Pool aus Hyp in MBS verbriefen. Die GSE garantieren dem Investor dabei die pünktliche Rückzahlung aus den zugrundeliegenden Hyp und übernehmen folglich das Kreditrisiko. Dafür verlangen die GSE jährlich ca. 20 Basispunkte der ausstehenden Kreditsumme als Entschädigung.[130] Der Vorteil von MBS für die Investoren besteht darin, dass sie liquide Wertpapiere erhalten, welche nicht das regulatorische EK sen-

---

124 Vgl. Boleat, Mark (1985), S. 83.

125 Vgl. Boleat, Mark (1985), S. 83.

126 Moe, Ronald C./Stanton, Thomas H. (1989), S. 321.

127 Vgl. Albrecht, Michael (2004), S. 15.

128 Vgl. White, Lawrence J. (2004), S. 3-4.

129 Vgl. White, Lawrence J. (2004), S. 2.

130 Vgl. White, Lawrence J. (2004), S. 3.

ken, sondern ebenso leichter am SekM verkaufbar sind, als die zugrundeliegenden Hyp.[131] Dieser Geschäftszweig der GSE entspricht somit teilweise dem von Ginnie Mae. Im Gegensatz zu Ginnie Mae garantieren die GSE jedoch keine Government- sondern lediglich Conforming-Hyp. Diese dürfen, gemäß den Risikobestimmungen der GSE, nicht eine gewisse, jährlich aktualisierte Kreditsumme von aktuell 417.000 $[132] übersteigen. Dabei bedürfen bei einem LTV von mehr als 80% einer privaten Hyp-Versicherung.[133]

Neben dem oben genannten Geschäftszweig der Verbriefung gegen eine Gebühr, ist es den GSE, im Gegensatz zu Ginnie Mae, außerdem gestattet, Hyp und MBS für das eigene Portfolio zu erwerben, was durch die Ausgabe von Schuldverschreibungen finanziert wird.[134] Da die Finanzierungskosten, aufgrund der impliziten Garantie durch das US-Finanzministerium, gering ausfallen, ermöglicht dies die Generierung eines Einkommens aus dem Spread zwischen Finanzierungskosten und den Einnahmen aus den Hyp bzw. MBS. Da diese Wertpapiere im eigenen Portfolio gehalten werden, übernehmen die GSE nicht nur das Kreditrisiko, sondern auch das Risiko der vorzeitigen Tilgung durch den KN. Dies führt dazu, dass die GSE nun Hyp erwerben, um diese im Portfolio zu halten oder sie zu MBS zu verbriefen und am SekM zu veräußern oder selbst erstellte MBS auf dem SekM zurück erwerben, um sie im Portfolio zu halten.

Durch ihre besondere Funktion und die implizite staatliche Garantie entstand im Verlauf der Zeit ein Zwillingspaar, welches durch den gemeinsamen Wettbewerb untereinander den Markt für Conforming-Einfamilien-Hyp dominieren sollte.[135] Die konkurrenzlos günstige Refinanzierung, aufgrund der impliziten staatlichen Garantie der Verbindlichkeiten durch die US-Regierung, ermöglichte es den beiden GSE, höhere Preise für Conforming-Hyp und MBS anzubieten, was zur Folge hatte, dass in diesem Markt eine Art Duopol entstand, welches jegliche privaten Marktakteure dazu zwang, auf den Non-Conforming Teilmarkt auszuweichen. Wie man in Abbildung 4.1 sehen kann, hielten die GSE und Ginnie Mae im zweiten Quartal 2008 45% aller ausstehenden Hyp, sowohl in verbriefter Form als auch in Form von Hyp, und finanzieren somit beinahe die Hälfte des gesamten HypM der USA.[136]

---

131 Vgl. White, Lawrence J. (2004), S. 3.

132 http://www.fanniemae.com/aboutfm/pdf/historicalloanlimits.pdf (Zugriff 12.10.2010) Diese Grenze liegt in Hochpreisregionen derzeit bei 729.750 $.

133 Vgl. Reiss, David J. (2009), S. 7.

134 Vgl. Reiss, David J. (2009), S. 6.

135 Vgl. Albrecht, Michael (2004), S. 18.

136 Vgl. Barth, James R. u.a. (2009), S. 174.

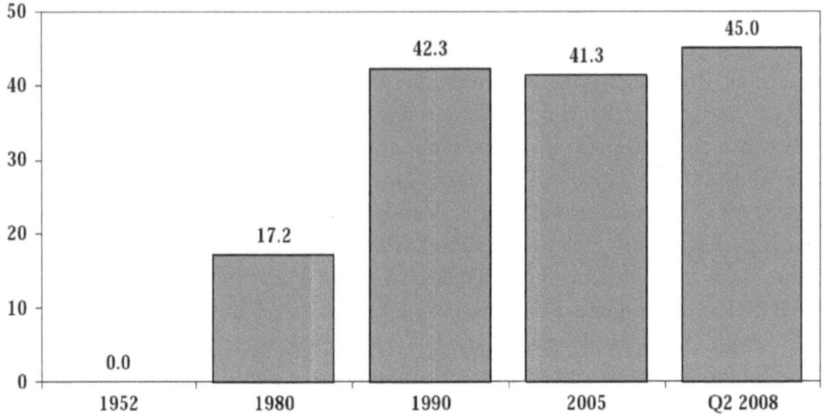

Abbildung 4.1 Anteil der GSE Hyp an allen ausstehenden Hyp

Quelle: Barth, James R. u.a. (2009), S. 175.

Wie Abbildung 4.2 zeigt, hatten beide GSE im zweiten Quartal 2008 zusammen Wertpapiere im Wert von ca. 1,7 Bio. $ in ihrem Portfolio und 3,9 Bio. $ verbrieft.

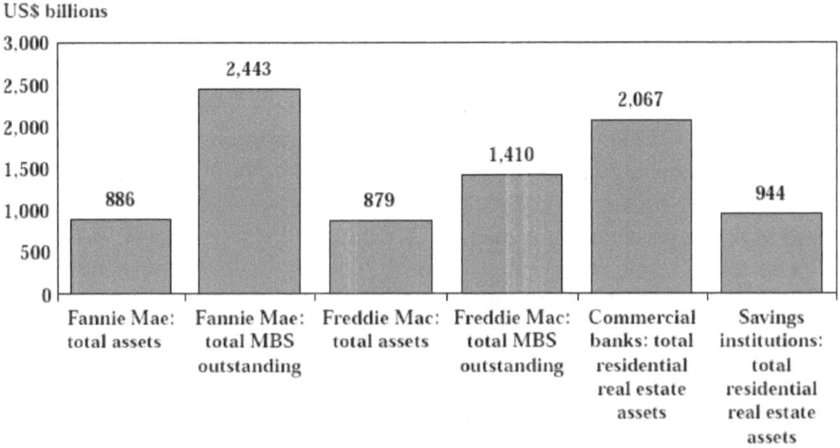

Abbildung 4.2 Vergleich zwischen GSE und Einlageninstituten

Quelle: Barth, James R. u.a. (2009), S. 175.

Im Vergleich dazu hatten alle Geschäftsbanken und S&L des Landes lediglich 3 Bio. $. in ihrem Portfolio.[137] Fannie Mae und Freddie Mac waren mit insgesamt 5,5 Bio. $ an Hyp, welche sie entweder im eigenen Portfolio hielten oder garantierten, die dominanten Akteure des HypM der USA.

Ihre Präsenz auf dem SekM beeinflussten die PrimM-Sätze derart, dass diese im Vergleich zu Jumbo-Hyp 20-25 Basispunkte niedriger lagen und allgemein mehr Stabilität auf dem HypM entstand.[138] Aufgrund ihrer Funktion setzten sie außerdem eine Uniformierung des ansonsten abgegrenzten, lokalen HypM durch, welche aufgrund der Restriktion für zwischenstaatliche Aktivitäten den KG bis weit ins 20. Jahrhundert erschwert wurde.[139] Ebenso konnten sie aufgrund ihrer Marktmacht landesweite Standards erschaffen und etablieren, sowie technologische Weiterentwicklungen vorantreiben und an ihre Kunden weiterreichen.[140]

4.2.3.3 Das Federal Home Loan Bank System (FHLB)

Neben diesen beiden oben genannten GSE existiert ebenfalls das Federal Home Loan Bank System (FHLB). Im Gegensatz zu Fannie Mae und Freddie Mac bietet das FHLB jedoch keinen SekM für Hyp an.[141] Es dient seinen Mitgliedern lediglich zur Bereitstellung zinsgünstiger, kurz- und langfristiger Darlehen, welche von den KG des PrimM zur Vergabe von Hyp genutzt werden. Da es sich bei den Mitgliedern traditionell um Thrifts, Credit Unions und Gemeindebanken handelte, diente das FHLB vornehmlich als zinsgünstiges Finanzierungsvehikel der S&L, wodurch die Verfügbarkeit von Hyp durch diese KG erhöht werden sollte. Im Zuge der S&L-Krise ermöglichte der Gesetzgeber die Übernahme von S&L durch Geschäftsbanken, was die Mitgliederschaft um diese nun erweiterte.[142] Seit den 1990er Jahren wurde die Mitgliederzahl jedoch ebenso auf Geschäftsbanken erweitert, welche 2001 bereits 71% der Mitgliederzahl und ca. 42% aller vergebenen Kredite ausmachten.[143] Heute repräsentieren die FHLB Mitglieder ca. 80% aller versicherten KG des HypM.[144] Die Finanzierung seiner Geschäftstätigkeit ermöglicht die Emission von Diskontpapieren auf den Kapi-

137 Vgl. Barth, James R. u.a. (2009), S. 175.
138 Vgl. White, Lawrence J. (2004), S. 8.
139 Vgl. White, Lawrence J. (2004), S. 8.
140 Vgl. White, Lawrence J. (2004), S. 8.
141 Vgl. Albrecht, Michael (2004), S. 19.
142 Vgl. http://www.allbusiness.com/public-administration/executive-legislative-other/413-741-1.html (Zugriff: 13.10.2010)
143 Vgl. http://www.allbusiness.com/finance/1078580-1.html (Zugriff: 13.10.2010)
144 Vgl. FHLB (http://www.fhlbanks.com/assets/pdfs/sidebar/FHLBanksWhitePaper.pdf)

talmärkten, deren Laufzeit zwischen 6 Monaten und 30 Jahren liegen kann. Käufer dieser Papiere sind vor allem Geschäftsbanken, Zentralbanken, Rentenfonds und andere internationale Investoren.[145]

Folglich dient es seinen Mitgliedern als Finanzierungsvehikel zur Bereitstellung und Sicherung kurzfristiger Liquidität und dient diesen somit als Schnittstelle zwischen den Einlageninstituten des HypM und den Kapitalmärkten.[146] Im dritten Quartal 2008 stellte das FHLB seinen Mitgliedern kurzfristige Kredite im Gesamtwert von 1,012 Bio. $ bereit. Diese Zahl sank jedoch bis zum vierten Quartal 2009 auf 631 Mrd. $ ab.[147]

4.2.4 Private-Label Verbriefung

Die Dominanz von Ginnie, Fannie und Freddie ging jedoch ab der Mitte der 1990er Jahre, vor allem aber ab den Jahren 2003/2004, stark zurück. Neben der Verbriefung von Government- und Conforming-Hyp, nahm zu dieser Zeit immer mehr die Verbriefung von Non-Conforming-Hyp, in Form von Jumbo-, Home-Equity-, Alt-A- und insbesondere Subprime-Hyp, zu. Da private Finanzunternehmen die Profitabilität des Geschäfts der GSE erkannten, begannen auch sie, ab den späten 1970er Jahren Non-Conforming-Hyp zu verbriefen, und halfen somit, den enormen Kreditbedarf dieses Marktes zu finanzieren.[148] So ergriffen im Jahr 1977 die Bank of America und Salomon Brothers als Erste die sich bietende Möglichkeit der Private-Label Verbriefung. Da beide Banken ihr Risiko minimieren wollten, gründeten sie zur Verbriefung und Betreuung der MBS eigenständige Investmentgesellschaften, denen sie die Hyp überschrieben, damit diese von der ZwG in deren Namen verbrieft und als MBS emittiert werden konnten.[149] Da den privaten Verbriefungsgesellschaften jedoch die (implizite) staatliche Garantie fehlt, bedient sich ZwG verschiedener Möglichkeiten der internen und externen Credit Enhancement, welche zusätzlich verschiedene Sicherungen zu dem MBS hinzufügen und somit das Rating der Anleihe erhöhen.[150] Eine genauere Betrachtung des Prozesses der Private-Label Verbriefung erfolgt in Kapitel 5.5.1.

Im Laufe der Zeit entstand aus dieser Nische ein überaus lukratives Geschäft, das von immer mehr Finanzunternehmen aufgenommen wurde. Diese

---

145 Vgl. FHLB (http://www.fhlbanks.com/assets/pdfs/sidebar/FHLBanksWhitePaper.pdf)
146 Vgl. FHLB (http://www.fhlbanks.com/assets/pdfs/sidebar/FHLBanksWhitePaper.pdf)
147 Vgl. FHLB (http://www.fhlbanks.com/assets/pdfs/sidebar/FHLBanksWhitePaper.pdf)
148 Vgl. Peterson, Christopher L. (2006), S. 14.
149 Vgl. Peterson, Christopher L. (2006), S. 15.
150 Vgl. Peterson, Christopher L. (2006), S. 19.

Entwicklung ermöglichte es den US-amerikanischen KN, eine erhöhte Verfügbarkeit von Non-Conforming-Hyp bereit zu stellen, wie Subprime-Kredit zum Kauf von Eigenheimen, der Home-Equity-Hyp oder Cash-out-Refinanzierungs-Hyp zur Finanzierung anderer Investitionen oder des eigenen Konsums.[151] Wie Tabelle 4.1 zeigt, stieg der Anteil Private-Label verbriefter Hyp an der gesamten Verbriefung von unter 2% im Jahr 1985 auf 56% im Jahr 2006.

151 Vgl. Peterson, Christopher L. (2006), S. 27.

Tabelle 4.1 Anteil der SekM-Akteure an der Emission von MBS

Quelle: Barth. James R. (2009), S. 348.

	Mortgage-Backed Securities (Percent of Total)				
	GNMA	FHLMC	FNMA	Private Label	Total US$ Millions
1985	41.6	35.2	21.4	1.8	110,414
1986	37.7	37.2	22.5	2.6	269,189
1987	39.0	30.8	25.6	4.6	243,236
1988	33.4	24.1	33.2	9.3	165,257
1989	26.6	34.3	32.5	6.6	214,587
1990	24.8	28.5	37.3	9.4	259,285
1991	19.7	29.1	35.6	15.5	317,361
1992	15.0	32.9	35.6	16.4	544,629
1993	20.7	31.3	33.2	14.8	666,646
1994	26.3	27.7	30.9	15.0	422,099
1995	22.9	27.0	34.7	15.4	318,022
1996	22.9	27.2	34.0	15.9	440,324
1997	21.3	23.5	30.7	24.5	486,832
1998	16.0	27.0	35.1	21.9	929,234
1999	18.2	28.0	36.1	17.8	833,029
2000	16.8	26.9	34.2	22.1	615,038
2001	12.7	28.8	38.8	19.7	1,354,960
2002	9.3	29.5	39.0	22.3	1,856,893
2003	8.0	26.3	44.1	21.6	2,716,336
2004	6.6	19.4	28.0	45.9	1,882,836
2005	4.0	18.5	22.3	55.3	2,155,987
2006	4.0	17.6	22.3	56.0	2,045,420
2007	5.1	23.8	33.1	37.9	1,864,544
Q1 2008	11.4	33.6	48.8	6.2	345,326
Q2 2008	16.9	32.7	44.1	6.2	403,514
Q3 2008	32.2	25.5	41.4	0.9	256,832

Ab dem Jahr 2000 stieg das Volumen der Private-Label-Verbriefung bis zum Jahr 2003 jährlich um durchschnittlich 21% und von 2004 bis 2007 um durchschnittlich 49%. Der Anteil an den ausstehenden MBS stieg, gemäß Tabelle 4.2, von durchschnittlich 15% in den Jahren 2000-2003 auf durchschnittlich 31% in den Jahren 2004-2007.[152] Mit Ausbruch der Subprimekrise sank der Marktanteil der Neuemissionen jedoch rapide auf gerade einmal 6% im ersten Quartal 2008, wohingegen die staatliche Verbriefung und die der GSE nun mehr als 90% der gesamten Verbriefung tätigten.

152 Vgl. Barth, James R. u.a. (2009), S. 26.

Tabelle 4.2 Anteil der SekM-Akteure an ausstehenden MBS

Quelle: Barth, James R. u.a. (2009), S. 349.

	Mortgage-Backed Securities (Percent of Total)				
	Ginnie Mae	Freddie Mac	Fannie Mae	Private Label	Total US$ Millions
1980	84.5	15.5	NA	NA	111,086
1981	83.8	16.2	0.6	NA	126,187
1982	67.1	24.8	8.1	NA	177,342
1983	65.5	24.2	10.3	NA	244,322
1984	60.7	24.3	11.3	3.7	296,622
1985	54.4	26.3	13.2	6.2	389,841
1986	48.3	31.7	17.0	3.1	543,858
1987	45.5	31.1	19.3	4.0	693,727
1988	43.8	29.6	22.0	4.5	776,683
1989	40.6	30.5	24.2	4.8	909,789
1990	37.6	30.1	27.2	5.2	1,066,920
1991	34.1	29.2	28.9	7.8	1,246,653
1992	29.8	29.3	30.8	10.1	1,407,977
1993	27.3	29.8	31.8	11.1	1,518,908
1994	27.5	29.8	31.5	11.2	1,640,226
1995	27.1	29.4	32.4	11.1	1,744,026
1996	26.6	29.0	33.1	11.3	1,901,567
1997	26.2	28.1	33.3	12.4	2,049,099
1998	23.4	27.9	34.8	14.0	2,301,123
1999	22.4	28.6	35.4	13.6	2,601,940
2000	21.7	29.0	36.0	13.4	2,819,656
2001	18.2	29.3	38.2	14.2	3,251,325
2002	15.3	30.3	38.9	15.5	3,509,783
2003	12.1	28.9	42.0	17.0	3,910,529
2004	10.1	27.2	38.7	24.1	4,383,765
2005	7.9	25.8	34.8	31.5	5,119,719
2006	6.9	24.7	32.5	35.9	5,945,131
2007	6.8	26.2	34.2	32.8	6,598,936
Q1 2008	6.8	26.1	36.2	30.8	6,777,427
Q2 2008	7.1	26.5	36.8	29.6	6,835,875

4.3 Entwicklung des Marktanteils verschiedener Akteure

Die Entwicklung des HypM und der Marktanteile verschiedener Marktakteure an der Kreditvergabe wird in Tabelle 4.3 ersichtlich.

Tabelle 4.3 Finanzierungsquellen des HypM

Quelle: Barth, James R. u.a. (2009), S. 350.

Percent of Total	1952	1980	1990	2005	Q2 2008
Commercial banks	19.3	16.6	16.5	19.1	19.2
Savings institutions	40.2	50.0	22.9	10.2	7.9
Credit unions, life insurance, and private pension funds	20.9	2.5	2.7	2.7	3.1
GSE home mortgages	0.0	6.0	4.6	4.8	4.1
Agency- and GSE-backed mortgage pools	0.0	11.2	37.8	36.4	41.0
Private-label backed mortgage pools	0.0	0.0	2.1	17.2	18.0
Other	19.6	13.7	13.5	9.5	6.9
Total (US$ billions)	58.4	957.9	2,623.3	9,383.8	11,254.2

Neben den Akteuren des PrimM wuchs der Anteil der Hyp, welche durch SekM-Akteure finanziert wurden. Dies zeigt auf, dass anstelle der Vertriebsstrategie des Originate-to-Hold immer mehr KG der Originate-to-Distribute Strategie folgten. Dieser Rückgang der Bedeutung des Originate-to-Hold Modells lässt sich jedoch nicht nur auf die Schwächen der Portfolio-Kreditvergabe und die Kostenvorteile der SekM-Finanzierung zurückführen, sondern geht ebenso auf das wiederholte Eingreifen von Seiten der US-Regierung und die technologischen Weiterentwicklungen zurück. Welche Ursachen dieser Entwicklung zugrunde lagen, soll nun in Kapitel 5 erläutert werden.

5 Geschichtliche Entwicklung des Hypothekarkreditmarktes der USA

Ausgehend von dem Grundgedanken, dass jede Familie ein Eigenheim besitzen sollte, wurde das Finanzierungssystem für Hypothekarkredite seit den 1930er Jahren maßgeblich durch Eingriffe der US-Regierung geformt. Dies geschah in der Regel als Antwort auf Krisen, welche nicht nur den Hypothekarkreditmarkt beeinträchtigten, sondern die gesamte Wirtschaft der USA.[153] So war es in der Regel die US-Regierung, welche weitreichende Innovationen, wie bspw. 30-jährige, selbstamortisierende FRM oder die GSE, in den HypM integrierte und durchsetzte. Ebenso war es aber auch der Staat, welcher in den 1980er und 1990er Jahren eine Politik der Deregulierung einleitete. Damit ging eine Periode des Wohlstands für beinahe alle US-Amerikaner einher. Sie brachte allerdings auch negative Auswirkungen mit sich, die aber erst 30 Jahre später mit dem Ausbruch der Subprimekrise ersichtlich wurden.

5.1 Die Ära der Kolonialisierung und Institutionalisierung

Die Expansion der USA in Richtung Westen, im Anschluss an den Unabhängigkeitskrieg, wurde anfangs weitestgehend von Landentwicklungsbanken finanziert, welche sich wiederum ihr Kapital aus Europa besorgten. Da ein Großteil hoch spekulativ war, führte dies zum Bankrott beinahe all dieser Banken. Ebenso lebten die US-Bürger die ersten 75 Jahre in der Regel auf kleinen Farmen, dessen Besitz innerhalb der Familie vererbt wurde. Aus diesem Grund bestand kaum Bedarf an Hyp, da der geringe Kapitalbedarf meist durch Familie oder Freunde gedeckt werden konnte. Bestand diese Möglichkeit nicht, waren die meisten US-Amerikaner gezwungen, ihr Heim selbst zu errichten oder aber über lange Zeit hinweg zu sparen.[154] Dies bedeutet, dass Hyp bis zu den 20er Jahren des 19. Jhd. weitgehend durch vermögende Einzelpersonen und nicht durch Institutionen bereitgestellt wurden.[155] Viele amerikanische Familien lebten zu jener Zeit noch immer autark auf der eigenen Farm, womit kein Grund zum Sparen bestand. Abgesehen davon gab es nur wenige Anstellungen zur damaligen

153 Vgl. Schwartz, Alex F. (2010), S. 51.
154 Vgl. Immergluck, Dan (2009), S. 19.
155 Vgl. Dennis, Marshall W. (1989), S. 6.

Zeit, welche Sparen im großen Maß erlaubten. So war das Konzept des Sparens noch neu und somit die Anzahl an Sparern recht klein.[156]

Aufzeichnungen zeigen, dass der erste hypothekarische Kredit in den USA 1835 vergeben wurde.[157] Das damals vorherrschende Geschäftsmodell war die „Terminating“ Building Society (TBS), welche das dominante Geschäftsmodell von Anfang bis Mitte des 19. Jahrhunderts darstellte. Die Ursprünge der TBS reichen zurück nach England im Jahr 1775. Es handelte sich dabei um eine kommunale Lösung, welche die Ersparnisse von Bürgern einer Gemeinde sammelte, um daraufhin Kredite für den Immobilienbau an diese vergeben zu können.[158] Hatte die TBS genug Kapital gesammelt, um ein Haus zu erwerben bzw. zu errichten, so wurde das Kapital an jenes Mitglied der TBS versteigert, welches den höchsten Zins bot.[159] Die daraus resultierenden Rückzahlungen wurden den Mitgliedern als Dividenden gezahlt. Die TBS stellten ihre Geschäftstätigkeit zu dem Zeitpunkt ein, ab dem die Neubauten aller Mitglieder finanziert waren und man alle Kredite vollständig zurückgezahlt hatte.[160] Das vorhandene Kreditrisiko wird somit intern von den Mitgliedern der Gesellschaft getragen. So fiel ausgerechnet der erste vergebenen Hyp aus, der von der ersten Building Society (Oxford Provident Building Association) vergeben wurde. Nach Verhandlungen der Mitglieder untereinander wurde das Anwesen daraufhin an ein anderes Mitglied transferiert, welches auch den Kredit zurückzahlte.[161] Später wurde dieses Geschäftsmodell dahingehend geändert, dass von der Terminierung abgesehen wurde und die Society ihre Geschäftstätigkeit permanent fortführte („Permanent“ Building Society bzw. Buildings & Loans (B&L)). Den Anteilseignern wurde gestattet, die Höhe und den Zeitpunkt ihres Beitrags zu variieren sowie sich gezahlte Beiträge wieder auszahlen zu lassen. Ebenso begannen die Gesellschaften Kapitalreserven anzulegen, um Kreditausfällen begegnen zu können.[162] B&L wurden anfangs nicht aufgrund von Profitüberlegungen gegründet, sondern um lokalen Mitmenschen ein Eigenheim zu ermöglichen und die lokale Wirtschaft zu stärken. Jedoch erweiterten die B&L ihren Mitgliederkreis im Laufe der Jahre, indem sie Termingeldkonten einführten.[163] Diese erhöhte den Kapitalstock und minderte gleichzeitig das Risiko, da ein Ausfall nun von mehr Einlagen abgefangen werden konnte, als zuvor. Aus dieser Überlegung, Sparer

156 Vgl. Dennis, Marshall W. (1989), S. 7.
157 Vgl. Cho, Man (2007), S. 180.
158 Vgl. Cho, Man (2007), S. 180.
159 Vgl. Immergluck, Dan (2009), S. 20.
160 Vgl. Immergluck, Dan (2009), S. 20.
161 Vgl. Cho, Man (2007), S. 180.
162 Vgl. Immergluck, Dan (2009), S. 20.
163 Vgl. Immergluck, Dan (2009), S. 20.

von den KN loszulösen, entstanden später die Savings and Loans (S&L). Im Jahr 1931 standen 12 Mio. S&L-Mitglieder 2 Mio. KN gegenüber, was die Loslösung von dem Eigenheimgedanken der ersten B&L aufzeigt. Trotz dieser neuen Finanzinstitute spielte die Hypothekarkreditvergabe in den USA in der ersten Hälfte des 19. Jhd. eine lediglich untergeordnete Rolle, was zum Teil an den restriktiven Kreditkonditionen der damaligen Zeit lag.

Die damals üblichen Kreditverträge begrenzten die Kreditdauer auf 2-11 Jahre, wobei diese Spanne auf die Konditionen der damaligen KG zurückzuführen ist. Wohingegen B&L 11 Jahre gewährten, gestatteten Lebensversicherungen nur 8 und Geschäftsbanken gar nur 2-3 Jahre.[164] Ebenso sahen Hyp damals variable Zinsraten vor und limitierten das Verhältnis von Kredit zu Wert der Immobilie (LTV) auf 50%. B&L gewährten immerhin 60%. Dies erforderte, dass die meisten KN einen zweiten oder dritten Hyp aufnahmen, um das Eigenheim finanzieren zu können.[165] Deren Gebühren und Zinsraten fielen jedoch weitaus höher aus, als die des erstrangigen Hyp, da sie oftmals von unseriösen KG gewährt wurden. Rückzahlungen erfolgten halbjährlich, wobei es sich während der Laufzeit lediglich um Zinszahlungen handelt (IO), da die Tilgung endfällig erfolgte.[166] Jene Endfälligkeit der Tilgung machte ein Rollieren bzw. eine Refinanzierung des Kredits nach Ablauf der Laufzeit beinahe unumgänglich. Ebenso erhöhten die halbjährlichen Zinszahlungen das Kreditrisiko, da KG Probleme der KN erst dann erkannten, als schon alles zu spät war und eine Zwangsvollstreckung nunmehr unumgänglich war.[167]

Zu einer Trennung von Finanzierung und Vergabe kam es erstmals in den 1870er Jahren. Damals wurden die ersten Hypothekenbanken gegründet, welche die Expansion Amerikas im Westen bzw. mittleren Westen zum größten Teil finanzierten. Die Finanziers waren meist Versicherungsunternehmen und reiche Privatinvestoren der Ostküste.[168] Diese Hypothekenbanken vergaben und betreuten Kredite durch Mittel, welche wiederum durch die Ausgabe von hypothekarisch gesicherten Schuldverschreibung (Mortgage Backed Bonds (MBB)) finanziert wurden. Dieser Intermediationsprozess verlagerte das Kreditrisiko von den Hypothekenbanken zu den Investoren, wofür diese durch Zahlung der Tilgung und Zinsrate kompensiert wurden. Ein weiterer positiver Nebeneffekt war die Diversifizierung des Portfolios der Investoren, da dieses aus Krediten verschie-

164 Vgl. Immergluck, Dan (2009), S. 26.
165 Vgl. Schwartz, Alex F. (2010), S. 51.
166 Vgl. Cho, Man (2007), S. 180.
167 Vgl. Dennis, Marshall W. (1989), S. 9.
168 Vgl. Dennis, Marshall W. (1989), S. 7.

dener Regionen der USA bestand, was sich stabilisierend auf dieses auswirkte.[169]

Der MBB Markt stieg bis zur Rezession der 1890er Jahre stark an, war aber mit Beginn dieser dadurch gekennzeichnet, dass viele Kreditnehmer ihren Zahlungsverpflichtungen nicht mehr nachkamen. Ein Grund dafür waren laxe Standards der Agenten (Hypothekenbanken) bei der Vergabe der Kredite, welche durch falsche Anreize hervorgerufen wurden. Dies wiederum zog hohe Verluste der Prinzipale (Investoren) nach sich (klassisches Prinzipal-Agenten-Problem). Als Folge dieser Krise verschwanden beinahe alle spezialisierten Hypothekenbanken vom Markt, und die Finanzierung von Hypothekarkrediten wurde wieder von Lebensversicherern und individuellen Investoren übernommen.[170] Somit endete dieses frühe Experiment der Liquiditätserhöhung unrühmlich.

Neben den Hypothekenbanken bedienten sich KN der Ostküste mit Beginn des 20. Jhd. immer häufiger der Möglichkeit der Finanzierung durch S&L. Diese Institute gewährten vor allem städtischen Bewohnern Kredite, die sie durch Einlagen anderer Kunden finanzierten. Ihr Aufschwung wurde vor allem durch die Urbanisierung und Industrialisierung der Großstädte an der Ostküste in dieser Zeit begünstigt. S&L konnten die Sparvermögen der städtischen Bevölkerung akkumulieren, die diese infolge ihrer Massenwanderung in die Städte immer häufiger bei ihnen anlegten.[171] Obwohl ein Großteil der S&L zunächst im Staat New England anzutreffen war, wurden in der Folge im gesamten Land S&L gegründet, welche den Immobilienboom der 1920er Jahre mit finanzierten.

5.2 Great Depression und ihre Folgen

Die Hochkonjunktur der „Roaring Twenties“ wurde von einem bisher ungekannten Immobilienbauboom begleitet, der die jährliche Anzahl der Neubauten von 1921 bis 1928 von 449.000 auf 937.000 steigen ließ.[172] Im selben Zug stiegen die Immobilienpreise jährlich um 25-50%, was viele KG dazu veranlasste, Risikoeinschätzungsstandards zu vernachlässigen, da sie glaubten, faule Kredite durch steigende Immobilienpreise decken zu können.[173] Anzeichen der Abschwächung waren bereits weit vor dem Börsencrash des Black Monday 1929 zu sehen. Die stark gestiegenen Immobilienpreise begannen bereits ab 1927 zu

169 Vgl. Cho, Man (2007), S. 180.
170 Vgl. Jacobides, Michael G. (2001), S. 4.
171 Vgl. Dennis, Marshall W. (1989), S. 7.
172 Vgl. Colton, Kent W. (2002), S. 1.
173 Vgl. Dennis, Marshall W. (1989), S. 11.

fallen.[174] Hinzu kam, dass von 1929 bis 1933 die Wirtschaftsleistung der USA um ein Drittel sank, was die Arbeitslosenquote von 4% auf 25% steigen ließ.[175] Dieser Anstieg verursachte wiederum sowohl eine Liquiditäts- als auch eine Solvenzkrise für eine große Anzahl an Kreditnehmern, was einen Ausfall ihrer Kreditzahlungen nach sich zog. Die Folge waren massive Immobilienverkäufe in Folge von Zwangsvollstreckungen durch KG, was den Preisverfall zusätzlich beschleunigte.[176] Dies führte daraufhin zu einer ungenügenden Sicherungshöhe der Banken, was folglich Liquiditätsprobleme und Bank-Runs nach sich zog, welche zu einer Insolvenz des gesamten Banksystems führte.[177]

Eine Kombination aus nachteiligen Kreditbedingungen, fehlender Refinanzierungsmöglichkeiten und starker Fragmentierung des Hypothekarkreditmarktes führte somit zur Great Depression. Die Deflation der Immobilienpreise von bis zu 50% innerhalb eines Jahres, sowie die hohe Arbeitslosigkeit, ließen immer mehr Hyp ausfallen, was wiederum eine Verschärfung der Deflation sowie stark steigende Anzahl an Zwangsvollstreckungen durch die KG nach sich zog. Fire Sales und Bank-Runs verschärften die Lage der Finanzinstitute nur noch weiter. Ein gleichzeitiger Abfluss der Einlagen und der Verfall des Anlagevermögens führten schlussendlich zur Insolvenz Vieler. Dies führte dazu, dass selbst solvente KN ihre auslaufenden Hyp nicht rollieren konnten, da den KG die nötige Liquidität fehlte und die Immobilien einen Großteil ihres Wertes verloren hatten und folglich nicht mehr ausreichend waren, um eine erneute Refinanzierung zu sichern. Da staatliche Liquiditäts-Reserven noch nicht vorhanden waren, konnten selbst die wenigen, solvente KG kaum Kredite an KN vergeben. Bis zum Jahr 1933 fielen mehr als die Hälfte aller Hyp aus, was zu mehr als 1.000 Zwangsvollstreckungen pro Tag führte[178] sich zum Höhepunkt der Great Depression ca. 10% aller Eigenheime sich im Prozess der ZwV befanden.[179] In den meisten Fällen konnten KN ihr Eigenheim nur deshalb behalten, weil staatlich organisierte Kreditstundungen und Zahlungsaufschübe dies ermöglichten.[180]

174 Vgl. Dennis, Marshall W. (1989), S. 11.
175 Vgl. Albrecht, Michael (2004), S. 144.
176 Vgl. Green, Richard K./ Wacher, Susan M. (2005), S. 95.
177 Vgl. Cho (2007), S. 181.
178 Vgl. Schwartz, Alex F. (2010), S. 51.
179 Vgl. Green, Richard K./ Wacher, Susan M. (2005), S. 95.
180 Vgl. Colton, Kent W. (2002), S. 3.

5.3 Der New Deal

Im Zuge dieser Ereignisse und deren gravierende Auswirkungen auf die Wirtschaft der USA, entschloss sich die US-Regierung, verschiedene Maßnahmen einzuleiten, die das System der Wohnungsfinanzierung von Grund auf verändern sollten. Die drei wichtigsten Maßnahmen waren die Gründungen des Home Loan Banking Systems, der Home Owners Loan Corporation und der Federal Housing Administration in Verbindung mit der Federal National Mortgage Association. Diese bildeten die Basis für ein neues und über 40 Jahre hinweg stabiles System, welches innerhalb von nur 20 Jahren nicht nur die Eigenheimquote, sondern im selben Zuge auch den Wohlstand der US-Amerikaner rasant erhöhen sollte.

5.3.1 Home Loan Banking System

Als erste Reaktion auf die Great Depression verabschiedete der Senat im Jahr 1932, noch unter der Regierung Herbert Hoovers, den Federal Home Loan Bank Act. Die Intention dieses Gesetzes war, die Rolle der Thrifts auf dem HypM zu stärken.[181] Federal Home Loan Banks (FHLB) sollten den Thrifts Liquidität in Zeiten der Not bereitstellen, also für den Fall, dass die Nachfrage nach Hyp größer würde, als die vorhandenen Einlagen. Illiquide Thrifts konnten sich nun an eine der Home Loan Banks richten, um ihren Liquiditätsengpass zu überbrücken.[182] Hierfür gründete man 12 regionale Federal Home Loan Banks, welche unter der Kontrolle des Federal Home Loan Bank Boards standen. Der Einfluss dieser Maßnahme war anfangs gering, da bis Ende 1932 lediglich fünf FHLB organisiert wurden, was wiederum bedeutete, dass nur wenige Kredite an Mitglieder vergeben werden konnten. Jedoch war es nicht das Ziel des FHLB-Acts, die kritische Lage bzgl. der rasant steigenden ZwV zu lindern, sondern die Liquidität der Thrifts zu stärken.[183] Dieses Problem wurde erst unter der Regierung Roosevelt mit dem Home Owners Loan Corporation (HOLC) angegangen.[184]

Neben der Überbrückung von Liquiditätsengpässen behoben die FHLB dabei ein weiteres Problem des S&L-Marktes. Aufgrund der regionalen Struktur der S&L und Gesetzen, die es Banken und anderen Finanzinstituten verboten, über Staatsgrenzen hinweg zu agieren, kam es in den USA häufig zu einem Un-

181 Vgl. Schwartz, Alex F. (2010), S. 52.
182 Vgl. Schwartz, Alex F. (2010), S. 52.
183 Vgl. Colton, Kent W. (2002), S. 3.
184 Vgl. Schwartz, Alex F. (2010), S. 52.

gleichgewicht von Kapitalangebot und -nachfrage.[185] Dieses Ungleichgewicht konnte nach Einführung FHLB behoben werden, da diese sich landesweit refinanzieren konnten und somit Kapitalüberschüsse abgebaut und Kapitalmängel behoben wurden.

5.3.2 Home Owners Loan Corporation

Die Home Owner Loan Corporation (HOLC) wurde 1933 gegründet, um KN die Refinanzierung ihrer Hyp zu ermöglichen, soweit diese in Verzug geraten waren.[186] Die Finanzierung dieser Maßnahme sollte durch den Verkauf staatlich gesicherter Anleihen erfolgen. Des Weiteren sollten die Hyp im Zuge der Refinanzierung ebenfalls eine Änderung der Kreditbestimmungen erfahren.[187] Hyp mit kurzer Laufzeit, variablen Zinsen und endfälliger Tilgung wurden somit zu Hyp, mit 20-jähriger Laufzeit, welche sich innerhalb dieser Zeit vollständig amortisieren und gleichbleibende Rückzahlungsraten aufwiesen.[188] HOLC war für den HypM der USA nicht nur deshalb entscheidend, weil es vielen Haushalte ihr Eigenheim sicherte, sondern viel mehr, weil es die langfristige und selbstamortisierende Finanzierungsmöglichkeit bei geringer Anzahlung einführte und perfektionierte.[189] Ebenso reduzierte die Ausdehnung der Kreditlaufzeit die monatliche Kreditlast. Zumal die Erhöhung der LTV die Notwendigkeit einer zweiten Hypothek beendete.[190]

Innerhalb von zwei Jahren gingen bei der HOLC ca. 1,9 Mio. Anmeldungen ein, was ca. 40% aller Ein- und Mehrfamilienhäuser darstellte. Von diesen Anmeldungen wurde immerhin einer Mio. Antragstellern die Refinanzierung ermöglicht. Diese beliefen sich auf 3,1 Mrd. $, also ca. 20% aller ausstehenden Hyp für selbstgenutzte Anwesen der damaligen Zeit.[191] Lediglich 20% aller HOLC-KN fielen im Laufe ihrer Laufzeit aus, was aber angesichts der Tatsache, dass es sich um KN handelte, welche kurz vor der Zwangsvollstreckung standen, als gering anzusehen ist.[192] Nach Auflösung der HOLC im Jahr 1951 konnte aus dem Engagement sogar ein Gewinn realisiert werden. Somit kann diese Maßnahme in vielfacher Hinsicht als Erfolg angesehen werden. Neben der Ret-

185 Vgl. Immergluck, Dan (2009), S. 28.
186 Vgl. Colton, Kent W. (2002), S. 4.
187 Vgl. Green, Richard K./ Wacher, Susan M. (2005), S. 95.
188 Vgl. Green, Richard K./ Wacher, Susan M. (2005), S. 95.
189 Vgl. Schwartz, Alex F. (2010), S. 53.
190 Vgl. Schwartz, Alex F. (2010), S. 53.
191 Vgl. Colton, Kent W. (2002), S. 4.
192 Vgl. Immergluck, Dan (2009), S. 30.

tung des Eigenheim von mehr als 750.000 Familien, stellte sie die nötige Liquidität für eine stark angespannte Hyp-Industrie bereit und wies ebenso den Weg zu einem stabileren System der Hyp-Finanzierung in Bezug auf die Kreditformalitäten und die unterstützende Rolle der Regierung auf dem HypM.[193]

5.3.3 Federal Housing Administration

Eine der weitreichendsten Gesetzesneuerungen war aber der National Housing Act von 1934, der verabschiedet wurde, um die Arbeitslosigkeit, durch Stimulierung der privaten Wirtschaft und insbesondere des Wohnbaus, zu senken.[194] Im Zuge dieser Gesetzesnovellierung schuf der Gesetzgeber neben der Federal Housing Administration (FHA) auch die Federal Savings and Loan Insurance Corporation (FSLIC). Die FSLIC und die Federal Deposit Insurance Corporation (FDIC) dienten als Sicherungsinstitute, welche die Einlagen bei Thrifts bzw. Geschäftsbanken sicherten. Sie wurden als Reaktion auf die Bank-Runs gegründet, um Einleger dazu zu bringen, ihre dringend benötigten Einlagen zu den Finanzinstituten zurück zu bringen.[195]

Weitaus wichtiger war jedoch die Gründung der FHA. Diese sicherte im Gegensatz zu FDIC bzw. FSLIC jedoch nicht die Einlagen von Finanzinstituten, sondern schützte KG vor dem Ausfall ihrer Hyp. Zur Deckung anfallender Kosten, mussten die KN einmalig 0,5% der Kreditsumme als Versicherungsprämie zahlen.[196] Diese Maßnahme sollte das Vertrauen der KG erhöhen und sie dazu bewegen, wieder Hyp zu vergeben, da ihnen die Rückzahlung der unbezahlten Kreditsumme, für den Fall des Ausfalls, durch diese staatliche Behörde zugesichert wurde.[197] Da die US-Regierung nicht auf lange Sicht im HypM aktiv tätig sein und Hyp nicht im eigenen Portfolio halten wollte, musste sie eine Lösung schaffen, die Hyp wieder marktfähig machen würde. Insbesondere für Investoren, welche Sicherheiten benötigten, dass sie ihre Zahlungen erhalten würden.[198] Nach dem Vorbild privater Versicherungsunternehmen, die bereits vor dem Jahr 1930 vereinzelt am Markt tätig waren, schuf die Regierung 1934 die FHA. Im Gegensatz zu den privaten Versicherungsunternehmen, welche mit zu wenig Kapital ausgestattet und während der Great Depression größtenteils bankrott

193 Vgl. Colton, Kent W. (2002), S. 4.
194 Vgl. Schwartz, Alex F. (2010), S. 53.
195 Vgl. Dennis, Marshall W. (1989), S. 11-21.
196 Vgl. Colton, Kent W. (2002), S. 4-6.
197 Vgl. Schwartz, Alex F. (2010), S. 53.
198 Vgl. Green, Richard K./ Wacher, Susan M. (2005), S. 95.

gingen, waren Sicherungen der FHA staatlich gedeckt, was das Vertrauen der Investoren wieder herstellte und den HypM wiederbelebte.[199]

„No agency of the United States government has had a more powerful impact on the American people over the past half century"(Jackson 1985)[200]

Die FHA veränderte das Wohnbaufinanzsystem fundamental, indem ausschließlich Hyp versichert wurden, die bestimmte Konditionen aufwiesen. Die hohe Sicherheit FHA-versicherter Hyp und der daraus resultierende, hohe Marktanteil an vergebenen Hyp[201], manifestierten jene Hyp-Konditionen auf dem gesamten HypM.[202] Die Anhebung der maximal erlaubten Kreditsumme auf bis zu 97% des Immobilienwertes machte das Aufnehmen einer zweiten Hyp überflüssig, indem das benötigte EK weit unter 10% sank, was wiederum den Wunsch des Eigenheims für eine größere Bevölkerungsgruppe ermöglichte.[203] Als Folge dessen wurden langfristige, selbstamortisierende Hyp mit hohem LTV das Standardprodukt des HypM. Der hohe Einfluss der FHA führte außerdem zu einer Etablierung von Minimalstandards für den Hausbau, die später von der gesamten Industrie übernommen wurden. Diese Standards wurden durch eine Inspektion vor der Versicherung überprüft. Dies sollte sicherstellen, dass kein Wertverlust durch Baumängel oder andere Schäden zu befürchten seien.[204]

Die FHA hatte weitreichenden Einfluss auf den HypM der USA, der sich nicht nur auf die Folgejahre der Great Depression begrenzte. Die Einführung der Kreditsicherung und die damit verbundene Ausweitung der Verfügbarkeit von Hyp, war ein Vorbild für viele private Hyp-Versicherungen, welche in den kommenden Jahrzehnten Eigentum für KN ermöglichten, die weniger als die geforderten 20% EK besaßen.[205] Die Befreiung vom Großteil der Kosten durch Ausfall oder ZwV ermöglichte es den KG diesen die Zinsraten für die KN zu senken, was wiederum die Eigenheimquote, insbesondere bei Geringverdienern, drastisch steigen ließ.[206] Laut Jackson sanken die Zinsen infolge der staatlichen FHA-Versicherung um 2-3%.[207]

Die Standardisierung des HypM, welche maßgeblich durch die FHA gefördert wurde, ermöglichte später die Entstehung des SekM bzw. der Verbrie-

199 Vgl. Green, Richard K./ Wacher, Susan M. (2005), S. 95.
200 Vgl. Schwartz, Alex F. (2010), S. 54.
201 Vgl. Immergluck, Dan (2009), S. 32. (45% der vergebenen Hyp und 22% aller bestehenden Hyp im Jahr 1945)
202 Vgl. Schwartz, Alex F. (2010), S. 54.
203 Vgl. Schwartz, Alex F. (2010), S. 54.
204 Vgl. Schwartz, Alex F. (2010), S. 54.
205 Vgl. Immergluck, Dan (2009), S. 31.
206 Vgl. Schwartz, Alex F. (2010), S. 55.
207 Vgl. Schwartz, Alex F. (2010), S. 54.

fung.[208] Durch das hohe LTV dienen FHA-versicherte Hyp in erster Linie KN mit nur wenigen Ersparnissen, die sich dennoch den Traum vom Eigenheim erfüllen möchten. Da die FHA, im Vergleich zu anderen Prime-KG, Risikobewertungskriterien hat, eignen sich FHA-Hyp für KN, welche unter normalen Umständen keinen Prime-Hyp erhalten hätten.[209] Die FHA kann folglich als staatlich gefördertes Programm zur Subprime-Hyp-Vergabe angesehen werden, die jedoch mit restriktiven Bedingungen verbunden ist.

5.3.4 Federal National Mortgage Administration

Da die Regierung kein Interesse am langfristigen Halten der FHA-Hyp hatte, musste sie einen Weg finden, diese weiter reichen zu können. Mittel zu diesem Zweck wurde die Fannie Mae. Diese weitreichende Innovation des HypM aus dem Jahr 1938 wurde anfangs als staatliches Unternehmen gegründet, dessen alleinige Aufgabe es war, FHA-versicherte Hyp zu kaufen und die Finanzierung dieser sicher zu stellen. Das nötige Kapital für den Kauf der Hyp wurde anfangs durch die Ausgabe von Anleihen akquiriert, wobei die Zahlungen an die Investoren der Anleihen aus den Rückflüssen der Hyp gedeckt wurden.[210]

5.4 Die Thrift-Ära

Ende der 1930er Jahre hatte die US-Regierung nicht nur den HypM stabilisiert, sondern ebenso alle Schlüsselspieler in Stellung gebracht, welche den Markt für die kommenden zwei Generationen dominieren würden. In Anlehnung an das erfolgreiche Handeln der FHA zwischen den 1940er und 1950er Jahren, realisierte der restliche Markt, dass langlaufende, selbst-amortisierende Hypothekarkredite, auch ohne staatliche Versicherung, gewinnbringend vergeben werden konnten. Daraus resultierte neben dem erfolgreich laufenden staatlichen Teil des HypM, ebenfalls eine Expansion des „Conventional“ Marktes.[211]

Dieses duale System der Hyp-Finanzierung bestand somit aus zwei Kreisläufen. Der privatwirtschaftliche Kreislauf bildete in den folgenden Jahren den dominierenden Part, welcher zum Großteil von Thrifts beherrscht wurde, die ihre Kreditvergabe i.d.R. durch eigene Einlagen selbst finanzierten. Der staatliche Teilkreislauf wiederum bestand aus FHA-versicherten Hyp, welche ihrer-

208 Vgl. Immergluck, Dan (2009), S. 31.
209 Vgl. Federal Reserve Bank of Boston (2009), S. 1.
210 Vgl. Schwartz, Alex F. (2010), S. 57.
211 Vgl. Cho, Man (2007), S. 182.

seits durch Dritte finanziert wurden.[212] Die Kreditvergabe erfolgte zunächst meist durch Finanzinstitute ohne Einlagen, wie Broker oder unabhängige Hyp-Unternehmen, die Hyp mit geliehenem Kapital finanzierten. Nach einer Versicherung durch die FHA konnten die Hyp daraufhin an Lebensversicherer oder Fannie Mae verkauft werden.[213]

Thrifts waren bis zu den 1980er Jahren die wichtigste Finanzierungsquelle, da zur damaligen Zeit, aufgrund der starken Regulierung des HypM, nur wenige Finanzierungsoptionen vorhanden waren.[214] Der Erfolg der Thrifts basierte zu jener Zeit auf zwei Faktoren. Einerseits boten sie lokalen Haushalten attraktive Sparkonten, wobei die Liquidität sowie etwaiger zusätzlicher Kapitalbedarf der Thrifts, aufgrund der Refinanzierungsmöglichkeit bei den FHLB, gesichert war. Andererseits waren die Einlagen der Sparer bis zu einer gewissen Höhe durch die FSLIC gesichert, was das Vertrauen der Einleger gewährleistete und somit für eine ausreichend hohe Kapitalbasis sorgte. Aufgrund dessen stieg der Marktanteil der Thrifts an allen vergebenen Hyp im Zeitraum 1950 bis 1977 von 36% auf 65% an.[215]

Die Einlagen der Sparer verwendeten Thrifts zum Großteil zur Finanzierung von 30-jährigen FRM, welche an Hausbauer bzw. –käufer ihres regionalen Einzugsbereichs vergeben wurden. Da die Zinsraten der Hyp die der Einlagen überstiegen, konnten Thrift über Jahrzehnte einen sicheren Zins-Spread einnehmen.[216]

Mit Beginn der 1960er Jahre und insbesondere ab Ende der 1970er Jahre geriet das Geschäftsmodell der S&L jedoch ins Wanken. Die steigende Volatilität der Inflationsrate und die damit verbundene Unsicherheit der Finanzmärkte drückten sich in steigenden Zinssätzen aus.

212 Vgl. Schwartz, Alex F. (2010), S. 57.
213 Vgl. Schwartz, Alex F. (2010), S. 57.
214 Vgl. Schwartz, Alex F. (2010), S. 57.
215 Vgl. Colton, Kent W. (2002), S. 9.
216 Vgl. Schwartz, Alex F. (2010), S. 57.

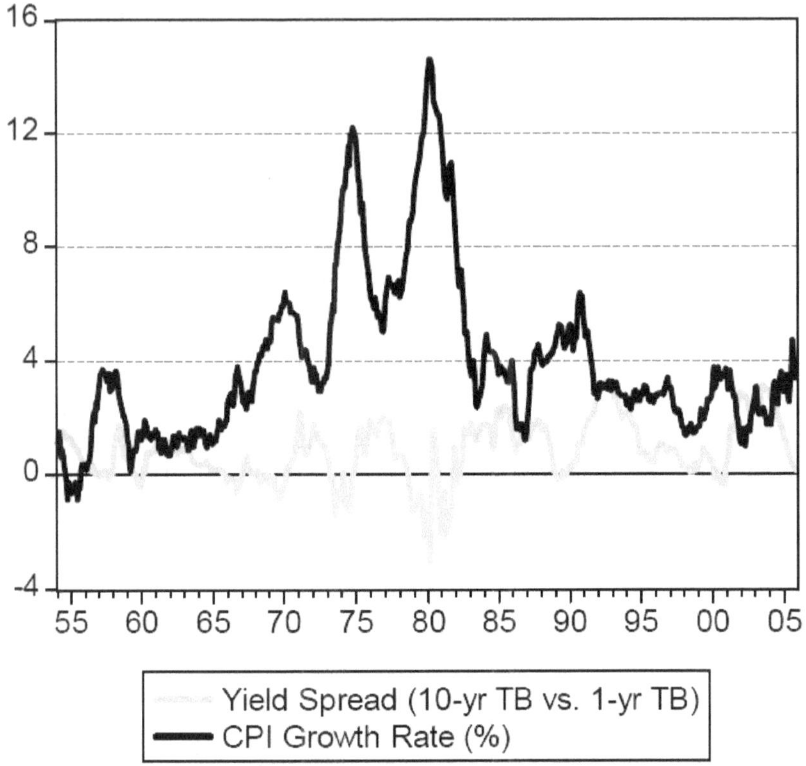

Abbildung 5.1 Entwicklung der Inflation und des Zins-Spread zwischen 10-jähriger und 1-jähriger Staatsanleihe

Quelle: Cho, Man (2007), S. 183.

Aufgrund der steigenden Zinsen verloren Thrifts ihre bisher sicher geglaubten Einnahmen durch den Zins-Spread, wie man in Abbildung 5.1 erkennen kann. Da die von ihnen vergebenen Hyp eine lange Laufzeit hatten und sie diese durch kurzfristige Einlagen refinanzierten, stiegen, bei gleichbleibenden Einnahmen, die Ausgaben für die Kapitalbeschaffung. Folglich schmolz der Zins-Spread immer weiter, bis er sich gar ins Negative verkehrte. Ebenso senkten die hohen Zinsraten die Nachfrage nach Hyp, was die Neuvergabe von Hyp drastisch senkte. Diese Faktoren führten dazu, dass sich Thrifts der effektiven Verlängerung der Kreditlaufzeit ihres Hyp-Portfolios gegenüber gestellt sahen, da die hohen Zinsen jegliche vorzeitige Kündigung und Refinanzierung von bestehenden Hyp unvorteilhaft machte.[217]

Als Reaktion auf diese Krise verabschiedete die Regierung 1966 ein Gesetz (Regulation Q), welches die Zinsen von Sparbuchkonten limitierte. Diese Maßnahme sollte die sich weitende negativen Zins-Spread limitieren und die drohende Insolvenz der Thrifts abwenden.[218] Neben der Begrenzung der Finanzierungskosten verringerte Regulation Q aber ebenso die Kapitalbasis der Thrifts, da immer mehr Einleger, aufgrund der Deregulierung des Finanzsektors, Alternativanlagen fanden, welche mehr als die staatlich limitierten Sparbuchzinsen brachten.[219] In der Folge transferierten immer mehr Sparer ihre Einlagen in Geldmarktfonds (Market Money Funds (MMF)), da diese dereguliert waren, höhere Zinsen generierten und für Kleinsparer eine echte Alternative waren.[220] Zwischen den Jahren 1977 und 1981 explodierten die Anlagevermögen der MMF von 3,5 Mrd. $ auf 180 Mrd. $, Kapital, welches zum Großteil von den Thrifts floss. Deren Marktanteil sank zwischen den Jahren 1979 und 1986 von 43% auf nur noch 30%.[221]

Da Regulation Q als Reaktion auf die missliche Lage der S&L vollkommen ungeeignet war, lief dessen Anwendung zwischen 1981 und 1986 aus. S&L wurde es ebenso erlaubt, neue Produkte zu verwenden, welche ihre Probleme bei Anlage und Finanzierung verringern sollten. Als Antwort auf die MMF führten S&L ebenfalls geldmarktorientierte Sparkonten ein, um gegenüber diesen wettbewerbsfähiger zu sein. Diese Änderungen stellten sich aber als zu gering und zu spät heraus, um Marktanteile zurück zu gewinnen und die GuV der S&L zu verbessern. Der Anteil neu vergebener ARM und der Zins-Spread der Geldmarkt-Sparkonten waren einfach zu gering, um die Verluste aus bestehenden Hyp zu decken.[222]

Aufgrund dessen reagierte die Regierung mit weiterer Deregulierung. Nach Vorstellung der Betroffenen sollten die Thrifts aus ihrer misslichen Lage herauswachsen. Neben der Abschaffung von Regulation Q, hob der Garn-St. Germain Act im Jahr 1982 weiter Beschränkungen der S&L-Industrie an. Diese konnten nunmehr über Staatsgrenzen hinweg insolvente S&L aufkaufen, was der erste Durchbruch der Interstate-Limitierung darstellte.[223] Schlussendlich erlaubte man ihnen, auf Einwirken der S&L-Lobby hin, auch in hochspekulative

217 Vgl. Cho, Man (2007), S. 184.
218 Vgl. Schwartz, Alex F. (2010), S. 58.
219 Vgl. Schwartz, Alex F. (2010), S. 58.
220 Vgl. Cho, Man (2007), S. 184.
221 Vgl. Cho, Man (2007), S. 184.
222 Vgl. Cho, Man (2007), S. 185.
223 Vgl. Immergluck, Dan (2009), S. 44.

kommerzielle Immobilien zu investieren, wie Shopping-Center oder Appartmentkomplexe.[224] Zur Finanzierung dieser neuen Projekte wurde die EK-Quote gesenkt und S&L wurden vom Staat ermutigt, neue Hyp zu vergeben.[225]

Die Strategie „gamble for resurrections" durch Deregulierung ging in den Folgejahren jedoch nicht auf, was die prekäre Lage nur noch weiter verschlimmerte. Im Zeitraum zwischen 1986 und 1995 meldeten 1.043 Thrifts mit einer Anlagesumme von über 500 Mrd. $ Insolvenz an. Die Gesamtkosten dieser S&L-Krise beliefen sich letztlich auf 157 Mrd. $,[226] davon wurden 124 Mrd. $ durch die FDIC geschultert wurden.[227]

Im Zuge des Bail-Outs der S&L-Krise erließ der Kongress 1989 den Financial Institutions Reform Recovery and Enforcement Act (FIRREA), der eine neue Ära der Wohnfinanzierung einläuten sollte.

In dieser Ära sollte der Sekundärmarkt als Hauptfinanzierungsquelle dienen und die Thrifts eine untergeordnete Rolle spielen.[228] Der Entschluss zur Stärkung des SekM wurde bereits 1982 in der Commission on Housing gefasst, welche den Beginn der Deregulierung des HypM darstellte:[229]

> *„Inflation and unprecedented interest rate movements have fundamentally damaged the system of financial intermediation that so successfully supported American housing for more than forty years, and therefore a broader based and more resilient system will be needed to supply the funds a strengthened housing finance industry will require."*

FIRREA restrukturierte den gesetzlichen Rahmen der Thrift-Industrie und half bei der Liquidierung der Anlagevermögen insolventer Sparkassen. Die überlebenden Thrifts sahen sich nun einer Begrenzung ihrer Anlagemöglichkeiten gegenüber gestellt. 70% der Anlagen mussten nun aus WohnHyp, WohnbauHyp, Hausinstandsetzungskredite, Home Equity Kredite und MBS bestehen. Ebenso begrenzte man deren Verhältnis von Kreditsumme pro KN.[230] Weitreichender war jedoch die Einführung von Kapitalbestimmungen, ähnlich denen von Geschäftsbanken, welche die Kreditvergabemöglichkeiten der S&L drastisch einschränkte. Dies geschah durch das Halten von Sicherheitskapital in Abhängigkeit vom Risiko des Hyp und führte die riskobasierte Kreditvergabe nun auch bei den Thrifts ein.[231] Durch die Einhaltung der Kapitalbestimmungen aus

224 Vgl. Schwartz, Alex F. (2010), S. 59.
225 Vgl. Schwartz, Alex F. (2010), S. 59.
226 Vgl. Schwartz, Alex F. (2010), S. 59.
227 Vgl. Immergluck, Dan (2009), S. 44.
228 Vgl. Schwartz, Alex F. (2010), S. 59.
229 Vgl. Colton, Kent W. (2002), S. 9-11.
230 Vgl. Schwartz, Alex F. (2010), S. 59.
231 Vgl. Schwartz, Alex F. (2010), S. 60.

FIRREA waren viele S&L gezwungen, Kapital aufzunehmen, indem sie Hyp verkauften und MBS kauften, da diese Anlageform weniger Kernkapital als Reserve benötigte.[232] Bis zum Jahr 2003 sank die Zahl der Thrift stetig von 4.319 im Jahr 1980 auf nur noch 1.413 im Jahr 2003.[233] Von ehemals 50% aller Hyp hielten Thrifts im Jahr 1990 nur noch 12% und 2009 sogar nur ca. 5%.[234]

FIRREA zwang die S&L somit zum Umdenken bezüglich ihrer Geschäftsphilosophie und läutete neben dem Ende der S&L-Ära gleichzeitig den Beginn der Dominanz des SekM ein.

5.5 Entwicklung und Aufstieg des Sekundärmarktes und der Verbriefung

Die Schlüsselfrage der 1980er Jahre war, wie der HypM der USA nach der S&L-Krise finanziert werden sollte:[235]

> *„The nation can no longer rely so completely on a system of highly regulated and specialized mortgage investors and a single type of mortgage instrument if the strong underlying demand for housing credit is to be met."*

Neben den Einlageninstituten benötigte man eine breiter fundierte und somit krisensichere Finanzierungsquelle, welche ebenso die Verfügbarkeit von Hyp für eine größere Bevölkerungsschicht erhöhen sollte:[236]

> *„... all mortgage lenders and borrowers should have unrestricted access to the money and capital markets, and mortgage-market participants should have reliable ways of managing interest-rate risk."*

Wie bereits dargelegt, gehen die Ursprünge des US-amerikanischen SekM auf die Gründung Fannie Mae´s im Jahr 1938 zurück. Diese Gesellschaft wurde gegründet, um FHA- und später auch VA-versicherte Hyp zu kaufen. Zur Finanzierung dessen, bediente man sich der Ausgabe von Anleihen und Aktien. In den ersten Jahren des Bestehens war der Einfluss Fannie Mae´s jedoch sehr gering, und FHA-versicherte Hyp wurden außerdem größtenteils von Lebensversicherern erworben.[237]

Es dauert somit drei Jahrzehnte, bis man von der eigentlichen Geburtsstunde des SekM sprechen konnte. Im Jahr 1968 teilte der Housing and Urban Development Act Fannie Mae in zwei eigenständige Gesellschaften (Fannie Mae und

232 Vgl. Schwartz, Alex F. (2010), S. 60.
233 Vgl. Schwartz, Alex F. (2010), S. 61.
234 Vgl. Schwartz, Alex F. (2010), S. 60.
235 Colton, Kent W. (2002), S. 11.
236 Colton, Kent W. (2002), S. 9-11.
237 Vgl. Schwartz, Alex F. (2010), S. 62.

Ginnie Mae). Unter der neuen Satzung konnte die GSE Fannie Mae nun neben FHA/VA-Hyp auch andere Hyp erwerben. Die immer noch staatliche Gesellschaft Ginnie Mae hingegen sollte die spezielle unterstützende Funktion fortführen, welche vormals von Fannie Mae ausgeführt wurde. Sie sichert demnach FHA/VA-Hyp und andere Hyp, welche auf staatlich unterstützten Entwicklungsprojekten basieren, ohne sie jedoch zu erwerben.[238]

Um die Verfügbarkeit von Hyp zu erhöhen, gründete die Regierung im Jahr 1970 zusätzlich Freddie Mac. Die Aufgabe dieser Gesellschaft war es, unter Aufsicht der 12 FHLB, als SekM für die Conventional-Hyp der Thrifts zu agieren. Durch den Verkauf von niedrig verzinsten Hyp an den SekM hofften die Thrifts, das Einkommen ihres Hyp-Portfolios besser mit den Zinsen auf ihre Einlagen abstimmen zu können.[239] Im Zuge der S&L-Krise änderte FIRREA jedoch den Status von Freddie Mac, wodurch diese ebenfalls zu einer GSE, wie Fannie Mae, wurde.

Der zunächst geringe Einfluss des SekM basierte zum Großteil auf der Geschäftsstrategie der GSE. In seinen Anfängen kauften SekM-Institutionen einzelne Hyp, welche von Hyp-Banken und anderen KG vergeben wurden und hielten diese bis zum Ende der Laufzeit in ihrem Portfolio. Erst mit Beginn der 1960er und insbesondere in den 1980er Jahren begann der SekM, mehrere Hyp zu bündeln, um sie später als MBS zu verbriefen.

Die ersten MBS waren „pass-through certificates", welche 1970 von Ginnie Mae emittiert wurden.[240] Zur damaligen Zeit war der Verkauf von Hyp nur einzeln möglich und deshalb mit hohen Transaktionskosten verbunden. Ginnie Mae, und später auch Freddie Mac und Fannie Mae, änderten dies, indem sie mehrere Hyp auf einmal kauften und diese mit Hyp gleicher Konditionen zu einem Pool bündelten. Diese Struktur senkte das Risiko für die Investoren nicht nur durch geografische Diversifikation, sondern auch durch ein Loslösen vom Risiko der Insolvenz des vergebenden KG.[241] Durch Pass-Through-Zertifikate erwarben Investoren Anteile eines Hyp-Pools, woraufhin ihnen anteilig Zins- und Tilgungszahlungen durchgereicht wurden. Die spezifische Struktur der Pass-Through-Zertifikate, insbesondere das zugrunde liegende Ausfallrisiko und das Risiko der vorzeitigen Tilgung, machten diese jedoch für die Mehrzahl der Investoren unattraktiv.[242] Da ein Sinken der Zinsen das Risiko der vorzeitigen Tilgung erhöht, ist diese Form der Anlage für Investoren ungeeignet, welchen

238 Vgl. Schwartz, Alex F. (2010), S. 62.
239 Vgl. Schwartz, Alex F. (2010), S. 62.
240 Vgl. Immergluck, Dan (2009), S. 35.
241 Vgl. Immergluck, Dan (2009), S. 35.
242 Vgl. Schwartz, Alex F. (2010), S. 63.

einen stetigen Rückfluss aus ihrer Investition erwarten. Eine unerwartete Rückzahlung versetzt einen Investor immer in die missliche Lage der Suche nach einer Alternativinvestition mit ähnlichen Ertrags- und Risikokonditionen.[243]

Als Reaktion darauf emittierten im Jahr 1983 die erste Collateralized Mortgage Obligation (CMO).[244] Anstatt eines Teils des Hyp-Pools besaßen die Investoren nun Anleihen, deren Einkommen aus dem Zins- und Tilgungszahlungen der Hyp bestand, wobei das Risiko der vorzeitigen Rückzahlung von Investoren getragen wird, die dazu eher bereit sind als risikoaverse Investoren.[245] Die Wertpapiere unterteilten sich somit in Tranchen, welche eine vertikale Hierarchie erschufen, bezüglich der Rangfolge, in der Investoren das Ausfallrisiko tragen.[246] Da höheres Risiko mit höherem einem höheren Zinssatz entlohnt wird, wurden diese Wertpapiere für Investoren mit den unterschiedlichsten Risikopräferenzen interessant. CMO wurden ab den 1990er Jahren die dominante MBS-Form für Nicht-GSE-Emittenten und finanzierten somit vor allem Subprime und Alt-A Hyp.[247]

CMO hatten einen hohen Einfluss auf den HypM, da sie die Verfügbarkeit von Kapital zur Hyp-Vergabe drastisch erhöhten. Investoren, denen die Rückflüsse aus Pass-Through-Wertpapieren, aufgrund des Ausfall- oder des Prepayment-Risikos zu unsicher waren, konnten in CMO-Senior-Tranchen investieren, wohingegen risikofreudige Investoren die unteren Tranchen erwerben konnten. Dies spülte nicht nur mehr Kapital in den HypM, sondern ermöglichte ebenso die Kreditvergabe an KN verschiedener Risikoklassen.[248] Auf diese Weise veränderte die Verbriefung das Hyp-System, indem sie die Kreditrationierung abschaffte und die risikobasierte Zinsermittlung förderte.[249] Anstelle eines Systems mit den einzigen Möglichkeiten der Zu- oder Absage, konnten KG Hyp an KN verschiedener Risikoklassen vergeben. Neben den Standard-FRM konnten KN immer mehr alternative bzw. exotische Hyp aufnehmen, welche auf die Bedürfnisse spezifischer KN-Gruppen zugeschnitten waren. Allerdings eröffnete es ihnen auch die Möglichkeit des Betrugs eröffnete, da diese neuen Produkte immer komplexer und intransparenter wurden.

Trotz der Möglichkeit des Erwerbs von FHA/VA-Hyp ist Fannie Mae, so wie auch Freddie Mac, lediglich auf dem Conventional Teilmarkt tätig. Government-Hyp werden somit ausschließlich von Ginnie Mae verbrieft. Der we-

243 Vgl. Immergluck, Dan (2009), S. 36.
244 Vgl. Immergluck, Dan (2009), S. 36.
245 Vgl. Schwartz, Alex F. (2010), S. 63.
246 Vgl. Immergluck, Dan (2009), S. 36.
247 Vgl. Immergluck, Dan (2009), S. 37.
248 Vgl. Immergluck, Dan (2009), S. 39.
249 Vgl. Immergluck, Dan (2009), S. 40.

sentlich größere Markt der Conventional-Hyp wird demnach seit Beginn von den GSE dominiert. Um ihre Risiken zu minimieren, entwickelten sie in der Vergangenheit jedoch Standards, welche ihren Erwerb einschränken. Aufgrund der unschlagbar günstigen Refinanzierungsmöglichkeit der GSE blieben privaten Verbriefungsgesellschaften lediglich der Teil des Marktes, den die GSE nicht verbriefen würden, also alle Subprime-, Jumbo- und Alt-A-Hyp.

Der SekM und die Einführung der MBS integrierte den HypM in die Kapitalmärkte, da weltweite Investoren MBS, ähnlich wie Unternehmens- oder Staatsanleihen, kaufen konnten. Der rasante Anstieg des SekM als Finanzierungsquelle des HypM verbreiterte die Kapitalbasis und machte Hyp günstiger und erhöhte schlussendlich die Eigenheimquote.

Der SekM-Anteil stieg von 17% im Jahr 1980 auf über 64% im Jahr 2008, wobei die akkumulierte Hyp-Schuld der USA inflationsbereinigt von 2,5 Bio. $ auf 11 Bio. $ stieg.[250] Mehr als ¾ dieses Anstiegs zwischen 1990 und 2008 gingen dabei auf MBS zurück.[251]

Aus den Turbulenzen der 1980er Jahre entstand eine neue Ära der Hausfinanzierung, die vom SekM und den darauf führenden Institutionen dominiert werden sollte. Die beiden einzelnen Kreisläufe des HypM vereinigten sich zu einem integrierten Kreislauf, was wiederum ein weitaus größeres System schuf, welches den HypM in die Kapitalmärkte integriert und somit die Finanzierung von Hyp verbessert.[252] Der SekM entwickelte sich aus seinem Nischen-Dasein, der einzig auf die Verbriefung von FHA-Hyp spezialisiert war, zu der wichtigsten Finanzierungsquelle des US-amerikanischen HypM. Diese Expansion begrenzte sich jedoch keinesfalls nur auf staatliche bzw. staatlich gesponserte Gesellschaften. Angelockt vom Erfolg der GSE drängten immer mehr private Emissionsgesellschaften auf den Markt, welche die Komplexität der strukturierten Finanzierung immer weiter verfeinerten und somit Hyp für größere Bevölkerungskreise ermöglichten.

5.5.1 Securitization

Securitization beschreibt den Prozess der Verbriefung von illiquiden Forderungen in Wertpapieren, welche auf dem SekM leichter gehandelt werden können.[253] Asset-Backed-Securities (ABS) sind demnach Schuldtitel einer Zweckgesellschaft, deren alleiniger Zweck es ist, bestimmte Aktiva zu halten und dar-

250 Vgl. Schwartz, Alex F. (2010), S. 65
251 Vgl. Schwartz, Alex F. (2010), S. 65.
252 Vgl. Schwartz, Alex F. (2010), S. 61.
253 Vgl. Ergungor, O. Emre (2003), S. 1.

über Schuldtitel auszustellen.[254] Im Fall von MBS decken somit die Rückzahlungen eines Pools aus Hyp die Zahlungen an die MBS-Investoren. Dabei sammelt ein Sponsor viele Hyp zu einem diversifizierten Portfolio, welches er an eine Zweckgesellschaft verkauft.[255] Dabei unterscheidet man zwischen der tatsächlichen und der synthetischen Verbriefung. Im Gegensatz zum stillen und regresslosen Forderungsverkauf der True-Sale-Verbriefung verbleiben die Forderungen bei der synthetischen Verbriefung in der Bilanz des Emittenten. Daraus resultiert lediglich ein Transfer des Ausfallrisikos auf die Zweckgesellschaft.[256]

Vor der Erfindung von MBS konnten KG auf dem HypM lediglich einzelne Hyp (Whole Loans) oder als Portfolio kaufen bzw. verkaufen. Dieser Markt erwies sich jedoch als illiquide und ungeeignet, was KG vor das Problem stellte, Käufer für ihre Hyp-Portfolios zu einem akzeptablen Preis und innerhalb einer kurzen Zeitspanne finden zu können. Ebenso war der Handel von Whole Loans mit hohen Transaktionskosten verbunden, insbesondere durch den Austausch von Informationen oder der Dokumentation.[257] Als Lösung dieser Probleme erwies sich die Innovation der MBS.

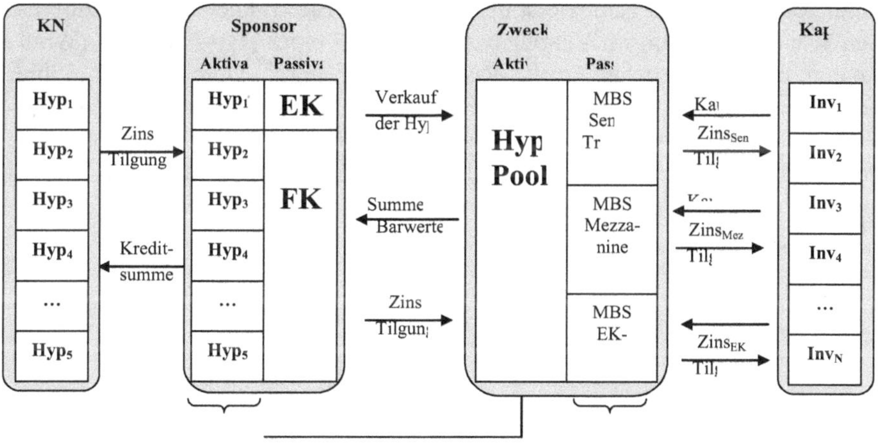

Abbildung 5.2 Prozess der Verbriefung

Quelle: Eigene Darstellung

254 Vgl. Piossek, Ines / Wölfle, Peter (2007),, S. 329.
255 Vgl. Martellini, Lionel/Priaulet, Philippe/Priaulet, Stephane (2003), S. 591.
256 Vgl. Piossek, Ines / Wölfle, Peter (2007), S. 330.
257 Vgl. Cowan, Cameron L (2003), S. 2.

Anstelle des Verkaufs von Whole Loans generiert die Verbriefung ganzer Hyp-Pools ein standardisiertes, liquides und somit jederzeit handelbares Wertpapier. Der Prozess der echten Verbriefung beginnt i.d.R. damit, dass ein Sponsor (z.B. ein KG oder eine Investmentbank) eine beschränkt haftenden Zweckgesellschaft gründet, der ein Hyp-Pool übertragen wird, wobei alle Hyp des Pools sich in ihrer Art, Laufzeit, Zinsrate und Ausfallwahrscheinlichkeit gleichen.[258] Die Hyp werden dabei zum Barwert der zukünftigen Rückzahlungen (Zins & Tilgung) an die ZwG veräußert und dort als Aktiva bilanziert. Durch Bündelung (Pooling) der Einzelrisiken erreicht man eine Risikodiversifikation, welche das Ausfallrisiko des gesamten Hyp-Pool senkt. Auf der Grundlage der Rückzahlungsansprüche erstellt die ZwG Tranchen unterschiedlicher Risikoklassen (Senior, Mezzanine[259] und EK), die in Form von MBS emittiert und an verschiedene Investoren verkauft werden. Die emittierten Tranchen bedienen sich des Prinzips der Nachrangigkeit, wobei Verluste bestimmten Klassen zuerst zugeordnet werden. Demzufolge werden Verluste zuerst der untersten Klasse (EK-Tranche) zugeordnet, bis deren Restschuld aufgebraucht ist. Tritt dies ein, so werden weitere Verluste der jeweils darüber liegenden Tranche (Mezzanine) zugeordnet und zuletzt erst der Senior Tranche.[260] Die daraus resultierenden Tranchen weisen, im Vergleich zum Verkauf eines Hyp-Portfolios (Whole Loans), kein einheitliches Ertrags-Risiko-Profilen auf.[261] Durch Variation ihrer Größe und weiteren Sicherheiten (Credit Enhancements) lassen sich die Risiko-Ertrags-Profile der einzelnen Tranchen gezielt steuern und an die Bedürfnisse der Investoren bzw. die Rating-Modelle der Rating Agenturen anpassen, um das angestrebte Rating für die Emission erhalten zu können.

258 Vgl. Ergungor, O. Emre (2003), S. 1.

259 Die Mezzanine Tranche unterteilt sich idR in mehrere kleinere Tranchen, welche sich durch ihr Rating und somit durch ihr Ertrag-Risiko-Profil unterscheiden. Die Ratingspanne der Mezzanine Tranche deckt dabei idR alle Ratings mit Investment-Grade ab (AA+ bis BBB-)

260 Vgl. Ashcraft, Adam B./Schuermann Til (2007), S. 34.

261 Vgl. Piossek, Ines / Wölfle, Peter (2007), S. 340.

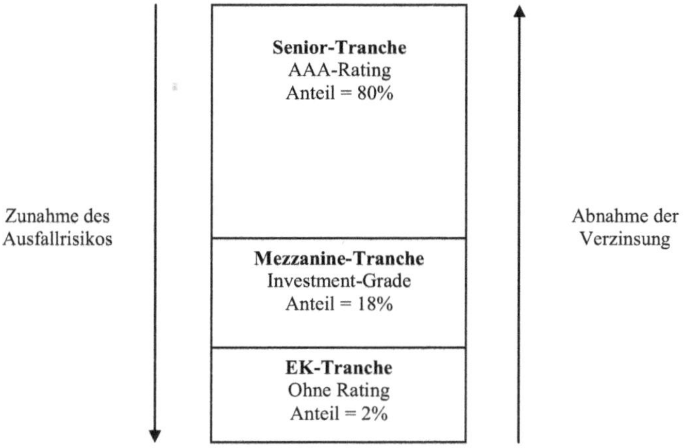

Abbildung 5.3 Effekt der Tranchierung

Quelle: Eigene Darstellung

Die synthetische Verbriefung sieht, wie oben erklärt, von einem Verkauf der Forderungen ab. Bei ihr wird lediglich das Kreditrisiko in Form von Credit Default Swaps (CDS) auf die Zweckgesellschaft übertragen. Im Fall von Kreditausfällen erhält der Sponsor entsprechend der Swap Vereinbarung eine Ausgleichzahlung von der Zweckgesellschaft. Diese Ausfälle werden wie auch schon bei der True Sale Verbriefung entsprechend des Prinzips der Nachrangigkeit auf die unterschiedlichen Tranchen verteilt. Die MBS Zahlungen finanzieren sich bei der synthetischen Verbriefung jedoch nicht allein aus den Rückzahlungen der KN. Bei dieser Art der Verbriefung werden die Emissionserlöse der MBS in sichere (AAA) Anleihen angelegt, deren Zinszahlung sowie die CDS-Prämie des Kreditgebers dienen zur Finanzierung der MBS-Zahlungen.

Investoren können nun Anteile an der Zweckgesellschaft kaufen (Pass-Through) oder aber Wertpapiere erwerben (Pay-Through), welche von der Zweckgesellschaft vergeben werden. Da bei der Pay-Through-Variante das Eigentum des Hyp-Pools beim Sponsor verbleibt, erhalten Investoren der Pay-Through-Wertpapiere, die ihnen die Rückzahlungen der Investoren versprechen, nachdem diese eingesammelt wurden. Pay-Through-Wertpapiere gleichen somit Schuldverschreibungen, wohingegen Pass-Through Wertpapiere den Investor einem Eigenkapitalgeber gleich stellt.[262]

262 Vgl. Ergungor, O. Emre (2003), S. 1.

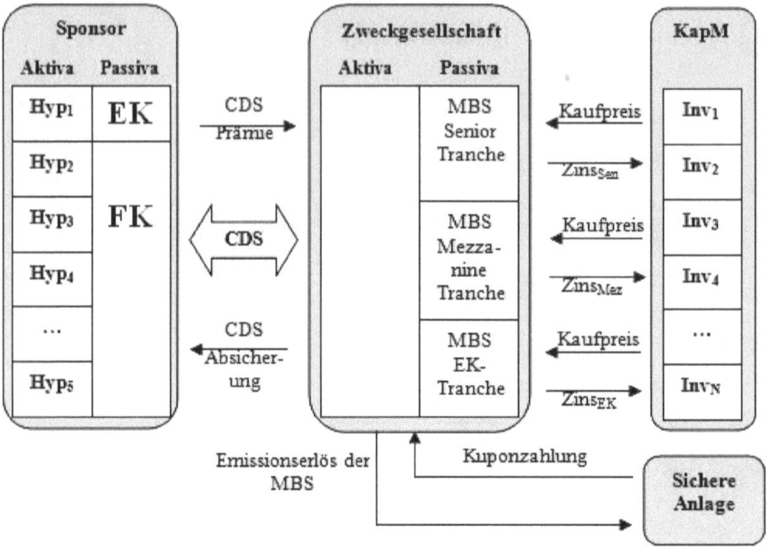

Abbildung 5.4 Prozess der synthetischen Verbriefung

Quelle: Eigene Darstellung

Die Motivation der Verbriefung liegt beim Sponsor einerseits in der Freisetzung regulatorischen EK und andererseits in Risikosteuerung der eigenen Bilanz.[263] Durch den Verkauf eigener Hyp an die ZwG erhält der Sponsor die Möglichkeit, vorhandenes EK in neue zu investieren. Der Vorteil für Sponsoren besteht darin, dass sie ihre Liquidität erhöhen, in dem sie Hyp durch Anleihen ersetzen. Der Verkauf einzelner Hyp ermöglicht ebenfalls eine Veränderung der Risikostruktur des Sponsors. Dieser gezielten Risikosteuerung liegt allerdings ein Interessenkonflikt zugrunde, welcher auf den unvollkommenen Informationen der Investoren bezüglich der Qualität der verbrieften Hyp basiert. Gemäß dieser Informationsasymmetrie haben KG und Emittenten einen Anreiz, nur die Hyp zu verbriefen, welche sie, aufgrund ihrer Qualität, nicht in ihrem Portfolio halten wollen.[264] Um diese Informationsasymmetrie zu minimieren und das Risiko der Investoren möglichst gering zu halten, greifen Zweckgesellschaften auf

263 Vgl. Piossek, Ines / Wölfle, Peter (2007), S. 333.
264 Vgl. Ergungor, O. Emre (2003), S. 1.

Credit Enhancements und die unabhängige Risikoeinschätzung der Wertpapiere durch Credit Rating Agenturen (RA) zurück.

5.5.2 Credit Enhancements

Um Investoren gegen Kreditrisiken zu schützen, verbessern zusätzliche Sicherungsmaßnahmen die Kreditqualität der MBS. Durch diese erhöht der Emittent die Qualität der Transaktion, was wiederum das Erreichen eines angestrebten Ratings ermöglicht und somit eine Platzierung auf dem Kapitalmarkt erst ermöglicht.[265] Die Notwendigkeit dieser Maßnahmen beruht auf dem Fehlen expliziter bzw. impliziter Garantien durch den Staat, welche den MBS von Ginnie Mae bzw. GSE zugrundeliegen. Zum Ausgleich dieses höheren Risikos verlangen Investoren zusätzliche Sicherungsmaßnahmen, welche ebenso Moral-Hazard-Probleme bei der Portfoliozusammenstellung minimieren sollen.

5.5.2.1 Übersicherung

Over-Collateralization (Übersicherung) stellt die am häufigsten verwendete Form der zusätzlichen Sicherung dar. Sie basiert auf der Bildung einer EK-Tranche, welche der Emittent durch Prämien beim Verkauf der MBS finanziert. Diese nimmt in der Rangfolge der MBS-Struktur den untersten Platz ein und fängt folglich als erste Verluste ab. Sie entsteht, wenn die Kreditsumme der Hyp das Volumen der ausgegebenen MBS übersteigt.[266] Diese Form der Sicherheit ist entscheidend, da sie den Investoren als Puffer dient und gleichzeitig dem Emittenten die ersten Verluste zuordnet. Auf diese Weise versucht man Emittenten zu mehr Achtsamkeit bei der Auswahl der Hyp und der Strukturierung der MBS zu bewegen, da ein Ausfall der EK-Tranche den Gewinn des Emittenten verringert.

Da die EK-Tranche Teil des MBS-Pools ist, stehen ihr ebenfalls Zins- und Tilgungszahlungen zu, welche jedoch nicht an den Emittenten ausgezahlt werden, sondern auf einem Konto hinterlegt werden, um zukünftige Verluste abzufangen.

5.5.2.2 Excess Spread

Eine weitere Schutzmöglichkeit der Senior und Mezzanine Tranchen stellt der Excess Spread dar. Da die durchschnittliche Rückzahlung der Hyp i.d.R. größer ist, als die Zahlung an beteiligte Parteien (Investor, Servicer, Swap-Partner),

265 Vgl. Piossek, Ines / Wölfle, Peter (2007), S. 346.
266 Vgl. Ashcraft, Adam B./Schuermann Til (2007), S. 34.

kann diese Differenz erste Verluste abfangen, ohne dass Zahlungen der Tranchen ausfallen.[267]

5.5.2.3 Shifting Interest

Hierbei werden Tilgungen zuerst den Besitzern der Senior-Tranche zugewiesen, bevor Investoren untergeordneter Tranchen ausgezahlt werden. Dies erfolgt jedoch nur für eine gewisse Periode, meist innerhalb der ersten 36 Monate. Während dieser Lockout-Periode erhalten Mezzanine Investoren lediglich ihre Zinszahlung ihrer Anleihe, um eine Verringerung der Restschuld der Senior Tranchen im Verhältnis zu den restlichen Tranchen zu ermöglichen.[268] Diese Form der Sicherung senkt folglich das Risiko der Senior Investoren, indem ihre Forderungen zuerst beglichen werden, bevor andere Tranchen ausgezahlt werden.

5.5.2.4 Performance Triggers

Diese Wertentwicklungstests erfolgen i.d.R. nach Ablauf der lockout-Periode und werden alle zwei Monate wiederholt. Ein Abgleich von tatsächlich kumuliertem Verlust und Ausfällen mit einer ex-ante Prognose gibt dabei Aufschluss, ob von der alleinigen Rückzahlung an Senior Tranchen abgesehen werden kann und nun auch Mezzanine Tranchen bedient werden können.[269]

5.5.2.5 Interest Rate Swap

Zur Senkung des Zinsänderungsrisikos greifen Emittenten häufig auf externe Sicherungen durch Swaps zurück, welchem Hyp-Pools mit ARM unterliegen. Um dieses Risiko zu umgehen, können Emittenten Zins-Swaps in die MBS-Struktur integrieren. Hierbei zahlt eine Partei einen vorher festgelegten Zins, wohingegen die andere Partei einen variablen Zinssatz zahlt, welcher sich an einem Referenzzinssatz orientiert.

5.5.2.6 Remittance Reports

Hierbei handelt es sich um einen monatlichen Report des Treuhänders an die Investoren, welcher Aufschluss darüber gibt:

- in welcher Höhe geplante und ungeplante Rückzahlungen erfolgt sind
- ob Hyp zurückgekauft werden mussten, da sie die Zusicherungen und Gewährleistungen der KG verletzten

267 Vgl. Ashcraft, Adam B./Schuermann Til (2007), S. 36.
268 Vgl. Ashcraft, Adam B./Schuermann Til (2007), S. 37.
269 Vgl. Ashcraft, Adam B./Schuermann Til (2007), S. 37.

- in welcher Höhe Verluste anfielen
- inwieweit Vorzahlungen von Service-Gesellschaften getätigt wurde, um fehlende Zahlungen der KN zu decken
- ob und in welcher Art Modifikationen der Hyp durch Servicer erfolgten

Der Remittance Report dient den Investoren somit zur Analyse des aktuellen Risikos ihrer Investition und ebenso als Indikator sich verschlechternder Bedingungen.

5.5.2.7 Monoline Versicherer

Spezialisierte Versicherungsunternehmen garantieren Emittenten beim Ausfall von Hyp eine pünktliche Rückzahlung. Diese erstklassig gerateten (AAA) Gesellschaften versichern jedoch nur Portfolien mit einem gewissen Mindestrating (zB BBB).[270]

5.5.3 Collateralized Debt Obligation

Durch Einsatz dieser Finanzinnovation konnte mit Beginn des neuen Jahrtausends die Liquidität des HypM nochmals erhöht werden. Collateralized Debt Obligations (CDO) fügten dem oben beschriebenen Verbriefungsprozess eine weitere Intermediationsebene hinzu. MBS-Anleihen, vor allem jene mit einem Rating unterhalb von AAA, werden bei der CDO-Verbriefung durch eine andere ZwG gepoolt, erneut tranchiert, woraufhin neue Anleihen ausgegeben werden. Diese werden dann, genau wie bei der MBS Verbriefung, tranchiert, mit Credit Enhancements zusätzlich gesichert und von den RA geratet. Tranchierung, Variation der Tranchengrößen und Credit Enhancements ermöglichen es Emittenten, CDO so zu gestalten, dass RA diesen erneut die gesamte Ratingspanne vergeben würden. So konnten MBS geringerer Qualität in AAA-CDO verbrieft werden und an Investoren als Anleihen mit niedrigem Risiko verkauft werden. Der Anteil der AAA-CDO nahm im Vergleich zur vorstufigen MBS-Verbriefung jedoch ab. Obwohl der Großteil der zugrundeliegenden Anleihen ein B-Rating hatten, konnten CDO-Emittenten CDO ausgeben, wobei der Großteil des Nennwertes AAA geratet wurde.[271]

Die Grundlage von CDO bilden somit MBS geringerer Qualität, was eine gesteigerte Nachfrage nach MBS geringerer Qualität nach sich zog. Dies führte dazu, dass die Nachfrage nach Hyp geringerer Qualität ebenfalls stieg, was zum Teil die rasante Ausweitung der Kreditvergabe von Subprime- und Alt-A-Hyp

270 Vgl Piossek, Ines / Wölfle, Peter (2007), S. 346.
271 Vgl. Schwartz, Alex F. (2010), S. 72.

erklärt. CDO-Verbriefung ermöglichte es MBS-Emittenten ihre EK-Tranche zu veräußern, was ihr „skin in the game" und somit ihre zu erwartenden Verluste verringerte und somit Prinzipal-Agenten-Problemen Vorschub gab.[272]

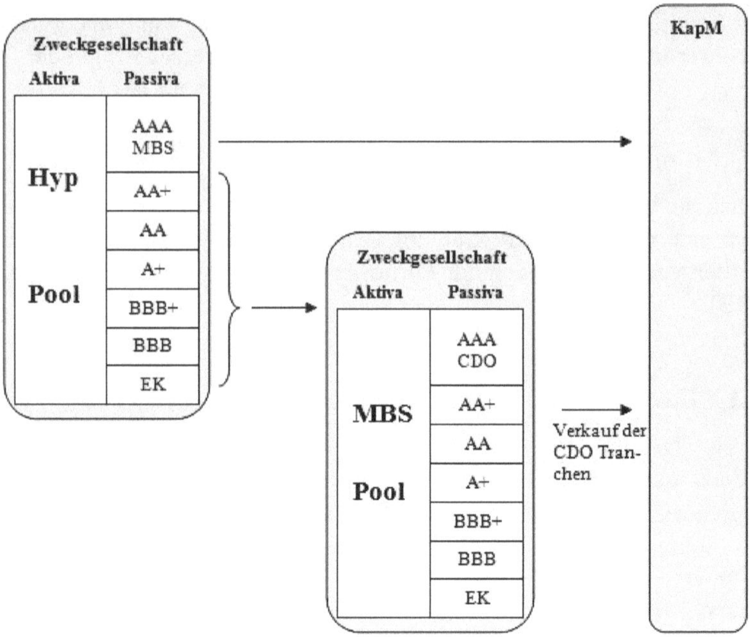

Abbildung 5.5 Prozess der CDO Verbriefung

Quelle: Eigene Darstellung

Die Finanztechnik braucht in der Folge nicht lange, um damit zu beginnen, CDO-Anleihen zu bündeln und diese zu CDO^2 Anleihen zu verbriefen, was neben einer weiteren Intermediationsebene ebenfalls mehr Risiko hinzufügte. Ebenso begannen ZwG synthetische CDO zu konzipieren welche ähnlich wie synthetische MBS auf CDS Vereinbarungen basieren. Die Folge war, dass Hyp nun vielen verschiedenen Wertpapieren als Basis diente (MBS, CDO, CDO^2, usw.). All diese Finanzprodukte erhielten jedoch teilweise Investment-Ratings von den RA, was ihren Absatz auf den Kapitalmärkten begünstigte und somit immer mehr Kapital in den HypM der USA floss. Securitization ermöglicht, die Finanzierung der Hyp von der Kreditvergabe durch vertikale Desintegration zu

272 Vgl. Immergluck, Dan (2009), S. 98.

trennen. Daher kam es zu einer immer ausgereifteren Spezialisierung des HypM und gleichfalls zu einer Erhöhung des Risikoappetits. Dieser führte dazu, dass immer kompliziertere Finanzprodukte entworfen werden, deren Struktur und Risiko am Ende kaum noch abschätzbar waren.

5.6 Risk Based Pricing und Subprime

Vor den 1990er Jahren waren Entscheidungen bezüglich der Hyp-Vergabe eine Frage, die nur mit ja oder nein beantwortet werden konnte. Entsprechend der damaliger Risikobewertungsrichtlinien, konnten KG Hyp an KN vergeben oder es wurde ihnen verwehrt.[273] KN hatten bei der Auswahl ihrer Hyp-Art nur wenige Optionen. Entweder sie stellten einen Antrag auf einen Conventional-Hyp, der entweder im Portfolio des KG gehalten wurde oder am SekM mehrheitlich an die GSE verkauft wurde. Als Alternative zu den Conventional-Hyp konnte ein KN einen Antrag auf einen Government-Hyp stellen, welcher von den staatlichen Versicherern FHA oder VA verbürgt wurde. Wie bei Hyp, die an die GSE verkauft wurden, mussten FHA/VA gesicherte Hyp den jeweiligen Risikobewertungsrichtlinien der SekM-Institute entsprechen. Kreditnehmer, die diese Anforderungen nicht erfüllen konnten, hatten nur die Möglichkeit einen Hyp aufzunehmen, wenn Portfolio-KG dieses Risiko bewusst eingingen.[274] Das Phänomen der hoch-riskanten Kreditvergabe auf Basis von risikobasierter Preisgestaltung, welche nicht nur auf den Subprime-Teilmarkt begrenzt war, setzte sich jedoch erst im Laufe der 1990er Jahre durch. Anstelle eines einzelnen Hyp-Instruments, konnten KG viele verschiedene Instrumente anbieten, welche ein höheres Ausfallrisiko durch höhere Gebühren und Zinssätze vergüteten. Der Aufstieg des Subprime-Marktes begann jedoch nicht erst vor der Subprimekrise im Jahr 2007. Seine Entstehung vollzog sich viel mehr in 2 Wellen, wobei die erste Mitte der 1990er und die zweite Welle ca. 2002 begann.[275]

Die erste Wachstumsphase war vor allem durch die Subprime-Refinanzierung gekennzeichnet und weniger durch Subprime-Finanzierungen von Hauskäufen. Viele dieser Cash-Out Refinanzierungen wurden jedoch nicht zum Zweck der Sicherung geringerer Zinssätze getätigt, sondern zur Finanzierung anderer Konsum- oder Investitionsentscheidungen. Subprime Refinanzierungen waren im Vergleich zu Refinanzierungen des Prime-Marktes dadurch charakterisiert, dass die Kreditsumme im Anschluss der Refinanzierung stieg.[276]

273 Vgl. Schwartz, Alex F. (2010), S. 65.
274 Vgl. Schwartz, Alex F. (2010), S. 65.
275 Vgl. Immergluck, Dan (2009), S. 68.
276 Vgl. Immergluck, Dan (2009), S. 68.

Im Zeitabschnitt zwischen den Jahren 1993 und 1998 wuchs der Subprime-Markt für Hauskäufe um 760% bzw. 890% für Refinanzierungen. Im Vergleich dazu wuchs der Prime-Markt im selben Zeitraum nur um 38% bzw. 3%.[277] Dieses Wachstum geht auf eine Reihe zusammenhängender Faktoren zurück:

- Veränderungen nationaler Gesetze, die einzelstaatliche Regulierungen der Hyp abschafften
- nationale Wirtschaftsentwicklung
- Immobilienpreisentwicklung
- Steigende Verschuldung der Konsumenten
- Technologische Entwicklung
- Veränderungen der Finanzmärkte
- Suche der Investoren nach höheren Renditen

In den folgenden 2 Abschnitten sollen die Veränderung der Gesetzgebung und die technologischen Entwicklungen aufgezeigt werden, da diese den größten Einfluss auf die Entwicklung des Subprime-Marktes hatten.

5.6.1 Veränderungen der Gesetzgebung

Der Depository Institutions Deregulation and Monetary Control Act (DIDMCA) von 1980 half dem Wachstum des Subprime-Marktes, indem eine Deregulierung der Kreditraten beschlossen wurde. Durch die Abschaffung bundesstaatlicher Zinsschranken auf erstrangige Kredite und des Verzichts einer alternativen Zinsschranke, bildete dieses Gesetz die Grundlage für Hyp mit höheren Zinssätzen.

> *"Although the [Congressional] debate focused entirely on purchase money home mortgages, the preemption apparently extended to any mortgage secured by a first lien on residential real property."*[278]

Gemäß der allgemeinen Interpretation des Gesetzes war es KG nun erlaubte hochverzinste, erstrangige Kredite zu vergeben, was somit als Geburtsstunde des Subprime-HypM anzusehen ist.[279]

Die zweite entscheidende Gesetzesänderung war der Alternative Mortgage Transaction Parity Act (AMTPA) im Jahr 1982. Gemäß diesem kam es erneut zu einem Ausschluss bundesstaatlicher Begrenzungen. Auf Grundlage von AMTPA hob der nationale Gesetzgeber bundesstaatliche Begrenzungen bezüglich der Anzahl an Eigenschaften auf, die alternative Hyp besitzen durften.[280] Die Intention dieser Maßnahme war es, das Volumen von Kreditprodukten zu

277 Vgl. HUD (2002), S. 7.
278 HUD (2002), S. 7.
279 Vgl. HUD (2002), S. 7.
280 Vgl. HUD (2002), S. 7.

erhöhen, deren anfängliche Kosten für KN geringer ausfielen als bei einem Standard-FRM. Durch die Zulassung von ARM, Balloon-Zahlungen und Hyp mit negativer Amortisation hoffte man, Hauseigentum erschwinglicher zu machen. Gleichzeitige ermöglichte AMTPA es KG aber auch, Hyp zu vergeben, deren Gesamtkosten für den Laien verdeckt sind.[281]

Der Tax Reform Act (TRA) von 1986 verbot es Steuerzahlern, Zinsen auf Konsumentenkredite (Kreditkarten und Kfz-Kredite) steuerlich geltend zu machen, wohingegen die Anrechenbarkeit von Hyp-Zinsen für das Erst- und Zweitheim weiterhin gewährt wurde.[282] Das Eigenheim wurde aufgrund dieser Gesetzesänderung zu einer attraktiven Finanzierungsquelle. Neben dem Abschöpfen von Wertsteigerungen des Eigenheims durch Refinanzierungen des Hyp besaßen KN nun einen Anreiz Hyp aufzunehmen, um andere Kredite begleichen zu können, wie etwa Konsumentenkredite. So wurden im Jahr 1994 68% der Home Equity Kredite dafür genutzt, andere Kredite abzuzahlen und nur 38% zur Renovierung und Erweiterung des Hauses.[283]

Als die FED 1994 die Zinsen erhöhten, ging die Nachfrage nach prime Refinanzierung zurück. Viele KG begannen 1994 Subprime-Hyp zu vergeben, um Profite beizubehalten und vorhandene Kapazitäten zu nutzen.[284]

"[Lenders] took to subprime lending; it became a fad in 1995. There was a lot of euphoria about subprime lending's potential profits."[285]

Subprime-Cash-Out-Refinanzierungen der 1990er Jahre wurden häufig an KN vergeben, welche bereits einen Großteil ihres Hyp zurückgezahlt hatten und somit bereits ein hohes Maß an EK in ihrem Eigenheim besaßen. Demzufolge war das Verhältnis Kredit zu Wert der Immobilie (loan-to-value (LTV)), selbst in Folge der Refinanzierung, gering und somit kann auch das Risiko für den KG als gering angesehen werden, da für den Fall der ZwV genügend Sicherheit vorhanden war. KN mit einer ausstehenden Kreditsumme i.H.v. 50.000 $ konnten mit ihrer 150.000 $ Immobilie recht leicht eine Refinanzierung ihres Hyp auf 120.000 $ erhalten, womit ihnen 70.000 $ zur Verfügung standen. Ein Teil dieser Summe sicherten sich Broker und KG durch Gebühren, welche mitunter überzogen hoch seien konnten.[286]

Als Auslöser dieses Subprime-Refinanzierungs-Booms kann insbesondere der politische Druck auf Prime-KG gesehen werden. Eine verstärkte Durchsetzung sowohl des Community Reinvestment Acts (CRA) als auch der Fair-

281 Vgl. HUD (2002), S. 8.
282 Vgl. HUD (2002), S. 8.
283 Vgl. HUD (2002), S. 9.
284 Vgl. HUD (2002), S. 9.
285 HUD (2002), S. 9.
286 Vgl. Immergluck, Dan (2009), S. 69.

Lending-Gesetze in Verbindung mit neuen Kreditvergabezielen für die GSE führten zu einer erhöhten Verfügbarkeit von Hyp für Geringverdiener und Minderheiten, wie z.B. Afroamerikaner oder Hispanics. Prime KG, welche dem CRA unterlagen, entwickelten verschiedenste Hyp für eben jene unterversorgten Minderheiten ihres Einzugsbereiches.[287] Weniger Aufmerksamkeit von Seiten der Aufsichtsbehörden wurde jedoch der Refinanzierung von Hyp geschenkt. Der stärker regulierten Kreditvergabe im Prime-Markt stand nunmehr eine Teilmarkt gegenüber, welcher von Finanzdienstleistern, wie Broker oder Hyp-Banken, bedient wurde, welche weder dem CRA noch den Fair-Lending-Gesetzen unterlagen und folglich beinahe unreguliert agieren konnten.[288] Die Steuerreform des Jahres 1986 in Verbindung mit einer älteren Gesellschaftsschicht von US-Amerikanern, die nach dem Zweiten Weltkrieg Eigenheime bauten und einen Großteil ihres Hyp bereits getilgt hatten, führte zu einem hohen EK-Wert im eigenen Heim und so zu einer latenten Nachfrage nach Cash-Out-Refinanzierungen. Das daraus folgende geringe LTV dieser KN diente den KG als Sicherheit und ermöglichte selbst KN mit schlechter Kredit-Vergangenheit eine Refinanzierung.[289] Der hohe EK-Anteil der KN im Eigenheim diente diesen ebenfalls als Anreiz ihre Rückzahlungen pünktlich und in voller Höhe zu leisten, was die Zwangsvollstreckungen dieser Hyp geringer halten sollte. Dieses Phänomen wird in einer Studie des Office of Federal Housing Enterprise Oversight bestätigt.[290] Hyp mit hohem LTV, und somit geringem EK der KN, werden häufiger zwangsvollstreckt, als Hyp mit geringem LTV.[291]

Trotz der höheren Ausfallwahrscheinlichkeit von Subprime-Hyp gegenüber Prime-Hyp konnten KG Subprime-Hyp gewinnbringend vergeben. Das zusätzliche Risiko konnte durch höhere Gebühren sowie höhere Zinssätze kompensiert werden. Ebenso konnten KG ein regionales Cluster-Risiko umgehen, indem sie landesweit Hyp vergaben. Ein Abschwung eines regionalen Immobilienmarktes konnte durch die Diversifizierung der Verbriefung des SekM auf ein akzeptables Niveau abgefedert werden.[292]

Die erste Subprime Welle erklärt sich durch das Zusammenfließen und die Interaktion verschiedener ökonomischer und sozialer Bedingungen innerhalb einer Reihe von Fortentwicklungen der gesetzlichen Rahmenbedingungen. Die vertikale Desintegration (unbundling) des HypM während der 1980er Jahre begünstigte das Geschäftsmodell der Broker und Hyp-Banken durch den Anstieg

287 Vgl. Immergluck, Dan (2009), S. 73.
288 Vgl. Immergluck, Dan (2009), S. 73.
289 Vgl. Immergluck, Dan (2009), S. 73.
290 Vgl. Austin, Kelly (2005), S. 22.
291 Vgl. Immergluck, Dan (2009), S. 73.
292 Vgl. Immergluck, Dan (2009), S. 74.

der Verbriefung bei gleichzeitigem Niedergang der traditionellen Kreditvergabe durch Einlageninstitute. Diese Entwicklung wurde durch staatliche Deregulierung der 1980er Jahre hervorgerufen. Während der 1970er Jahre argumentierten Lobbyisten der Hyp-Industrie, dass der Staat, trotz seines positiven Einflusses bei der Standardisierung des Markts nach der Great Depression, die Innovation des Marktes behindern würde. Unterschiedliche Bundesstaaten würden laut ihrer Aussage die Vergabe von hochverzinsten, alternativen Hyp-Krediten einschränken, was wiederum den SekM daran hinderte, einen Pool aus uniformen und gut diversifizierten Produkten anbieten zu können.[293] Die Eingrenzung der staatlichen Konsumentenschutzbestimmungen sollte das Wachstum des SekM weiter voran treiben. Im selben Zuge begünstigte dies aber auch den Aufstieg des Subprime-Marktes. KG wollten durch alternative Hyp-Kredite, Zins- und andere Risiken, auf den KN oder Investoren abwälzen. Die Deregulierung half somit vor allem KG, welche sich nicht durch Einlagen, sondern durch den SekM finanzierten.[294] Obwohl die Vorteile infolge der Verbriefung, in Form von geringeren Zinsen und niedrigeren Gebühren, an KN weitergereicht wurden, wurde gleichzeitig das Fundament für komplett neue Hyp-Produkte gelegt. Dies wälzten die Risiken der Kreditvergabe unverhältnismäßig auf den Schultern der KN ab, als dies bei herkömmlichen 30-jährigen FRM der Fall ist.[295]

Der Non-Conforming-Teilmarkt der Subprime-Verbriefung stieg rapide von 35 Mrd. $ 1993 auf 150 Mrd. $ im Jahr 1998. Der rapide Wachstum und die zunehmende Konzentration der KG wurden von einer wachsenden Bedeutung der Broker begleitet. Von 1991 bis 1998 stieg die Zahl der Broker jährlich um 14% auf insgesamt 30000 im Jahr 2000, welche ca. 55% aller Hyp vergaben.[296] KG und Investoren profitierten von Brokern dadurch, dass sie ihre Mitarbeiterzahl reduzieren konnten und diese nicht mehr dem Auf und Ab des HypM anpassen mussten. Ebenso konnten sie Übertretungen der Fair-Lending-Gesetzgebung bei der Vergabe von sich weisen und auf Unwissenheit plädieren. Wholesaler überprüften ihre Broker ebenfalls kaum noch, da sie deren Hyp ansonsten an laxere Wholesaler verloren hätten und folglich ihren Marktanteil. Durch geringere Kontrolle konnten sie ihre Überwachungskosten senken oder diese auf die Broker abschieben, was dazu führte, dass es einen Anreiz, gab Broker zu wählen, die selbst Predatory-Lending-Praktiken anwendeten.[297]

---

293 Vgl. Immergluck, Dan (2009), S. 75.
294 Vgl. Immergluck, Dan (2009), S. 75.
295 Vgl. Immergluck, Dan (2009), S. 76.
296 Vgl. Immergluck, Dan (2009), S. 76.
297 Vgl. Immergluck, Dan (2009), S. 78.

5.6.2 Technologische Innovationen: Automatisierung und Computerisierung

Innovationen im Bereich der Technologie hatten großen Einfluss darauf, wie Hyp vergeben, risikobewertet, bearbeitet und betreut wurden. Ohne Verbesserungen in den Bereichen der Prozessfähigkeit, Speichermöglichkeit und Datentransmission wäre die Expansion des Sekundärmarktes nicht zu bewältigen gewesen.[298] Die Vernetzung aller Marktteilnehmer durch das Internet ermöglichte sowohl die drastische Senkung der Transaktionskosten, als auch eine Verbesserung der Kommunikation innerhalb eines Unternehmens und mit dessen Umwelt.[299] Die erhöhte Verfügbarkeit von Wissen und die vereinfachte Suche nach dem jeweils günstigsten KG erhöhte den Wettbewerbsdruck auf die KG und senkte somit die Kosten der Kreditaufnahme für die KN.[300]

Neben dem Internet entstand Mitte der 1990er Jahre die zweite prägende Innovation dieses Jahrzehnts, welche den HypM grundlegend verändern sollte. Die Automatisierung der Kreditrisikobewertung half dabei, eine Modellierung und Technologie-Revolution zu starten, welche die Industriestandards und –abläufe (Risikobewertung, Erstellung und Bearbeitung) von Grund auf verändern sollten.[301] Anstatt der traditionellen Risikobewertung welche manuell, dezentralisiert, teilweise willkürlich, arbeits- und papierintensiv war, ermöglichten AUS einen zentralisierten, rationalisierten und modellbasierten Prozess der Risikobewertung, welcher stark automatisiert ist und dazu in der Lage ist, Risikobewertungen innerhalb kürzester Zeit bereit zu stellen. Infolge dessen wurden Risikobewertungsschritte objektiver und nachvollziehbarer, was einer Senkung der Diskriminierung von Minderheiten und ebenso eine Senkung der Kosten für die KG nach sich zog.[302]

Die traditionellen Faktoren der Risikobewertung von Kreditanträgen sind die drei C: collateral, capacity und credit (Sicherheit, persönliche Leistungsfähigkeit und Kreditvergangenheit).[303] Die Sicherheit berechnet sich anhand des LTV (Verhältnis Kredit/Wert der Immobilie), wohingegen die persönliche Leistungsfähigkeit des KN anhand des Verhältnisses Kreditschuld/Einkommen, dem Status beruflicher Tätigkeit oder monetären Reserven, bestimmt wird. Die Bestimmung dieser beiden Faktoren war somit berechenbar und leicht nachvollziehbar. Da jedoch in den frühen 1990er Jahren nicht genügend Daten zur Be-

298 Vgl. Pafenberg, Forrest (2004), S. 6.
299 Vgl. Pafenberg, Forrest (2004), S. 5.
300 Vgl. Colton, Kent W. (2002), S. 17.
301 Vgl. Straka, John W. (2000), S. 208.
302 Vgl. Straka, John W. (2000), S. 208.
303 Vgl. Straka, John W. (2000), S. 210.

stimmung der Kreditvergangenheit vorhanden waren, stellte dieser Faktor die große Unbekannte bei der Risikobewertung von Hyp dar.[304] Anfang der 90er waren selbst für große KG Daten bezüglich der Kredithistorie von KN kaum ermittelbar.

Die Lösung für dieses Problem stellten Scoring-Modelle dar. Diese nicht-monetären Analysemethode wird verwendet, um qualitative Faktoren und subjektive Erwartungen zu quantifizieren und vergleichbar zu machen.[305] Das quantitative Ergebnis des Scoring Modells dient als Entscheidungshilfe. Credit-Scores, welche auf einer statistischen Analyse der Kredithistorie des KN basieren, werden von den KG dazu verwendet, das Kreditrisiko des KN zu schätzen.[306] Die Kreditvergangenheit erklärte das Verhalten von KN, welche trotz negativem EK im Eigenheim nicht in Verzug gerieten oder gar die ZwV einleiteten. In diesen Fällen konnte ein Blick auf vergangene Kredite des KN Aufschluss über dessen Zahlungsmoral geben.[307] Das alleinige Vertrauen auf LTV erwies sich in den 1980er Jahren als katastrophales Experiment, da die vergebenen Low-Doc-Hyp, die hauptsächlich aufgrund ihres LTV vergeben wurden, KG hohe Verluste bescherten und Citicorp beispielsweise beinahe in die Insolvenz führten.[308]

Die breite Entwicklung von statistischen Scoring Methoden begann 1992 bei Freddie Mae, nachdem erste empirische Studien mit allgemeinen verdichteten Variablen, wie etwa den FICO-Scores, glaubhaft Hyp-Verzug prognostizieren konnten. Es konnte gezeigt werden, dass Scores statistisch signifikante und gute Schätzer bei der Vorhersage von Verzügen im HypM sind und sie folglich in größeren Hyp-Scoring-Modellen verwendet werden können.[309]

Aufbauend auf diesen Erkenntnissen der Vorhersagekraft von Credit Scores und anderen Variablen, wie unter anderem LTV und den Fico-Scores, entwickelte Freddie Mac eigene Scoring-Modelle und daraus 1994 ihr AUS Loan Prospector (LP) dem 2 Monate später Fannie Mae´s Desktop Underwriter (DU) folgte.[310] Da Anfang der 1990er kaum ein Institut seine Kreditdaten auf einfach verfügbaren Medien speicherte, und dies auch gesetzlich noch nicht verlangt wurde, fehlten demnach historische Daten oder gar eine Standardisierung dieser. Es war somit fraglich, ob AUS das Risiko von Hyp korrekt bewerten könnten. Vor allem sogenannte Grauzonen-Hyp waren hier entscheidend, da diese Hyp

304 Vgl. Straka, John W. (2000), S. 210.
305 wirtschaftslexikon24.net
306 Wikipedia.org
307 Vgl. Straka, John W. (2000), S. 210.
308 Vgl. Straka, John W. (2000), S. 209.
309 Vgl. Straka, John W. (2000), S. 210.
310 Vgl. Straka, John W. (2000), S. 214.

ein höheres Risiko in sich trugen und die Entscheidung der Kreditvergabe selbst für Kreditsachbearbeiter mit langerjähriger Erfahrung schwierig war.[311] Als Antwort hierauf startete Freddie Mac ein Experiment, welches die Qualität von 700 vergebenen Grauzonen-Hyp beurteilte, die zwischen 1993 und 1994 vergeben wurden. Die manuelle Risikobewertung der Kreditsachbearbeiter wurde dabei mit den Credit-Scores des AUS verglichen.[312]

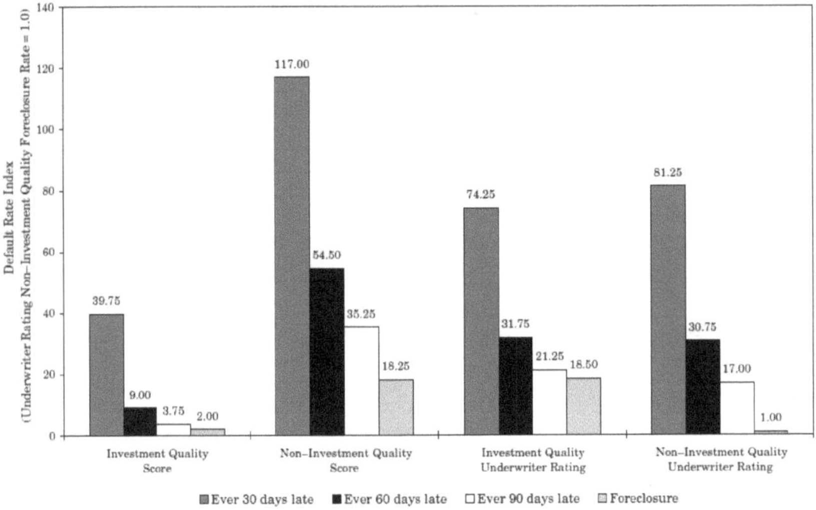

Abbildung 5.6: automatisierte vs. manuelle Kreditrisikobestimmung bei Grauzonen Hyp

Quelle: Straka, John W. (2000), S. 220.

Abbildung 5.6 zeigt das Ergebnis dieses Experiments. Hyp, die manuell als positiv eingestuften wurden, gerieten nur geringfügig seltener in Verzug, als jene Kredite, die manuell als negativ eingestuft wurden. Beim Scoring fiel dieser Unterschied eindeutiger aus. Manuelle Risikobewertungen, deren Erstellung ca. sechs Monate brauchte, wiesen die Vorhersagegenauigkeit eines Münzwurfes auf. Da die Stichprobe des Experiments sehr gering war, konnten allgemeine Aussagen nur bedingt getroffen werden. Es zeichnete sich aber dennoch die Tendenz ab, dass Scoring Modelle bei der Risikobestimmung von marginalen Hyp bessere Aussagen treffen, als eine manuelle Risikobewertung durch Kreditsachbearbeiter.[313] Eine weitere Überprüfung von 2300 abgelehnten Anträgen des

311 Vgl. Straka, John W. (2000), S. 218.
312 Vgl. Straka, John W. (2000), S. 219.
313 Vgl. Straka, John W. (2000), S. 221.

Jahres 1992 kam zu dem Ergebnis, dass Freddie Mac´s AUS 25% dieser akzeptiert hätte. Im Jahr 1996 kam eine größer angelegte Studie von Freddie Mac zu dem Ergebnis, dass 10-35% aller Subprime-Hyp eigentlich Prime-Hyp hätten erhalten müssen.[314] Dieses Ergebnis basierte auf eine Analyse von 25.000 Subprime-Hyp aus dem Jahr 1992, die von verschiedenen KG vergeben wurden. Die Ergebnisse dieser manuellen Bewertung wurden im Zuge der Untersuchung der automatischen Bewertung durch ein frühes Scoring-Modell Freddie Mac´s gegenüber gestellt. Diese Stichprobe besaß folglich eine 5-jährige Erfahrung mit Kreditausfällen, und in ihr wurden ebenfalls 50.000 bis 100.000 vergleichbare Subprime-Hyp von Bear Stearns, sowie 230.000 zufällig ausgewählten Freddie Mac Prime-Hyp gegenübergestellt.

Wie Abbildung 5.7 zeigt, können automatisierte Scoring Modelle das Kreditrisiko von Subprime-Hyp besser bestimmen, als dies durch manuelle Einstufungen möglich war. 30% aller Subprime-KN wurden vom Scoring Modell heraus gefiltert, welche geringere Ausfallraten aufwiesen als die beste manuelle Einstufung (High A-). Weitere 30% wiesen geringe Raten auf, die darüber hinaus noch unter der zweitbesten Stufe (Other A-) lagen. Verglichen mit der Ausfallrate von Prime-Hyp, welche auf 1,0 normiert wurde, hätten somit 30% der Subprime-Kredit eigentlich als Prime-Hyp vergeben werden können. Ebenso zeigte das Scoring-Modell auf, dass 20% aller untersuchten Hyp ein höheres Ausfallrisiko aufwiesen, als die durch die schlechteste manuelle Einstufung (D) erkannt wurde.[315]

314 Vgl. Straka, John W. (2000), S. 221.

315 Vgl. Straka, John W. (2000), S. 223.

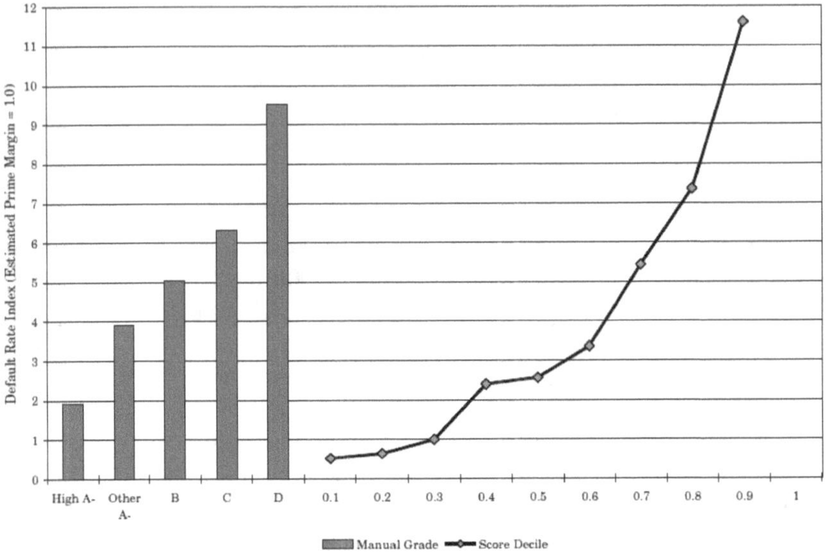

Abbildung 5.7 Vergleich der marginalen Ausfallwahrscheinlichkeiten bei automatisierter und manueller Risikobewertung

Quelle: Straka, John W. (2000), S. 222.

Der Schlüssel zur besseren Vorhersage der Ausfallrisiken liegt darin, dass Scoring-Modelle mehr Variablen berücksichtigen, als manuelle Subprime-Risikobewertungsrichtlinien dies vorschreiben, und dass eine statistische Optimierung des Risikofaktoren-Tradeoffs berücksichtigt wird. Ebenso wurden häufig Risikobewertungsrichtlinien aus dem Prime Segment adaptiert, welche spezifische Subprime-Risikoelemente nur ungenügend einbeziehen und folglich das wahre Risiko nur ungenau schätzen können.[316]

Trotz dieser Ergebnisse trat die allgemeine Akzeptanz des Marktes erst mit Bestätigung der Ergebnisse durch eine Studie des Federal Reserve Boards aus dem Jahr 1996 ein.[317] Infolge dessen integrierten die Behörden FHA und VA Varianten des LP von Freddie Mac in ihren Geschäftsablauf, womit staatliche Behörden einmal mehr als Vorreiter des HypM der USA galten, da private Unternehmen kurz darauf ebenfalls die AUS der GSE bei sich einführten. Heutzutage durchlaufen beinahe alle Hyp-Anträge eine Scoring-Verfahren (z.B. FICO)

316 Vgl. Straka, John W. (2000), S. 223.
317 Vgl. Straka, John W. (2000), S. 216.

oder ein AUS.[318] Der Verkauf kommerzieller Versionen von LP und DU halfen dabei, die Divergenz zwischen großen und technologisch fortgeschrittenen KG und kleinen bis mittleren KG zu verringern und ermöglichten und eine verbesserte und vereinfachte Kommunikation zwischen Broker und deren Abnehmern.

AUS halfen ebenso dabei, den Prozess der Kreditbeantragung und -bearbeitung und dessen Risikoeinschätzung zu rationalisieren. Anstelle mehrerer Wochen, dauerte eine Risikobewertung nunmehr lediglich wenige Minuten.[319] Daraus resultierte, dass die Kosten der Kreditvergabe stark sanken.

Eine KPMG Umfrage aus dem Jahr 1999 zeigte auf, dass eine Verwendung von AUS die Kosten pro Hyp um 300-650 $ senken konnte. Im Detail verringerten sie die Risikobewertungskosten um 27% und die Back-Office Kosten pro Hyp um 15%. Dies erhöhte die operative Profitabilität um 45%.[320] Die genauere Bestimmung des Ausfallrisikos, vor allem bei Subprime-KN, ermöglichte eine Ausweitung der Kreditvolumina und die Senkung der Zinssätze im Bereich der Geringverdiener bzw. der Minderheiten. Dies ermöglichte eine riskobasierte Preisgestaltung, die das höhere Risiko der Subprime-KN durch höhere Zinssätze und Gebühren entlohnt, was wiederum dazu führte, dass Bevölkerungsschichten einen Hyp erhielten, die bisher von den Prime KG unzureichend versorgt wurden.[321] AUS halfen folglich, den Prozess der Kreditvergabe zu demokratisieren, da dank ihnen größere Bevölkerungskreise sich den Traum der eigenen vier Wände erfüllen konnten.[322]

5.6.2.1 Innovationen im Bereich des Kreditrisiko-Managements

Die Verwendung von Behavioral-Scoring-Modellen im Management säumiger Kredite und die Verwendung von automatisierten Bewertungsmodelle (Automated Valuation Models (AVM)) verändern die Art und Weise, wie KG das Kreditrisiko maßen, Kredite vergaben und diese in ihrem Portfolio gemanagten. Behavioral-Scoring wird von GSE als Verlustminderungswerkzeug (loss mitigation) verwendet.[323] Es ordnet säumige Kredite in Bezug auf das Kreditrisiko des KN und bezüglich des Risikos der Sicherheit (Immobilie). Fannie Mae´s RiskProfiler bzw. Freddie Mac´s EarlyIndicator helfen den KG, indem sie die Risikowerte säumiger Kredite in gering, mittel oder hoch einstufen, was ein frü-

318 Vgl. Straka, John W. (2000), S. 216.
319 Anstelle von mehreren Wochen benötigen AUS nur wenige Minuten für die Risikobewertung. (Vgl. Straka, John W. (2000), S. 208)
320 Vgl. Straka, John W. (2000), S. 216.
321 Vgl. HUD (2002), S. 29.
322 Vgl. Straka, John W. (2000), S. 226.
323 Vgl. Pafenberg, Forrest (2004), S. 26.

hes Eingreifen ermöglicht und einen Ausfall des Hyp bzw. eine ZwV verhindern kann.

Durch die Integration von Immobilienwertdatenbanken und Wertschätzungsmodellen, können AVM ebenfalls als Alternative zu traditionellen Immobilienwertbestimmungen verwendet werden. Dies mindert die Kosten im Risikobewertungsprozess. Ebenso ermöglicht eine Integration in bestehende AUS die Reduktion des Dokumentationsaufwands während des Wertschätzungsprozesses. Wenn große Datenmengen ähnlicher Immobilien auf dem lokalen Markt vorliegen, kann ein Marktwertvergleich nur eine kurze Überprüfung notwendig machen, ob Immobilie überhaupt vorhanden ist und in welchem Zustand sie sich befindet.[324]

5.6.2.2 Geodemographische Marketing Technologien

Geodemographische Marketing Tools erlauben es dem KG, Cluster potenzieller KN in Bezug auf deren Einkommen, Alter, Immobilienwert und Rasse zu identifizieren.[325] Das Unternehmen Claritas Inc. bietet ein Nachbarschaftsklassifizierungsprogramm an, welches KG eine Stereotypisierung von Nachbarschaften ermöglicht. Auf Basis dieser Auswertung kann ein KG seine Marketing-Bestrebungen seiner Hyp-Produkte gezielt auf die Kaufkraft der Nachbarschaft abstimmen.[326]

5.6.2.3 Data Mining und Warehousing

Data Mining und Warehousing beinhaltet die Schaffung ausgearbeiteter Datensammlungen von gegenwärtigen und potenziellen Kunden. Diese Art der Informationsbeschaffung wurde erst durch leistungsfähigere Computer, die verbesserte Speicherkapazität und Weiterentwicklung der Data-Mining Algorithmen ermöglicht.[327] KG wurde es derart ermöglicht, sehr detailierte Ausarbeitung unter Verwendung von statistischen Programmen zu schaffen, welche es ihnen ermöglichten, ihre Kunden bezüglich vordefinierter Kriterien zu klassifizieren. Banken nutzten diese Systeme, um wenig lukrative Kunden für bestimmte Dienstleistungen zur Kasse zu bitten, wohingegen lukrativeren Kunden eine Bezahlung dieser Dienstleistungen erspart wurde.[328] Während der 1990er Jahre entwickelten verschiedene Anbieter eine Reihe von spezialisierten Immobilien-

324 Vgl. Pafenberg, Forrest (2004), S. 26.
325 Vgl. Immergluck, Dan (2009), S 83.
326 Vgl. Immergluck, Dan (2009), S 83.
327 Vgl. Immergluck, Dan (2009), S 83.
328 Vgl. Immergluck, Dan (2009), S 83.

datenunternehmen Marketingdatensysteme, die speziell für den HypM konzipiert waren. Durch den Zugriff per Internet wurde selbst dem kleinsten Broker ermöglicht, Zugang zu einer Fülle von ausgearbeiteten Daten zu erlangen, welche von professionellen Anbietern, wie DataQuick oder First American Real Estate Solutions ausgearbeitet und angeboten wurden.[329] Die Daten konnten für jeden Kunden individuell zugeschnitten werden. Broker erhielt somit eine Auflistung potenzieller Kunden einer bestimmten PLZ bezüglich des Alters, finanzieller Transaktionen der unmittelbaren Vergangenheit, Hyp-Aktivitäten, Identität und Typ (Subprime oder Prime) des aktuellen KG, ob es sich um einen FHA/VA Kredit handelt, aktuellem kumuliertem LTV, Schätzung des verfügbaren EK und anderer Eigentumsdetails (geschätzter Marktwert, Swimmingpool), Adresse und Telefonnummer. Einige Datenanbieter ermöglichten ihren Kunden sogar die Angabe der Hautfarbe des potenziellen KN.[330] All diese Informationen ermöglichten es Brokern und anderen KG, KN gezielt zu suchen. Leider nutzten betrügerische KG diese Informationen auch dazu, KN zu suchen, welche kurz vor der ZwV standen und dringend eine Refinanzierung benötigten. Diese Verzweifelten erhielten in der Folge meist Hyp auf betrügerischer Basis, welche nicht zu ihrem Vorteil, sondern zu dem des KG vergeben wurden. Anstelle der Abwendung einer ZwV fanden sich diese KN in Hyp-Verträgen wieder, die hohe Gebühren oder Zinssätze von ihnen verlangten und eine ZwV somit nur kurzfristig aufschoben.[331]

Wie man sehen kann, basierte die starke Expansion des HypM der USA nicht nur auf der besseren Finanzierungsmöglichkeit durch den SekM, sondern ebenso auf rechtlichen und technologischen Entwicklungen, welche diese Expansion erst ermöglichte. Leider ermöglichte man im selben Zuge die Entstehung des Predatory Lending.

5.6.3 Expansion der subprime Hauskauffinanzierung und Aufstieg der exotischen Hyp

Mit Ausbruch der Asien- und der russischen Finanzkrise (1997-1998) begann die Hyp-Vergabe zu stagnieren und beendete die erste Welle durch die darauf folgende Rezession in den Jahren 2000-2001. Erst die Zinssenkungen der FED gaben der zweiten Subprime-Welle ihren Startschuss. Im Gegensatz zu den 1990er Jahren wurde diese Periode von einer wachsenden Dominanz alternativer Kreditstrukturen begleitet, welche sowohl auf Prime- als auch auf Subprime-

329 Vgl. Immergluck, Dan (2009), S 84.
330 Vgl. Immergluck, Dan (2009), S 84.
331 Vgl. Immergluck, Dan (2009), S 84.

Hyp angewendet wurden. Subprime-Hyp der ersten Welle waren hauptsächlich in Form von 30-jährigen FRM strukturiert. Diese zeichnet sich zwar schon durch höhere Gebühren, Zinssätze, Prepayment-Strafen und Ballonzahlungen aus, sie waren aber dennoch ähnlich den Prime-FRM mit 30-jähriger Laufzeit aufgebaut. Ebenso waren die Subprime-Hyp der ersten Welle durch ein geringeres Maß an Risiko gekennzeichnet, da deren LTV vergleichsweise gering ausfiel.[332]

Subprime-Hyp des zweiten Booms waren häufiger als Hybrid-ARM (2/28 oder 3/27) strukturiert. Neben einer variablen Verzinsung, waren Subprime-Hyp nun auch durch andere Eigenschaften zu charakterisieren, die das Ausfallrisiko weiter erhöhten. Subprime-Hyp wurden nun häufiger zur Finanzierung von Hauskäufen verwendet.[333] Ebenso konnte man einen starken Anstieg bei der Vergabe von Hyp beobachten, welche keine oder lediglich unzureichende Nachweise bezüglich der Eigenschaften des KN aufwiesen („stated income loans“). Bei diesen Krediten mussten KG keinen Nachweis des Einkommens des KN erbringen. Vor den späten 1990er Jahren waren diese Hyp primär für Selbständige oder reiche Investoren mit hohem Nettovermögen gedacht. Ihr Anteil stieg jedoch von weniger als 30% (2001) auf mehr als 50% (2005) aller Subprime-Hyp, was auf eine stärkere Verwendung, als ursprünglich angedacht, hinweist.[334] Zudem konnte man eine zunehmende Toleranz eines immer größer werdenden Schulden-zu-Einkommen-Verhältnisses beobachten. Dieses Verhältnis stieg von durchschnittlich unter 40% (2001) auf über 42% (2006). Da diese Zahlen Mittelwerte abbilden, können Einzelwerte folglich stärker angestiegen sein.[335] Es zeigt sich also, dass die Kreditvergabe der zweiten Welle durch zusätzliche Eigenschaften und laxere Risikobewertungsstandards riskanter wurden, als sie es noch Ende der 1990er Jahre waren. Obwohl dies bereits vor dem neuen Jahrtausend angewandt wurde, war die Vergabe dieser Hyp-Arten zuvor auf Nischenmärkte mit KN begrenzt, welche ein hohes Nettovermögen aufweisen konnten. Die Bereitstellung dieser riskanten Hyp für die breite Öffentlichkeit, sowohl im Prime- als auch im Subprime-Bereich, ließ das Risiko der KG enorm steigen.[336]

5.6.3.1 Exotische Hyp im prime und Subprime-Markt

Das Wachstum von IO, Payment Option, hybriden Hyp oder Hyp mit negativer Amortisation nahm ab 2001 stark zu. Zahlen der Firma Loan Performance Inc.

---

332 Vgl. Immergluck, Dan (2009), S 85.
333 Vgl. Immergluck, Dan (2009), S 85.
334 Vgl. Immergluck, Dan (2009), S 85.
335 Vgl. Immergluck, Dan (2009), S 85.
336 Vgl. Immergluck, Dan (2009), S 85.

zeigen Hyp auf, die an Drittparteien verkauft wurden, nicht aber an Fannie Mae und Freddie Mac. Dies lässt zwar einen Großteil des Marktes aus, zeichnet aber den Markt für exotischen Hyp besser ab, da diese Produkte von den GSE nicht verbrieft wurden. Die Daten zeigen, dass die Anzahl der IO-Hyp von unter 5% (2001) auf ca. 35% (2005) aller beobachteten Hyp anstieg. Da im ersten Halbjahr 2005 ca. 90% aller IO-Hyp eine variable Verzinsung mit anfänglicher Teaser-Rate aufwiesen, waren diese hybriden Hyp für viele KN anfangs bezahlbar, was deren hohe Popularität erklärt.[337] Der Anteil von Hyp mit negativer Amortisation stieg von unter 1% (2003) auf mehr als 7% (2005) an. In Kalifornien stieg diese Zahl bis zum Jahr 2005 sogar auf 17% an.[338]

Traditionell steigt der FRM-Anteil bei fallenden Zinsen, da viele KN sich die geringen Zinsen langfristig durch Refinanzierung sichern möchten. Dieses Verhalten war in der zweiten Welle jedoch nicht zu beobachten. Der ARM-Anteil stieg, trotz fallendem Zins, was dazu führte, dass 2004 71% der Jumbo-Hyp und 31% der Nichtjumbo-Hyp variabel verzinst waren.[339] Einen Teil dieses Zuwachses lässt sich durch steigende Immobilienpreise erklären, welche die Nachfrage nach exotischen Hyp anwachsen ließen. Da diese Hyp die Erschwinglichkeit auch für Geringverdiener erhöhten, stieg die allgemeine Nachfrage, was wiederum eine Zunahme der Preise nach sich zog. Dies wiederum ließ den Kreislauf von Neuem starten und die Preise sowie die Anzahl der vergebenen Hyp stark anschwellen. Da in diesem System ein Anreiz für Broker und Hyp-Sacharbeiter bestand, nicht den Kredit mit dem geringsten Zins oder den kleinsten Gebühren zu finden, sondern denjenigen, der die höchsten Gebühren für sie generieren würde, stiegen die Kreditsummen der Hyp sowie die Anzahl der exotischen Hyp-Eigenschaften, da dieses Verhalten zusätzliche Entlohnung für die KG bedeutete. Das Hinzufügen neuer Risikoschichten durch exotische Hyp-Eigenschaften wirkte sich jedoch nicht additiv, sondern multiplikativ aus. Da die verschiedenen Risiken der einzelnen Schichten in Wechselbeziehung zueinander standen, stieg das Ausfallrisiko stark an.[340]

5.6.3.2 Geringe oder keine Voranzahlungs-Programme

Bis in die 1990er Jahre waren Anzahlungen bei konventionellen Hauskauf-Hyp mit 20% die Regel. Anzahlungen von weniger als 20% setzten eine private Hyp Versicherung voraus, welche im Fall der Zwangsvollstreckung den Differenzbe-

337 Vgl. Immergluck, Dan (2009), S 87.
338 Vgl. Immergluck, Dan (2009), S 87.
339 Vgl. Immergluck, Dan (2009), S 88.
340 Vgl. Immergluck, Dan (2009), S 88.

trag zwischen Hyp-Restbetrag und Verkaufserlös beglich.[341] Die staatliche VA bot jedoch schon seit 1944 gesicherte Hyp an, welche keinerlei Anzahlung voraussetzten. Dieses staatliche Programm war jedoch an Auflagen gebunden und nur für Veteranen vorgesehen. Später ermöglichte auch die FHA ein Programm mit geringer Anzahlung, welches 1948 noch 5% und 1957 bereits nur noch 3% Anzahlung durch den KN vorsah. In den 1970er Jahren zogen dann auch die GSE mit eigenen Programmen nach. Nachdem anfangs noch geringe Selbstbeteiligung verlangt wurde, entfiel diese ab 2000 vollkommen. Diese setzten jedoch Beratungssitzungen bezüglich der Vorbereitung der Eigenheimbesitzer vor dem Hauskauf, sowie eine genaue Überprüfung der Kreditwürdigkeit voraus.[342] Im Jahr 2000 vergab die FHA bereits 90% all ihrer Hyp mit einem LTV von 95% und höher. Der Anteil an Low-Down-Hyp lag bei den GSE jedoch nur bei 4,4% (Fannie Mae) und 6,1% (Freddie Mac).[343]

Diese Zahlen sind deshalb bemerkenswert, da die FHA bereits in den 1960er Jahren negative Erfahrungen gemacht hatte, als sie Low-Down-Hyp forcieren wollte. Hohe Verluste und eine starke Zunahme der ZwV-Raten führten kurz nach ihrer Einführung zur Beendigung der Initiative.[344] Die Innovation des zweiten Booms, die Low bzw. No-Down-Hyp ermöglichten, waren Second-Lien-Hyp oder Piggyback-Hyp, welche es KN ermöglichte, Immobilien zu erwerben, ohne eine zwanzigprozentige Anzahlung bereit stellen zu müssen. Die 20% wurden in diesem Fall von einem zweiten KG bereit gestellt, was sogar dazu führen kann, dass die Eigenbeteiligung auf 0% sank. Eine Selbstbeteiligung von unter 20% setzt normalerweise eine private Hyp-Versicherung (PMI) voraus. PMI waren aber strengere Risikoschätzer als Second-Lien-Hyp-KG, da sie einen großen Teil der Kosten bei Ausfall zu tragen haben, was dazu führte, dass PMI durch Second-Lien überflüssig wurden, da Subprime-KG anfingen, Second-Lien-Hyp zu vergeben und es Hausbauern ermöglichten, ohne EK und die normalerweise strikten Risikobewertung der PMI ihre Hyp zu erhalten.[345] So zeigen HMDA Daten, dass 22% aller First-Lien-Hyp aus dem Jahr 2005 und 2006 eine Piggyback-Hyp beinhalteten. Ebenso zeigen diese Daten, dass 45% der Second-Lien-Kauf-Hyp hochverzinst, also Subprime-Hyp, waren, im Gegensatz zu lediglich 25% bei den First-Lien-Hyp-Käufen desselben Jahres.[346] Ebenso war zu beobachten, dass ein Teil der vergeben Hyp einen Silent-Second-Hyp beinhalteten, die dem KG der First-Lien nicht bekannt war. Der Anteil dieser Silent-

341 Vgl. Immergluck, Dan (2009), S 88.
342 Vgl. Immergluck, Dan (2009), S 89.
343 Vgl. Immergluck, Dan (2009), S 89.
344 Vgl. Immergluck, Dan (2009), S 89.
345 Vgl. Immergluck, Dan (2009), S 90.
346 Vgl. Immergluck, Dan (2009), S 90.

Second-Hyp stieg von 1,3% im Jahr 2000 auf 15,8% 2004 und 27,5% 2006 an.[347] Die Unterstützung bei der Anzahlung kam jedoch nicht nur von Subprime-KG, sondern auch von Dritten, welche ein Interesse am Verkauf der Immobilien hatten, wie etwa Immobilienmakler oder Baufirmen. Trotz eines Verbots seitens der GSE einer Unterstützung bei der Finanzierung durch beteiligte Dritte, erlaubte die FHA die Unterstützung durch gemeinnützige Intermediäre. Eine Spende durch die Baugesellschaften an diesen Intermediär wurde daraufhin von diesem verwendet, um die Anzahlung für jene Hauskäufer zu unterstützen, welche ein Eigenheim von der Baugesellschaft kaufen würden. Da das Bauunternehmen die geleitete Spende auf den Kaufpreis aufschlug, finanzierte die FHA im Endeffekt 100% des Marktwertes der Immobilie.[348] Durch diese Maßnahmen stieg der Anteil der KN, welche ohne jegliche Selbstbeteiligung, ihr Eigenheim erwarben signifikant von 5% (1999) auf über 13% im Jahr 2005.[349]

5.6.3.3 Erklärung des zweiten Booms

Der zweite Subprime-Boom kann am ehesten als Hexenkreis bezeichnet werden, welcher anfangs auf einem starken Anstieg der Immobilienpreise aufbaute, vor allem in den Metropolengebieten wie Kalifornien, Florida und Nevada.

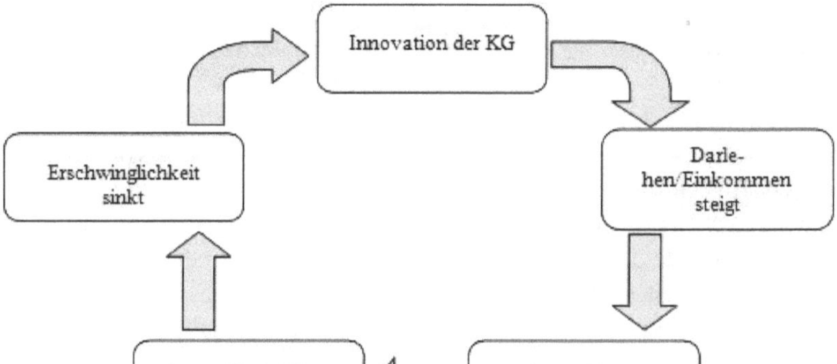

Abbildung 5.8 Hexenkreis aus risk-based Kreditvergabe und steigenden Immobilienpreisen

Quelle: Eigene Darstellung in Anlehnung an Immergluck, Dan (2009), S 92.

347 Vgl. Immergluck, Dan (2009), S 90.
348 Vgl. Immergluck, Dan (2009), S 91.
349 Vgl. Immergluck, Dan (2009), S 91.

Um dem Problem der Erschwinglichkeit für KN entgegen zu wirken, erfanden KG neue, exotische Hyp, sowohl für Prime- als auch für Subprime-KN. Diese Erhöhung der Kaufkraft auf Seiten der KN ließ in der Folge die Immobilienpreise steigen. Da die Kreditvergabe von hochriskanten Hyp zum Großteil auf der problemlosen Verkaufs- oder Refinanzierungsmöglichkeit im Fall von Rückzahlungsschwierigkeiten basierte, entstand ein kreditfinanziertes Kartenhaus, welches im Fall eines Preisrückgangs ineinander zusammen fiel.[350] Hoher Wettbewerbsdruck zwang die KG dazu, den Marktanteil als oberstes Ziel auszugeben, welches daraufhin alle anderen Überlegungen der KG dominierte. Das Design der Hyp und Risikobewertung musste sich folglich nach der Erreichung der Volumenmaximierung bei der Kreditausgabe ausrichten. Hyp-Sachbearbeiter wurden somit zu reinem Verkaufspersonal, da sie nur noch auf Basis von Kommissionen arbeiteten. Im Fall von Wholesale Kreditvergabe-Unternehmen konnten die Broker einfach den Wholesaler wechseln, wenn dieser nicht flexibel genug bei der Risikobewertung waren, da der Nachfragedruck vom SekM, selbst für Hyp mit hohem Risiko.[351] Selbst Regionen ohne Immobilienpreisblase wurden vom Rückschwingen des Pendels erwischt, da die folgenden Restriktionen bei der Kreditvergabe das Angebot an Krediten allgemein und Hyp im speziellen stark einschränkten. Die Nationalisierung des HypM durch den SekM ließ das Problem nicht nur auf einige regionale Märkte eingrenzen, sondern zu einem landesweiten und später sogar internationalem Problem werden.[352]

Ein steigendes Angebot an hochriskantem Kapital und damit verbundene sinkende Risikoprämien beim Zins von Hyp Kapital kam meist von großen institutionellen Investoren, die geringfügig höhere Zinsmargen suchten, im Vergleich zu AAA Staats- bzw. Unternehmensanleihen.[353] Die Globalisierung der Finanzmärkte führte dazu, dass neben traditionellen US-amerikanischen Investoren ebenso weltweit agierende Investoren (aus China, Saudi-Arabien, Europa, etc.) auf den HypM strömten und ein Überangebot an verfügbarem Kapital entstand.[354]

350 Vgl. Immergluck, Dan (2009), S 92.
351 Vgl. Immergluck, Dan (2009), S 93.
352 Vgl. Immergluck, Dan (2009), S 94.
353 Vgl. Immergluck, Dan (2009), S 94.
354 Vgl. Immergluck, Dan (2009), S 94.

6 Stärken und Schwächen des Vertriebs von Hypothekarkrediten

„Whenever one individual depends on the action of another, an agency relationship arises."„[355]

Wirtschaftssysteme, wie beispielsweise der HypM der USA, die auf dem Prinzip der Arbeitsteilung basieren, wohnt immer das Risiko inne, dass aufgrund von Opportunismus und Entscheidungsschwächen, welche auf asymmetrische Informationen beteiligter Personen zurück gehen, Prinzipal-Agenten-Probleme entstehen können.[356]

6.1 Prinzipal-Agenten-Probleme

Prinzipal-Agenten-Probleme gehören zu den ältesten Schwierigkeiten der sozialen Interaktion. Sie entstehen zwischen zwei oder mehreren Parteien, wenn ein Agent als Repräsentant für den Prinzipal in einem bestimmten Bereich tätig wird.[357] Die Beziehung der beteiligten Parteien ist durch eine asymmetrische Verteilung der Informationen, einer Ungewissheit bezüglich des Auftretens von bestimmten externen Einflüssen und einer Unsicherheit bezüglich des Verhaltens des Partners gekennzeichnet.[358] Da der Prinzipal Entscheidungen trifft und die Ausführung dieser an den Agenten überträgt, trifft dieser somit Entscheidungen, die nicht nur seine eigene Wohlfahrt, sondern auch die des Prinzipals beeinflusst, da nur er sein eigenes Handeln und die daraus resultierenden Ergebnisse bereits im Voraus kennt.[359]

> *„Kern dieser Theorie sind exogen gegebene Informationsprobleme und opportunistische Menschen, die an sich denken und versuchen, Vorteile zu gewinnen, wenn dies möglich ist, auch wenn sie dabei Interessen anderer verletzen."*[360]

Die Prinzipal-Agenten-Theorie untersucht die zugrunde liegenden Verträge zwischen den Parteien und stellt Überlegungen bezüglich des optimalen Kontrakts, um die Probleme der Prinzipal-Agenten-Beziehung zu minimieren. Zur Beurteilung der Effizienz des Vertrages zieht man in der Regel die Agentenkos-

355 Pratt, John W./Zeckhauser, Richard J. (1985), S. 2.
356 Vgl. Thießen, Friedrich (2011), S. 12.
357 Vgl. Ross, Stephen A. (1973), S. 134.
358 Vgl. Picot, Arnold/Reichwald, Ralf/Wigand, Rolf (2008), S. 47.
359 Vgl. Picot, Arnold/Reichwald, Ralf/Wigand, Rolf (2008), S. 47.
360 Thießen, Friedrich (2011), S. 11.

ten als Maßstab heran, welche aus den folgenden drei Komponenten zusammengesetzt sind:[361]

- Überwachungs- und Kontrollkosten des Prinzipals
- Signal- und Garantiekosten des Agenten
- Restlicher Verlust der Wohlfahrt (Residualverlust)

Die ersten beiden Kostenarten entstehen aus Maßnahmen zur Verringerung der Unsicherheit. Der Residualverlust hingegen dient als Indikator für unvollständige Informationen, da wohlfahrtsteigernde Transaktionen nicht oder nur teilweise durchgeführt werden.[362] Da die drei Kostenarten im Zusammenhang miteinander stehen, besteht zwischen ihnen ein Tradeoff. So können Residualkosten durch Erhöhung der Überwachungs- und Kontrollmaßnahmen gesenkt werden. Letztgenannte können ihrerseits wiederum durch glaubhafte Signale und spezifische Garantien gesenkt werden.[363]

Auf Grundlage der Informationsasymmetrien zwischen Prinzipal und Agenten differenziert die Prinzipal-Agenten-Theorie zwischen drei verschiedenen Problemtypen:

- Hidden Characteristics
- Hidden Action
- Hidden Intention

6.1.1 Hidden Characteristics

Das Problem der verdeckten Eigenschaften entsteht bevor eine vertragliche Einigung erreicht wird, wenn z.B. der Prinzipal nicht mit dem Agenten oder mit den von diesem angebotenen Produkten bzw. Dienstleistungen vertraut ist. Das daraus resultierende Risiko liegt in der potenziellen Wahl ungewünschter Vertragspartner aufgrund von Adverse Selection. Dieses Lemons-Problem führt gemäß Akerlof dazu, dass Prinzipale, aufgrund von Unsicherheit bezüglich der Qualität, nur zur Zahlung eines Durchschnittspreises bereit sind, sowohl für gute als auch für schlechte Qualität. Dies führt wiederum dazu, dass nur Vertragspartner geringerer Qualität auf den Handel eingehen und die höhere Qualität vom Markt abgezogen wird. Als Folge dessen sinkt die Qualität des gesamten Marktes.[364]

Lösungsansätze für diese Adverse Selection bieten Signaling, Screening und Self-Selection-Verträge, welche zu einer Reduktion der asymmetrischen Infor-

---

361 Vgl. Picot, Arnold/Reichwald, Ralf/Wigand, Rolf (2008), S. 47.
362 Vgl. Picot, Arnold/Reichwald, Ralf/Wigand, Rolf (2008), S. 48.
363 Vgl. Picot, Arnold/Reichwald, Ralf/Wigand, Rolf (2008), S. 48.
364 Vgl. Akerlof, George A. (1970), S. 488-489.

mationen führen und ein Ausnutzen von existierenden Informationsasymmetrien vermeiden.[365]

Signaling bezeichnet dabei die Bereitstellung von zusätzlichen Infos bezüglich eigener Eigenschaften und Leistungen des Agenten, beispielsweise in Form von Zertifikaten, welche die Qualität offen legen. Im Gegensatz dazu geht die Initiative beim Screening vom Prinzipal aus. Durch Einholung zusätzlicher Infos bezüglich des Agenten und dessen vergangenen Leistungen. Beispiele dafür wären Aufnahmetests bei der Einstellung von Mitarbeitern oder bei der Kreditbeantragung das Einholen zusätzlicher Informationen von Kreditagenturen. Bei der dritten Variante, den Eigenauswahl-Verträge, bietet der Prinzipal dem Agenten ein Menü verschiedener Verträge an, welches so strukturiert ist, dass die Auswahl des Agenten dessen versteckte Eigenschaften offen legt. Ein Bespiel dafür wäre die Kostenteilung bei Versicherungen. Eine hohe Bereitschaft zur Kostenteilung durch den Agenten zeigt folglich ein geringeres Risiko von Seiten des Agenten auf. Die hohe Selbstbeteiligung führt somit zu einer Übereinstimmung der Interessen beider Vertragspartner.[366]

Die Minimierung der Hidden Characteristics erfolgt auf dem HypM in verschiedenen Formen. Neben der Verwendung von Credit Scores, in welche unter anderem die Angaben der Kreditwürdigkeit des KN aus dem Kreditantrag einfließen, senken Marktakteure die Unsicherheit ebenfalls, indem sie Garantien bezüglich der Kreditqualität oder der eigenen Leistung abgeben.[367] Neben der Garantie von Seiten der KN, welche die Richtigkeit der Angaben des Kreditantrages versichern, herrschen ebenso Garantien und Zusicherungen der KG und MBS-Emittenten vor, die nachgelagerten Käufern der Wertschöpfungskette das Recht zusichern, Hyp zurückgeben zu können, welche innerhalb einer festgelegten Zeitspannen ausfielen.[368] Von hoher Bedeutung für den SekM sind die Rating-Einstufungen der RA und die verschiedenen Formen des Credit Enhancements, welche die Unsicherheit der Investoren senken sollen.

Eigenauswahl-Verträge (Self-Selection) sind auch auf dem HypM zu finden. KN mit hoher Kreditwürdigkeit und folglich geringem Risiko für den KG, wählen in der Regel keinen Subprime-Hyp, da sie sich ihrer Kreditwürdigkeit bewusst sind. Subprime-KN sind sich hingegen ihrer geringeren Kreditwürdigkeit und der damit verbundenen geringeren Auswahl bei der Finanzierung ebenso bewusst, was sie dazu veranlasst von vorneherein einen Subprime-Hyp zu beantragen. Da die Mehrzahl aller Hyp von Brokern vermittelt werden, übernehmen

365 Vgl. Picot, Arnold/Reichwald, Ralf/Wigand, Rolf (2008), S. 49.
366 Vgl. Picot, Arnold/Reichwald, Ralf/Wigand, Rolf (2008), S. 49.
367 Vgl. Ireland, Mark (2009), S. 20 und 22.
368 Vgl. Ireland, Mark (2009), S. 22.

diese die Auswahlfunktion für den KN. Gemäß dieser theoretischen Überlegung würde sich der Markt von allein sortieren.[369] In der Praxis zeigten sich jedoch sehr schnell Missstände auf, da Broker, aufgrund falsch gesetzter Anreize, KN für sie ungeeignete Hyp vermittelten und nicht immer als objektiver Vermittler agierten, welche im Sinne des KN handelten.

6.1.2 Hidden Action

Im Gegensatz zu Hidden Characteristics, entstehen die Probleme des verdeckten Handelns erst nach Vertragsschluss. Da der Prinzipal lediglich das Ergebnis der Taten des Agenten, nicht aber die Taten im Detail kennt, kann er nicht beurteilen, ob ein negatives Ergebnis auf Taten des Agenten zurück zu führen sind, oder doch auf externe Einflüsse. Das daraus resultierende Problem des Moral Hazard kann dazu führen, dass der Agent diese Situation ausnutzt und seine Taten entgegengesetzt den Zielen des Prinzipals ausführt. Das Problem der Nutzenmaximierung aufgrund von Moral Hazard durch den A kann entweder durch Monitoring oder der Einführung von Anreizsystemen minimiert werden.[370] Monitoring führt dabei zu einer Reduktion der Informationsasymmetrien durch die Einführung von Report Systemen und Kontrollmechanismen. Diese vermitteln dem Prinzipal einen besseren Überblick über das Verhalten des Agenten und können als Grundlage für die Einleitung von Sanktionen dienen. Die Alternative dazu stellt die Einführung von Anreizsystemen dar. Ziel dieser Maßnahme ist die gleiche Ausrichtung der Interessen beider Parteien. Ein Beispiel hierfür ist die Einnahmebeteiligung bei Verkaufspersonal, was deren Motivation beeinflusst und nicht nur deren Einkommen, sondern auch das Einkommen des Prinzipals erhöht.[371]

Das Monitoring auf dem HypM trat häufig in Form der erneuten Risikobewertung oder der stichpunktartigen Überprüfung der Risikobewertung des Hyp-Verkäufers auf. Eine vollständige Überprüfung der Kreditqualität jedes einzelnen Hyp zieht jedoch hohe Kosten und folglich eine Verringerung des Gewinns nach sich. Gesetzte Anreize dienten in erster Linie nicht der Minimierung des Risikos, sondern setzten erneut an der individuellen Gewinnmaximierung jedes einzelnen Marktakteurs an, was zu einer Erhöhung des Risikos jedes einzelnen Hyp und des Systems im Ganzen führte.

369 Vgl. Ireland, Mark (2009), S. 22.
370 Vgl. Picot, Arnold/Reichwald, Ralf/Wigand, Rolf (2008), S. 49.
371 Vgl. Picot, Arnold/Reichwald, Ralf/Wigand, Rolf (2008), S. 50.

6.1.3 Hidden Intention

Das Problem der verdeckten Absicht bezieht sich auf irreversible Intermediär-Inputs oder versunkene Kosten. Nach Abschluss des Vertrags ist der P von Dienstleistungen des A abhängig. Das Risiko der opportunistischen Ausnutzung dieser Situation wird hold up genannt und lässt sich erneut durch die Gleichausrichtung der Interessen von Prinzipal und Agenten minimieren. Dies erreicht man durch vertikale Integration, den Abschluss langfristiger Verträge oder durch die Schaffung einer gegenseitigen Abhängigkeit durch die Verwendung von Sicherheiten oder selbstbindende Garantien (s.o.).[372]

Originate-to-Distribute brachte jedoch das Problem der geringen Bindung einzelner Marktakteure mit sich. Anstelle langfristiger Verträge und der Integration des gesamten Prozesses der Kreditvergabe, des nachgelagerten Services, des Haltens der Hyp im eigenen Portfolios und der Finanzierung, wurde diese Funktionen von verschiedenen Akteuren übernommen, was dazu führte, dass die Interessen nicht übereinstimmen, sondern jeweils an der Maximierung des eigenen Gewinns ausgerichtet waren. Das gesamte System basierte auf gegebenen Sicherheiten und Garantien, welche sich in einzelnen Fällen im Nachhinein als unzureichend herausstellten.

6.2 Reibungen zwischen den Marktakteuren

Die wachsende Dominanz von Private-Label-MBS-Emittenten und die steigende Komplexität der Verbriefung in den späten 1990er Jahren und Anfang des neuen Jahrtausends in Verbindung mit einer mangelnden Regulierung waren die Grundlage für Transaktionsprobleme bei den Beziehungen der Beteiligten der Hyp-Wertschöpfungskette. Aufgrund der vertikalen Desintegration und des Weiterreichens entlang der Kette, hatte viele Beteiligte „no skin in the game", was deren Anreiz steigerte Hyp zu vergeben, welche nicht unbedingt den Risikostandards entsprachen, sondern das eigene Einkommen vergrößerte. Da die Kapitalmärkte dem HypM ein Überangebot an Finanzierungsmitteln bereit stellten, entstand eine erhöhte Nachfrage nach riskanteren Hyp, die den Anreiz für KG erhöhte, eher die Nachfrage von Wall Street zu decken, als die tatsächlichen Interessen der KN zu berücksichtigen. Am Leben gehalten wurde dieser Kreislauf von Rating-Modellen der Credit-Rating-Agenturen (RA), welche auf falschen Annahmen, insbesondere für neuere und komplexere Produkte, basierten und in Bezug auf gegenläufige Marktbewegungen nicht ausreichend getestet

372 Vgl. Picot, Arnold/Reichwald, Ralf/Wigand, Rolf (2008), S. 50.

werden konnten.[373] Die zugrunde liegenden Prinzipal-Agenten-Probleme einzelner Beteiligter des HypM sollen im folgenden Abschnitt näher beleuchtet werden.

6.2.1 Reibung zwischen KN und KG bzw. Hyp-Broker

Am Anfang der Hyp-Wertschöpfungskette steht immer der Kontakt zwischen KN und KG, welcher entweder direkt mit dem KG oder durch Hyp-Broker als Intermediär zustande kommt. Der KG bewertet das zugrunde liegende Risiko, finanziert den Kredit und erbringt die aus dem Vertrag entstehenden Serviceleistungen. Dafür wird der KG durch Gebühren vom KN oder durch den Weiterverkauf der Hyp kompensiert.[374] Eine mögliche Reibung könnte entstehen, wenn eine finanzwirtschaftliche Unwissenheit der KN bezüglich der möglichen Optionen vorhanden ist. Aber selbst bei Kenntnis der Optionen ist es vielen KN unmöglich die jeweils optimale Lösung auszuwählen. Da der KG bzw. der Hyp-Broker bei seiner Empfehlung jedoch nicht immer im Interesse des KN liegt und er ebenso seinen eigenen Nutzen maximiert, kann es zu Predatory Lending (räuberischer Kreditvergabe) kommen, die eine wohlfahrtsverringernde Kreditbereitstellung darstellt.[375]

Ein generelles Verbot bestimmter Instrumente oder Kreditbestimmungen erweist sich in der Praxis jedoch als schwierig, da ein enger Zusammenhang zwischen Predatory Lending und der Subprime-Kreditvergabe besteht, wobei Predatory Lending als illegale Unterkategorie des Subprime Lending angesehen werden kann. Subprime Lending dient, durch legitime Ausweitung der Kreditvergabe auf KN mit geringerer Kreditwürdigkeit oder schlechter Kredit-Vergangenheit, dem Allgemeinwohl, wohingegen Predatory Lending zu Wohlfahrtsverlusten führt. Um die Jahrtausendwende hatten jedoch ca. 12 Mio. US-Bürger keine direkte Verbindung zu traditionellen Finanzinstituten und waren somit auf zwielichtige KG angewiesen. Diese KN mussten ihre Kreditbedürfnisse durch Pfandleiher, Payday KG und Rent-to-Own Geschäfte abdecken. Da diese KG keiner gesetzlichen Regulierung unterstehen, verlangen sie hohe Gebühren und bedienen sich missbräuchlicher oder verschleiernder Praktiken.[376] Die Zweischneidigkeit von Subprime Lendiing kommt durch Aussage des OCC vor dem Committee on Banking and Financial Services des House of Representatives im Mai 2000 zum Ausdruck:

---

373 Vgl. Immergluck, Dan (2009), S. 99-100.
374 Vgl. Ashcraft, Adam A./Schuermann, Til (2007), S. 10.
375 Vgl. Ashcraft, Adam A./Schuermann, Til (2007), S. 10.
376 Vgl. FDIC (2006), S. 4.

„*While we clearly need to address real abuses that exist, particularly in connection with home-secured loans, we also need to preserve and encourage consumer access to credit, meaningful consumer choice, and competition in the provision of financial services to low- and moderate-income families. Determining how to draw the line between predatory and legitimate credit practices in a way that will both combat abuses and advance these other objectives is a major challenge.*"[377]

Obwohl hohe Gebühren und Zinssätze Predatory Lending zum Teil charakterisiert, sind nicht alle hochverzinsten Kredite mit hohen Gebühren betrügerische Hyp. In Abhängigkeit von der Eigenart des individuellen Hyp und denen des KN, können hohe Zinsraten, Vorauszahlungsstrafen und hohe Gebühren durchaus angebracht sein. Ebenso besteht das Problem einer breitangelegten Regulierung darin, dass vielen Subprime-KN die Finanzierungsquelle genommen werden würde und dies dem Ziel der Erhöhung der Eigenheimquote im Wege stehen würde.[378]

Die New Jersey Division of Banking and Insurance definiert Predatory Lending als Aktivität, welche mindestens eins der folgenden Elemente beinhaltet:[379]

- Bereitstellung unerschwinglicher Kredite, die eher Bezug zu den Vermögenswerten des KN haben, als an dessen Rückzahlungsfähigkeit gekoppelt sind
- Loan Flipping: Dem KN wird wiederholt geraten seinen Hyp zu refinanzieren, um wiederholt Gebühren von ihm zu erhalten
- Betrug oder Verschleierung der wahren Kreditbedingungen oder Nebenbedingungen, die einem ahnungslosen oder ungebildeten KN aufgeschwatzt werden

Andere Autoren erweitern diese Elemente um das gezielte Werben bei Haushalten auf Grundlage deren Rasse, Ethnizität, Alter, Geschlecht oder anderen Eigenschaften, die nichts mit der Kreditwürdigkeit zu tun haben.[380] Das gezielte Marketing wird dabei durch Data-Mining Datenbanken ermöglicht, welche die Suche nach bestimmten, verwundbaren KN erleichtern und die Kontaktaufnahme durch den betrügerischen KG ermöglichen. Die Zielgruppe dieser KG sind in der Regel Personen mit Finanzproblemen oder schlechter Kredit-Historie, ältere Personen mit hohem EK-Anteil, Minderheiten oder Haushalte mit geringem Einkommen.[381]

---

377 Vgl. FDIC (2006), S. 4.

378 Vgl. Carr, James H./Kolluri Lopa (2001), S. 1.

379 Vgl. http://www.state.nj.us/dobi/division_consumers/finance/predatory.html (Zugriff: 29.10.2010).

380 Vgl. Carr, James H./Kolluri Lopa (2001), S. 2.

381 Vgl. Smith, Steven (2002), S. 200.

Das Center of Responsible Lending veröffentlichte sieben Anzeichen für Predatory Lending:[382]

- Überhöhte Gebühren, definiert als Bps oder Gebühren, in Höhe von 5% oder mehr der Kreditsumme
- Missbräuchliche, vorzeitige Tilgungsstrafen definiert dadurch, dass der Zeitraum zur Anwendung der Strafen größer als drei Jahre ist oder die Strafzahlung höher als sechs monatliche Zinsraten ausfällt
- Provisionen an Broker dafür, dass dieser einen Hyp an den KN verkaufen, der eine höhere Zinsrate ausweist, als ein vergleichbare Hyp des KG
- Loan Flipping welche sich durch wiederholte Refinanzierung zur Generierung von Gebühren für den KG charakterisiert, ohne einen Vorteil für den KN zu generieren
- Das Anbieten unnötiger Produkte, in Form von unnötiger Nebenprodukte, wie Versicherungen
- Vertragliche Klausel des Hyp verlangt vom KN auf rechtliche Anspruchsmöglichkeiten zu verzichten, sollte sich der Hyp später als missbräuchlich erweisen
- Das Lenken und gezielte Auswählen von KN für Subprime-Produkte, obwohl diese die Voraussetzungen für einen Prime-Hyp erfüllen

Neben dem Betrug von Seiten der KG bzw. Broker, kam es jedoch auch zu Betrugsfällen, die von KN ausgingen. Predatory Borrowing bezeichnet die bewusste Falschdarstellung der materiellen Fakten durch den KN gegenüber dem letztendlichen Käufer des Hyp, z.B. Rentenfonds. Leittrafende dieses Handelns sind aber auch ehrliche KN, welche aufgrund dessen höhere Zinsraten und höhere Preise für ihre Hyp zu zahlen haben. Neben dem KN kann diese Art des Betrugs weitere Insider beinhalten, z.B. Immobilienmakler, Hyp-Makler, Immobilien-Bewerter, Anwälte, etc. Am häufigsten tritt predatory borrowing auf, wenn Immobilienpreise stark steigen, insbesondere wenn diese im Vergleich zum Einkommen des KN hoch sind. Die Versuchung eines höheren Lebensstandards kann dazu verleiten, bei der Antragsstellung zu lügen. Stark steigende Preise erhöhen den Gewinn spekulativer oder betrügerischer Aktivitäten und gleichzeitig sinken die Kosten, da Erwartungen weiterer Wertsteigerungen EK generieren, welches die Wahrscheinlichkeit des Ausfalls und die Schwere dessen vermindern.[383]

Das Predatory Borrowing unterscheidet zwei Kategorien: Fraud for Housing und Fraud for Profit. Fraud for Housing bezeichnet illegale Aktionen von Seiten

---

382 Vgl. http://www.responsiblelending.org/mortgage-lending/tools-resources/seven-signs-of-predatory.html (Zugriff: 29.10.2010)

383 Vgl. Ashcraft, Adam A./Schuermann, Til (2007), S. 77.

des KN, um das Eigentum für eine Immobilie zu erlangen oder zu behalten. Dies geschieht durch vorsätzliche Falschdarstellung persönlicher Eigenschaften bezüglich des Einkommens, der Anstellung, der Kredit-Vergangenheit oder der Quellen der Anzahlung. Fraud for Profit wiederum bezeichnet gemeinsame, illegale Aktionen vom KN und einem Insider, um den Immobilienpreis, ohne Willen zu Erhaltung des Eigentums, künstlich zu erhöhen. Diese Kategorie kann in verschiedenen Formen auftreten:[384]

- Property Flipping: Das wiederholte Verkaufen an Bekannte, um den Preis künstlich durch falsche Bewertungen anzuheben
- Silent Second: Nichterwähnen gegenüber dem erstrangigen KG, dass Kapital für Voranzahlung aus einem anderen Kredit stammt
- Nominee Loans: Verschleierung der wahren Identität des eigentlichen Käufers durch Verwendung des Namens eines Dritten und dessen Kreditvergangenheit (Identität kann fiktiv oder erfunden sein)
- ZwV-Systeme: KN, deren Hyp das Risiko besitzen auszufallen oder deren Hyp bereits in ZwV sind, davon überzeugen, ihr Sicherungsrecht an den KG gegen eine sofort zahlbare Gebühr zu überweisen. Der Betrüger profitiert dabei durch Refinanzierung oder Kassieren der Gebühr
- Equity Skimming: Kauf einer Immobilie durch eine Investition mit Hilfe eines Strohmanns, der keinerlei Hyp-Zahlungen leistet, die Immobilie aber bis zur ZwV vermietet
- Air Loans: beinhaltet einen nicht-existenten Hyp, bei dem ein Broker den KN und die Immobilie frei erfindet, ein Konto für die Zahlungen einrichtet und ein Treuhandkonto hält

BasePoint Analytics zeigt in einer Studie auf, dass 70% aller vorzeitigen Zahlungsausfälle auf betrügerische Falschdarstellungen beim Kreditantrag zurück zu führen waren. In dieser Studie wurden drei Mio. Hyp aus dem Zeitraum 1997 bis 2006 analysiert, wobei der Großteil aus den Jahren 2005 und 2006 stammte. 16.000 Hyp, deren Kreditanträge nachweislich falsche Angaben enthielten und später ausfielen, dienten dabei als Grundlage der Ergebnisse. Hyp-Anträge mit Falschdarstellungen fielen laut ihrer Analyse innerhalb der ersten sechs Monate 5-mal häufiger aus, als herkömmliche Hyp.[385]

---

384 Vgl. Ashcraft, Adam A./Schuermann, Til (2007), S. 78.

385 Vgl. http://www.basepointanalytics.com/newsfiles/NR%20-%20BasePoint%20Finds-%20EPD%20Linked%20to%20Fraud%2002-12-2007.pdf (Zugriff: 29.10.2010)

6.2.2 Reibung zwischen Broker und KG

Die Kompensation für Broker, vor allem bei Subprime- und anderen hochriskanten Hyp, waren derart strukturiert, dass diese keinen Anreiz hatten die risikoärmsten oder kosteneffektivsten Hyp-Produkte für den jeweiligen KN zu identifizieren. Broker wurden durch einmalige Gebühren entlohnt, welche sich an der Kreditsumme und dem Zins-Spread des Hyp (Differenz zwischen gezahlter Zinszahlung des KN und der minimalen Zinsrate des KG für diesen Hyp) orientierte. Dies belohnte Broker Hyp an KN zu vergeben, die eine hohe Kreditsumme und einen hohen Zins aufwiesen.[386] Hyp-Broker nutzten schlecht informierter KN aus, da diese nicht realisierten, dass sie eventuell für einen Hyp qualifiziert wären, der einen geringeren Zinssatz aufweist. Das daraus resultierende höhere Risiko erhöhte jedoch ebenfalls die Wahrscheinlichkeit des Ausfalls. Ebenso beinhalteten die Hyp-Verträge oftmals Kombinationen mit Strafen für vorzeitiges Tilgen des Hyp, was den KG bzw. Investoren den hohen Zins-Spread sichern sollte, indem Refinanzierungen unattraktiver wurden und sie im Falle einer Refinanzierung in ausreichender Höhe kompensiert wurden.

6.2.3 Immobilienwertschätzer-KG und Immobilienwertschätzer-Investor Probleme

Eine der Schlüsselfiguren bei der Vergabe von hochriskanten Hyp ist der Schätzer, der den aktuellen Wert der Immobilie bestimmt. Durch die hohe Volatilität der Immobilienwerte wurde die Genauigkeit der Schätzung immer entscheidender, da Anzahlungen und EK des KN im Haus immer geringer wurden. Schätzer werden normalerweise durch den KG beauftragt. Dies führte dazu, dass der Wettbewerb unter Schätzern immer größer wurde, da nur geringe Markteintrittsbarrieren für diesen Beruf vorlagen und die Kreditvergabe immer konzentrierter wurde. Schätzer wurden somit immer abhängiger von großen Auftraggebern, was dazu führte, dass der Druck von KG, bestimmte Schätzungen zu ihren Gunsten ausfallen zu lassen, immer größer wurde.[387]

Eine Online-Petition professioneller Schätzer aus dem Jahr 2002 thematisierte dieses System der Abhängigkeit und des Drucks durch KG. Die Zahl der Unterschriften stieg auf über 10.000 bis zum Jahr 2008. Eine Umfrage durch October Research unter 500 Schätzern aus 44 Staaten im Jahr 2003 zeigte, dass 55% der Schätzer angaben unter Druck gesetzt zu werden. „*lenders ... apply*

386 Vgl. Immergluck, Dan (2009), S. 101.
387 Vgl. Immergluck, Dan (2009), S. 105.

pressure on appraisers to hit or exceed a predetermined value"[388] (Appraisers' Petition) 25% der Befragten bescheinigten einen derartigen Druck bei der Hälfte ihrer Wertschätzungen. Bei fehlender Kooperation mit dem KG gingen zukünftige Aufträge für den Schätzer verloren oder eben dieses wurde ihm angedroht. Andere KG gingen dazu über, ordnungsgemäße Schätzungen nicht zu bezahlen oder die betreffenden Schätzer auf eine schwarze Liste zu setzen.[389]

6.2.4 KG-Warehouse KG Probleme

Geringe Kapitalisierung einiger Kreditgeber setzte den Zugang zu einer kurzfristigen Finanzierungsquelle voraus. Warehouse-Kreditlinien ermöglichen es KG genügend Hyp zu sammeln, um diese in ausreichender Menge an MBS-Sponsoren verkaufen zu können. Der Warehouse KG verlässt sich dabei auf die Vermögenswerte des KG, als Sicherheit für die Kreditlinie. Fehleinschätzungen bezüglich der sichernden Hyp-Qualität können dazu führen, dass Kapital bereitgestellt wurde, ohne das dies ausreichend gesichert war.[390]

Um dem entgegen zu wirken, schützten sich die Warehouse-KG durch sorgfältige Prüfung der Kreditqualität des Portfolios, Haircuts auf den Wert der Sicherheiten und Credit Spreads. Haircuts waren Wertabschläge auf das Hyp-Portfolio bei der Bereitstellung von Kapital. Gab der KG einen Wert seines Portfolios in Höhe von 10 Mio. $ an, so verringerte sich der Wert des aufzunehmenden Warehouse-Kredits auf 9 Mio. $, was einer Übersicherung von 1 Mio. $ entsprach und eine Sicherheitsmarge für den Warehouse-KG darstellte.[391]

Mit Ausbruch der Subprimekrise mussten viele KG Insolvenz anmelden, da ihnen ihre Warehouse Kredite, aufgrund der Ungewissheit bezüglich der Qualität der Sicherheit, verwehrt wurden. Um Volumen und Marktanteil zu erhöhen, hatten KG einen Anreiz das Risiko ihrer Hyp als geringer anzugeben, wenn sie mit ihrem Warehouse KG über die Höhe ihrer Warehouse Kreditlinie verhandelten. Als die Warehouse KG jedoch annahmen, dass sich die Kreditqualität des KG verschlechterte, stellten sie diesen weniger Kapital zur Verfügung, was für viele die Insolvenz bedeutete.[392] Die Insolvenz von Dutzenden Mono-line KG in der ersten Hälfte des Jahres 2007 gingen auf die Unfähigkeit dieser Unterneh-

388 http://marinrealestatebubble.blogspot.com/2006/07/appraisers-petition-and-appraisal.html (Zugriff: 29.10.2010)
389 Vgl. Immergluck, Dan (2009), S. 105.
390 Vgl. Immergluck, Dan (2009), S. 106.
391 Vgl. Ashcraft, Adam A./Schuermann, Til (2007), S. 11.
392 Vgl. Immergluck, Dan (2009), S. 107.

men zurück, auf die gestiegenen Forderungen der Warehouse-KG bezüglich der Sicherungsunterlegung zu reagieren.[393]

6.2.5 KG-MBS Sponsoren Probleme

Im Zuge des Kaufs von Hyp durch den MBS-Sponsor, muss dessen oberste Priorität die sorgfältige Überprüfung (Due Diligence) der Hyp sein. Diese beinhaltet neben der Überprüfung der finanziellen Angaben ebenso die Überprüfung der Einhaltung der Risikobewertungsstandards, vergangener Entscheidungen des Managements und stichprobenartige Background Checks. Ohne diese Absicherungen bestünde seitens des KG ein Anreiz, mit dem KN zusammen zu arbeiten und Falschangaben bei der Beantragung des Hyp zu machen (Predatory Lending). Ebenso hätte ein Unterlassen der Due Diligence dazu geführt, dass der KN den KG dazu veranlasst ihm mehr zu leihen, als ihm gemäß ordnungsgemäßer Risikobewertung zugestanden hätte. Dies hätte in Absprache mit dem KG oder durch Betrug von Seiten des KN geschehen können (predatory borrowing).[394]

Da der KG mehr Informationen bezüglich der wahren Qualität der Kredite hatte, als die Sponsoren, die diese kauften, bestand das Problem asymmetrischer Informationen. Dieses Problem war besonders dann ausgeprägt, wenn KG einen Teil der Hyp verkauften und einen anderen Teil im eigenen Portfolio hielten. Für sie bestand ein Anreiz, Hyp mit geringerer Qualität weiter zu geben und nur jene mit guter Qualität zu halten. Diesem Problem der Adverse Selection konnte der Sponsor nur durch zusätzlichen Rechercheaufwand aufdecken, was jedoch seinen Profit senken würde. Eine genauere Einschätzung des Ausfallrisikos von Seiten des KG würde ebenso dessen Profit verringern, weshalb dieser solche Maßnahmen nur selten vornimmt.[395]

Keys u.a. zeigten durch eine Untersuchung von mehr als zwei Mio. Subprime-Hyp für den Hauskauf aus den Jahren 2001 bis 2006, dass Hyp mit unzureichender Dokumentation, welche häufiger verbrieft wurden, 10-25% häufiger ausfielen, als Hyp, die weniger häufig verbrieft wurden. Dieses Ergebnis hatte selbst nach der Kontrolle verschiedener Hyp-Arten, KG und KN Eigenschaften Bestand. Verbriefte Hyp mit geringer Dokumentation waren immer riskanter als Hyp mit geringer Dokumentation, welche im eigenen Portfolio des KG gehalten

393 Vgl. Ashcraft, Adam A./Schuermann, Til (2007), S. 11.
394 Vgl. Ashcraft, Adam A./Schuermann, Til (2007), S. 10.
395 Vgl. Immergluck, Dan (2009), S. 107.

wurden.[396] Die Verbriefung von Subprime-Hyp mit geringer Dokumentation führte somit zu einer Lockerung des Prüfverhaltens der Kreditqualität.

Als Gründe dafür kann man unter anderem das Problem des „no skin in the game" der KG und die „holder in due course" Doktrin ansehen. Diese Doktrin schützt den Käufer des Wertpapiers und die Investoren vor einer möglichen Verantwortung bei illegalen Aktivitäten, welche durch Broker oder KG begangen wurden. Je mehr Informationen sie verlangen, desto eher setzten sie sich der Gefahr der Teilschuld aus, da sie dadurch genügend Informationen besessen hätten und dies den Endabnehmern hätten mitteilen müssen. Es bestand also ein Anreiz für Sponsoren und Investoren nicht zu viel Informationen von den KG einzuholen.[397]

Um die oben genannten Probleme zu minimieren, vergab der KG dem Sponsoren in der Regel ein Anzahl an Zusicherungen und Gewährleistungen (representations and warranties) in Bezug auf die Qualität des KN und des eigenen Risikobewertungsprozesses. Ein Verstoß gegen die Gewährleistungen zog typischerweise eine Rückkaufverpflichtung der beanstandeten Hyp durch den KG nach sich. Zu einer wirklichen Minimierung des Problems kam es jedoch nur dann, wenn der KG mit genügend Kapital ausgestattet war, um den Verbindlichkeiten im Fall einer Verletzung der vertraglichen Pflichten auch entsprechen konnte. Viele KG waren jedoch mit so wenig Kapital ausgestattet, dass im Fall einer Insolvenz der Sponsor lediglich wertlose Gewährleistungen besaß. Diese Friktion vergrößerte sich sogar noch, wenn der Sponsor seine regelmäßigen Überprüfungen unterließ und den KG somit die Möglichkeit zum Hyp-Betrug erst eröffnete.[398]

Als Lösung für das Problem der „holder in due course" Doktrin könnte man zur Assignee Liability übergehen. Diese würde eine rechtliche Verfolgung von Käufern und Investoren der Hyp ermöglichen, wenn es im Laufe der Wertschöpfungskette zu illegalen oder missbräuchlichen Aktivitäten gekommen ist, die die Kreditqualität beeinflusst haben. Die daraus entstehende Möglichkeit der Haftungspflicht, sowohl für vorrangige als auch nachrangige Akteure der Wertschöpfungskette könnte zu einer Senkung von Transaktionsproblemen führen, da ein rechtliches Risiko zu mehr Qualitätskontrolle und dem Einholen von zusätzlichen relevanten Informationen führen würde.[399] Die Einführung der As-

396 Vgl. Keys, Benjamin J. u.a. (2008), S. 28.
397 Vgl. Immergluck, Dan (2009), S. 108.
398 Vgl. Ashcraft, Adam A./Schuermann, Til (2007), S. 11.
399 Vgl. Immergluck, Dan (2009), S. 108.

signee Liability wurde zwar schon häufig vorgeschlagen, aber deren Umsetzung blieb bisher auf Druck der KG und Verbriefungsgesellschaften aus.[400]

6.2.6 Emittent-Investor- und Emittent-Rating-Agenturen-Probleme

Die Interaktion zwischen diesen Gruppen hinkte ebenfalls aufgrund von asymmetrischen Informationen. Wie auch die KG in der Wertschöpfungskette vor ihnen, besaßen die Emittenten ein Anreiz einen entscheidenden Teil der relevanten Infos zu verschleiern und das Risiko geringer darzustellen, als es der Wirklichkeit entsprach. Der Emittent hätte wissen können, dass ein Großteil der verbrieften Hyp von Brokern kamen, die Abschlüsse nur aufgrund von hohem Druck auf die KN erhielten oder die die KN dazu anhielten Fehlangaben bei auf dem Kreditantrag bezüglich ihres Einkommen und anderer entscheidender Eigenschaften zu machen. Das Fortschreiten auf der Kreditwertschöpfungskette und die Komplexität strukturierter Produkte führt jedoch dazu, dass immer mehr relevante Informationen untergehen, oder absichtlich verschleiert werden. Investoren wiederum verließen sich zu sehr auf die Risikoeinschätzungen der Kreditagenturen und minimierten daraufhin ihre eigenen Risikountersuchungen, obwohl der Rating-Prozess ebenfalls gravierende Interessenkonflikte aufwies.[401]

6.2.7 Rating Agenturen-Investoren Probleme

RA besaßen einen Anreiz das zugrunde liegende Risiko als geringer darzustellen, da sie von den Emittenten entlohnt wurden und nicht von den Investoren. Da sie nur dann Aufträge und insbesondere Folgeaufträge bekamen, wenn sie vorher festgelegte Ratings lieferten, konnten die großen Emittenten, aufgrund ihrer Marktmacht, welche auf der hohen Konzentration und Dominanz dieser Branche basierte, hohen Druck auf RA ausüben.[402]

Ebenso basierten die Ratings der RA auf einem ungleichen Wissenstand bezüglich der Qualität der KG und des Emittenten, was dazu führte, dass Emittenten und KG bezüglich der Qualität der Hyp besser informiert waren, als die RA, welche das Risiko der MBS für die Investoren bestimmen sollten. Folglich entstand das Problem der Adverse Selection.[403]

400 Vgl. Immergluck, Dan (2009), S. 108.
401 Vgl. Immergluck, Dan (2009), S. 108-109.
402 Vgl. Immergluck, Dan (2009), S. 109.
403 Vgl. Ashcraft, Adam A./Schuermann, Til (2007), S. 12.

Als Lösung für diese Probleme gab es Auswege in Form des Rufs der CRA und der öffentlichen Bekanntgabe der Kriterien für Ratings und Rating-Herabstufungen. Da das das gesamte Geschäftsmodell der RA auf dem Ruf der Agenturen aufbaut, wäre ein Verlust des guten Rufes, durch falsche Ratings, um mehr Einkommen zu generieren, normalerweise mit dem Rückgang der Folgeaufträge gleich zu setzen.[404] Da der Markt der RA jedoch sehr klein war und diese von den Emittenten beauftragt wurden, welche ein Interesse an falschen Ratings hatten, ging diese Überlegung der Abschreckung nicht auf.

6.2.8 Investoren-SekM bzw. CDO-Investoren-Probleme

CDO-Emittenten waren häufig die entscheidenden Investoren der unteren MBS Tranchen. Adelson und Jacob stellten sogar fest, dass ihre Macht nach 2004 so groß wurde, dass sie andere Investoren verdrängten. Mason und Rosen wiesen nach, dass CDO 133 Mrd. $ 2004 und 140 Mrd. $ 2005 in Tranchen geringer Qualität investierten, um ihre CDO zu kreieren. Somit kauften sie 2005 fast alle unteren MBS-Tranchen auf. CDO, welche eigentlich aus einer Vielfalt an Anleihen bestehen sollten, veränderten im Laufe der Zeit jedoch ihre Zusammensetzung. So wuchs der Anteil von Subprime-MBS immer weiter. Der Bericht einer RA an SEC zeigte, dass der Anteil von Subprime-MBS in CDO von 43% im Jahr 2003 auf 71% im Jahr 2006 gestiegen war. Dies zeigt, dass CDO-Emittenten ihre Risikoüberlegungen bezüglich der MBS-Tranchen immer mehr vernachlässigten und somit den Risikoappetit des Marktes nährten. Da CDO höhere Ratings erhielten, welche nicht ihr wahres Risiko abbildeten, konnten die Investment-Kriterien der CDO Investoren befriedigt werden, deren wahres Risiko jedoch weitaus höher war.[405]

6.2.9 Reibung zwischen Service-Unternehmen und KN

Service-Unternehmen wurden von ZwG beauftragt, um folgende Funktionen auszuführen:[406]

- Sammlung der Hyp-Zahlungen
- Leistung von Vorauszahlungen von bisher nicht gezahlten Zinszahlungen durch den KN an das SPV
- Verrechnung von Tilgungs- und Zinszahlungen

404 Vgl. Ashcraft, Adam A./Schuermann, Til (2007), S. 16.
405 Vgl. Immergluck, Dan (2009), S. 110.
406 Vgl. Ashcraft, Adam A./Schuermann, Til (2007), S. 12.

- Kundenservice für den KN
- Halten eines Treuhandkontos bzgl. der Steuern und Versicherungszahlungen
- Kontaktierung von säumigen KN
- Überwachung des ZwV-Prozesses und der Übertragung des Eigentums

Im Ausgleich wurden sie von der ZwG durch die Zahlung einer periodischen Gebühr entlohnt. Da das (nicht beobachtbare) Verhalten des KN den Cash Flow veränderte, der wiederum mit dem Servicers geteilt wurde, handelte der Servicer im Interesse der Investoren, wenn er die Verluste durch bestmögliche Verwaltung der säumigen Hyp minimierte. Da der KN am Risiko für den Cash Flow unbeteiligt war, galt es nicht nur dessen Verhalten, sondern auch das Verhalten des Servicers, so gut wie möglich zu überwachen und mit denen der Investoren in Einklang zu bringen. Während der Kreditlaufzeit kann es zu folgenden Problemen kommen:[407]

- KN deren Zahlungen bereits ausfallen, werden ebenfalls keine Beträge für Versicherung und Besitzsteuern leisten oder die Immobilie instand halten
- Säumige Steuern können zu teuren Pfandrechten auf die Immobilie führen, was die Kosten des Investors bei einer späteren ZwV weiter erhöhen
- Säumige Versicherungszahlungen können zum Erlöschen der Sicherung führen, was zu deutlichen Verlusten für den Investor führen kann
- Fehlende Instandhaltung durch den KN erhöht Kosten für Investitionen nach ZwV, da der Verkaufspreis eventuell gesenkt werden muss. Da der KN wenig Interesse an der Erhaltung seiner Immobilie hat, die kurz vor der ZwV stehen, können hier hohe Kosten entstehen.

Als Lösung für diese Probleme wird vom Servicer ein periodisches Vorstrecken der Versicherungs- und Steuerzahlungen verlangt. Bei Säumnis durch den KN ist der Servicer dazu verspflichtet diese Zahlungen im Namen des Investors zu leisten. Zur Vermeidung von Verlusten durch fehlende Instandhaltung, wird eine zügige Durchführung der ZwV angeraten, wenn ersichtlich ist, dass Zahlungen uneinbringlich sind. Problematisch ist jedoch, dass diese Möglichkeit durch verschiedene Gesetze begrenzt wird: Real Estate Settlement Procedures Act, Fair Debt Collection Practices Act and State Deceptive Trade Practices Statutes.[408]

---

407 Vgl. Ashcraft, Adam A./Schuermann, Til (2007), S. 12.

408 Vgl. Ashcraft, Adam A./Schuermann, Til (2007), S. 13.

6.2.10 New Century Financial und die Probleme des Wholesale-Vertriebs

Um die Probleme der Subprime-Hyp-Vergabe und die Beweggründe verstehen zu können, welche zur größten Subprimekrise der USA seit der Großen Depression von 1929 führten, ist es hilfreiche das Geschäftsmodell eines der größten Subprime-Wholesaler vor Ausbruch der Subprimekrise im Detail zu betrachten. New Century Financial (NCF) galt bis zu deren Ausbruch als Musterbeispiel der zweiten Subprime-Welle und gibt somit am besten Aufschluss darüber, welche Probleme die Industrie zu meistern hatte und wie diese durch falsche Anreize sogar noch weiter verschärft wurden bzw. wie diese vernachlässigt wurden.[409]

In den Jahren 2005 und 2006 rangierte NCF unter den Top 3 der Subprime-KG in den USA. Das enorme Wachstum der Kreditvergabe und –kauf begann 2001 bei knapp über sechs Mrd. $ und wuchs bis 2005 auf 56 Mrd. $ an. Im Vergleich zu dieser Verneunfachung der Kreditvergabe, wuchs die gesamte Subprime-Industrie in derselben Zeitspanne lediglich auf das 3,6-fache, von 173 Mrd. $ auf 620 Mrd. $. NCF trat vornehmlich als Wholesale-KG, wobei 85% der Hyp durch ein nationales Netz aus 50.000 Brokern und Korrespondenten erworben wurden.[410]

Die Daten der letzten drei Jahre von NCF zeigen, dass die von ihnen vergebenen Hyp zum Großteil aus Hauskäufen und Refinanzierungen bestanden, welche zu mehr als 70% ARM mit geringen anfänglichen „teaser rates“ waren und ein beachtlicher Teil (2005: 25%) dieser IO darstellten.[411] Neben diesen erhöhte NCF sein Risikoverhalten in den letzten Jahren systematisch und steigerte sich in den letzten Monaten in ein sogenanntes „gambling for resurrection“, mit dem sie hofften sich selbst aus der Subprimekrise heraus zu helfen. So war ein Großteil der gekauften Refinanzierungen Cash-Out-Refinanzierungen. Bis 2004 stieg deren Anteil auf 59% aller vergebenen Hyp an, um daraufhin bis Ende 2006 wieder auf 45% zu sinken. Neben Refinanzierungen ging NCF dazu über risiko- aber auch ertragreiche Subprime-Kreditkäufe zu erwerben. Diese bestanden zu mehr als 40% aus Stated-Income-Hyp („Liar Loans“) bzw. Hyp mit geringer Dokumentation, welche eigentlich nur für Selbständige gedacht waren, die keinen Lohnnachweis erbringen können oder wollten, nicht jedoch für die breite Masse der KN.[412] Eine weitere risikoreiche Hyp-Klasse stellten die 80/20-Piggyback-Hyp dar. Der Anteil am Portfolio von NCF stieg von weniger als 10% im Jahr 2003 auf mehr als 35% Ende 2005 an. Diese riskanten Eigenschaf-

409 Vgl. Immergluck, Dan (2009), S. 123.
410 Vgl. Immergluck, Dan (2009), S. 124.
411 Vgl. Immergluck, Dan (2009), S. 125.
412 Vgl. Missal, Michael J. (2008), S. 3.

ten von Hyp wurden meist mit anderen Eigenschaften gemixt und in einem Hyp gemeinsam strukturiert. Dies führte jedoch nicht zu einer Addition des zugrunde liegenden Risikos, sondern zu einer Multiplikation der Risiken. So machten IO, 80/20, Stated-Income-Hyp im Oktober 2004 3% aller Kreditvergaben von NCF aus.[413]

Um dieses Geschäftsmodell zu finanzieren nutzte NCF mehr als ein Dutzend verschiedene Warehouse KG, wie Geschäftsbanken und Investmentbanken. Diese riskante Finanzierungsquelle führte im Jahr 2007 schließlich zum Bankrott von NCF, als Anfang 2007 die ersten Margin Calls der Warehouse KG kamen, welche zur Unterlegung ihrer Kreditlinien höhere Sicherungsunterlegungen forderten, die NCF nicht mehr zu leisten im Stande war.[414]

Obwohl NCF einen Teil seiner Hyp verbriefte, verkaufte es jedoch den Großteil seiner Hyp an Investoren, die wiederum die Verbriefung selbständig durchführten. Wenn Hyp nicht den Anforderungen der Käufer entsprachen, wobei die Überprüfungen meist anhand von Stichproben durchgeführt wurden, wurden sie in neue Pools gepackt und anderen Kunden erneut angeboten. Die gegebenen Zusicherungen und Gewährleistungen hätten NCF mit Sicherheit zum erneuten Rückkauf gezwungen, wenn sie nicht bereits so früh Insolvenz angemeldet hätten.[415]

Erste Anzeichen der sinkenden Kreditqualität durch zusätzliche Riskokomponenten, wie low-doc, IO, 80/20 oder die Kombination aus diesen, wurde bereits im Jahr 2003 nicht nur von Mitarbeitern von NCF sondern auch von deren Investoren bemerkt. Der industrieweiten Fixierung auf die Steigerung der Kreditvergabe, welche auch für prime KG wie Citifinancial Mortgage als oberste Prämisse galt:

> *"There was significant corporate emphasis placed upon the need for growth and market share for Real Estate Lending"*[416]

Auch bei NCF wurde diese Maxime jeder Geschäftsentscheidung zugrunde gelegt.

> *„It was clear that the Front-end (Production) ruled because they were bringing in the revenue. The only time the back end, specifically Risk Management had any teeth was when fraud was proven. If fraud was proven, the loan was locked and declined. If there was no physical proof for fraud, it became a business decision whereby the sale managers had the final say whether the loan would proceed or not."*[417]

---

413 Vgl. Immergluck, Dan (2009), S. 126.
414 Vgl. Immergluck, Dan (2009), S. 127.
415 Vgl. Immergluck, Dan (2009), S. 127.
416 Vgl. Bowen III., Richard M. (2010), S. 3.
417 Lindsay, Patricia (2010), S. 4.

Innerhalb von NCF galt die Kreditvergabe-Abteilung als Zugpferd, deren Entscheidungen sich die anderen Abteilungen unterordnen mussten.[418]

> *„New Century's former Chief Credit Officer noted 2004 that the Company had "no standard for loan quality". Instead of foCUing on whether borrowers could meet their obligations under the term of mortgages, a number of the Board of Directors and Senior Management told the Examiner that their predominant standard for loan quality was whether the loans New Century originated could be initially sold or securitized in the second market."*[419]

Eine interne Überprüfung der Kreditqualität kam zu dem Schluss, dass beinahe 25% aller Hyp „*severe underwriting errors*" hatten.[420] Die sinkende Kreditqualität blieb den Kunden von NCF ebenfalls nicht verborgen, was dazu führte, dass viel gekaufte Hyp von NCF ab 2004 zurück gekauft werden mussten, da wichtige Dokumentationen fehlten oder andere Zusicherungen und Gewährleistungen nicht eingehalten werden konnten.[421] New Century investierte jedoch weder in die notwendige Technik, Systeme noch in Personal, um mit dem Wachstum des Unternehmens Schritt halten zu können und eventuelle Probleme minimieren zu können.[422]

Ein wichtiger Indikator für Kreditqualität ist der Anteil der Hyp, bei denen eine oder mehrere Zahlungen der KN innerhalb der ersten drei Monate ausfallen (early payment default (EPD)). Bei so frühem Ausfall ist die Wahrscheinlichkeit hoch, dass der Hyp von KN nicht finanzierbar ist und eine ZwV ansteht. Der Rückgang der Immobilienpreissteigerungen und das Ansteigen der Zinssätze hatten auf die Kreditvergabe von NCF negative Auswirkungen.[423] So stieg der Anteil der EPD bei NCF ab 2004 bis Ende 2006 von 4% auf ca. 17% an.[424]

Anstatt auf die wachsenden Probleme zu reagieren, war das Management von NCF davon überzeugt, dass ein steigendes Volumen der Kreditvergabe und ein steigender Marktanteil von alleinigem Interesse waren und eine Verbesserung der Standards zum Rückgang beider führen würde. Da das Management und die Mitarbeiter von NCF für hohes Kreditvergabe-Volumen entlohnt wurden, reagierten diese ablehnend auf Hinweise der Qualitätssicherung, da eine Steigerung der Kreditqualität mit einem Steigen der Kosten sowie einem Sinken der Kreditvergabe einhergehen würde, was wiederum ihre Bonuszahlungen der Mitarbeiter senken würde. Das Management war somit lediglich auf die Sen-

---

418 Vgl. Missal, Michael J. (2008), S. 3.
419 Missal, Michael J. (2008), S. 4.
420 Vgl. Immergluck, Dan (2009), S. 127.
421 Vgl. Missal, Michael J. (2008), S. 5.
422 Vgl. Missal, Michael J. (2008), S. 5.
423 Vgl. Missal, Michael J. (2008), S. 4.
424 Vgl. Immergluck, Dan (2009), S. 128.

kung der Kosten pro Hyp erpicht, um das Kreditvergabe-Volumen zu maximieren, obwohl die Anzeichen für drastisch sinkende Kreditqualität bereits sichtbar waren.[425]

NCF war nicht der einzige KG, dessen Wholesale Hyp-Vergabe große Probleme mit sich brachte. So übernahm die Bank of America im Jahr 2008 mit Countrywide Financial Corporation einen der größten KG der USA, dessen Wholesale Vertriebskanal im Jahr 2010 geschlossen wurde. Weitere KG, wie Wells Fargo und JP Morgan Chase stiegen ebenso aus diesem Vertriebskanal aus, da ein direkter Kontakt zum KN angestrebt wird. Dies soll schlussendlich die Kreditqualität erhöhen, da die Überprüfung der Kreditqualität nun durch den eigenen Retail oder durch ausgewählte und stärker überwachte Korrespondenz-KG erfolgen soll.

6.3 Vor- und Nachteile der Verbriefung

Bei der Beurteilung der Originate-to-Distribute Strategie wird in der Folge vor allem auf die Vor- und Nachteile eingegangen, welche aufgrund der Verbriefung von Hyp entstanden. Da der Vertrieb von Hyp bei dieser Strategie mit der Absicht der späteren Weiterreichung an verbriefende ZwG geschah, ist eine genaue Betrachtung des Einflusses dieser Art der Finanzierung des HypM von außerordentlicher Wichtigkeit und zeigt neben den Vorteilen auch die Probleme dieser Strategie für den gesamten HypM auf.

6.3.1 Theoretische Überlegungen

Verbriefung wird als innovative Möglichkeit angesehen, die Finanzierungskosten zu senken und mehrere Kreditquellen einzubeziehen, um das Risiko zu diversifizieren. Ebenso ermöglicht die Verbriefung, das Risiko effizient zwischen vielen Investoren aufzuteilen, was dazu führt, dass Informationsasymmetrien (theoretisch) minimiert werden.[426]

Greenbaum und Thaktor (1987) liefern einen theoretischen Rahmen, welcher erklärt, unter welchen Umständen Banken eine Einlagenfinanzierung bzw. die Verbriefung bevorzugen.[427] Im theoretischen Fall symmetrischer Informationen, bezüglich der Auszahlungsverteilung des KNs und ohne staatliche Interventionen, sind Banken ihrem Modell nach indifferent zwischen beiden Finan-

425 Vgl. Immergluck, Dan (2009), S. 129-130.
426 Vgl. Sabry, Faten/Okongwu, Chudozie (2009), S. 35.
427 Vgl. Sabry, Faten/Okongwu, Chudozie (2009), S. 35.

zierungsformen.[428] Unter asymmetrischen Informationen bevorzugen Banken, unter der Voraussetzung, dass es zu keinerlei staatlichen Eingriffen kommt, die Verbriefung für besseren Vermögenswerte und die Einlagenfinanzierung für jene schlechterer Qualität. Sie argumentieren, dass staatliche Eingriffe, wie geringe EK-Bestimmungen und hohe Subventionen zu einer Einlagenfinanzierung führen würden, unabhängig von der Kreditwürdigkeit des KN. Die Bevorzugung der Verbriefung würde erst bei geringen Informationsverarbeitungskosten oder dem Hinzufügen von Credit Enhancements, wie Versicherern, erreicht werden.[429] In einem unregulierten Umfeld mit Informationsasymmetrien würden Banken und Thrifts ihrer Meinung nach sowohl Einlagen als auch die Verbriefung verwenden. Einlagensichungen, Subventionen und steuerliche Vorteile machten die Einlagenfinanzierung für sie jedoch über viele Jahrzehnte hinweg interessanter. Ein Auslaufen jener Subventionen führte ihrer Meinung nach Ende der 1980er Jahre jedoch zu einem Wandel der Industrie hin zur Verbriefung.[430] Ebenso sanken die Informationskosten durch technologische Weiterentwicklungen, was die Attraktivität der Verbriefung weiter erhöhte.[431]

Schwarcz (1994) zeigt auf, warum Verbriefung es vielen Unternehmen erlaubt, Kapital zu geringeren Kosten aufzunehmen als durch Darlehen oder EK.[432] Diese geringeren Kosten können an den KG in Form von höheren Kaufpreisen für die Hyp weiter gereicht werden.[433] Da eine Darlehensfinanzierung von dem Rating abhängt, welche wiederum von der Kreditqualität der ZwG abhängt, ist die Kreditaufnahme für Institute mit schlechtem Rating teurer, da sie Credit Enhancement hinzufügen oder ihre Kuponzahlung erhöhen müssen. Verbriefung erlaubt diesen Instituten einen Transfer der Hyp zu ZwG, welche Anleihen emittieren können, die allein von der Kreditqualität des Pools und der Höhe des Credit Enhancements abhängt. Sponsoren mit geringem Rating werden die Verbriefung als Finanzierungsmöglichkeit folglich vorziehen, da sie die günstigere Form der Kapitalbeschaffung darstellt.[434] Ebenso stellt sie eine Möglichkeit des Zugangs zu den Kapitalmärkten für Firmen dar, welche normalerweise keinen Zugang zu diesem hätten.[435]

Hill (1996) diskutiert die Vorteile der Verbriefung in einem Modigliani/Miller Rahmen. Da laut Modigliani/Miller die Kapitalstruktur eines Unter-

---

428 Vgl. Greenbaum, Stuart I./Thaktor, Anjan V. (1987), S. 395.
429 Vgl. Greenbaum, Stuart I./Thaktor, Anjan V. (1987), S. 396.
430 Vgl. Greenbaum, Stuart I./Thaktor, Anjan V. (1987), S. 396.
431 Vgl. Greenbaum, Stuart I./Thaktor, Anjan V. (1987), S. 397.
432 Vgl. Sabry, Faten/Okongwu, Chudozie (2009), S. 36.
433 Vgl. Schwarcz, Steven L. (1994), S. 136.
434 Vgl. Schwarcz, Steven L. (1994), S. 136.
435 Vgl. Schwarcz, Steven L. (1994), S. 151.

nehmens keinen Effekt auf den dessen Wert hat, sollte es in einem perfekten Markt eigentlich keinen Anreiz zur Verbriefung geben.[436] Hill findet jedoch zwei Vorteile, die aus der Verbriefung entspringen können:

1. Senkung der Informationskosten für Verkäufer und Investoren von Wertpapieren, was zu einer Verringerung des Lemon-Problems führen kann. Durch Skaleneffekte und eine Standardisierung des Prozesses der Informationsvermittlung, senkt die Verbriefung die Kosten der Bank, bezüglich der Mitteilung, dass es sich bei ihren Wertpapieren nicht um Lemons handelt. Firmen, welche unter Informationsasymmetrien leiden, indem sie bspw. nur beschränkten Zugang zu öffentlichen Informationen haben oder sich in einer angespannten finanziellen Lage befinden, würden von der Verbriefung profitieren.[437]
2. Die Verbriefung könnte dazu beitragen, die Agenten- und regulatorischen EK-Kosten eines Unternehmens zu senken. Durch Spezialisierung der Kreditvergabe und des Service würden die damit in Verbindung stehenden Informationskosten sinken. Diese beiden Vorteile scheinen ihrer Meinung nach für Lemon-Unternehmen größer zu sein, als für andere.[438]

Gorton und Souleles (2005) zeigen auf, dass einer der Hauptgründe für die Verwendung von ZwG die Reduzierung der Insolvenzkosten darstellt, da ZwG von Rückgriffsrechten des Sponsors infolge der Insolvenz abgeschottet sind.[439] Demzufolge würden Investoren keinen Risikoaufschlag, welcher erwartete Insolvenzkosten reflektiert, für die von ihnen vergeben Darlehen verlangen.[440] Unternehmen mit einem höheren Insolvenzrisiko werden eher die Form der Verbriefung zur Finanzierung verwenden.[441]

6.3.2 Empirische Studien

Im Gegensatz zu den vorangegangenen theoretischen Überlegungen, basieren die Ergebnisse der nachfolgenden Studien auf empirischen Daten, welche mit Hilfe von eigenständigen Modellen oder Regressionsanalysen aufgearbeitet und untersucht werden. Dabei wird versucht eine möglichst hohe Anzahl an Studien und Meinungen zu den verschiedenen Vor- und Nachteilen dazustellen, um die

436 Vgl. Sabry, Faten/Okongwu, Chudozie (2009), S. 36.
437 Vgl. Hill, Claire A. (1996), S. 1086-1089.
438 Vgl. Hill, Claire A. (1996), S. 1105.
439 Vgl. Gorton, Gary/Souleles, Nicholas S. (2005), S. 557.
440 Vgl. Gorton, Gary/Souleles, Nicholas S. (2005), S. 552.
441 Vgl. Sabry, Faten/Okongwu, Chudozie (2009), S. 37.

Vielschichtigkeit und die teilweise konträren Meinungen verschiedener Autoren zu den einzelnen Aspekten abzubilden.

6.3.2.1 Senkung der Kreditkosten

Eine der wichtigsten Fragen bzgl. des Nutzens der Verbriefung stellt die Reduzierung der Kosten der Kreditaufnahme für den KN dar und somit auf die Senkung der Zinssätze des HypM. Theoretisch erhöht die Verbriefung das Kreditangebot, was wiederum die Zinssätze senkt. Im Folgenden werden verschiedene Studien vorgestellt, die den Einfluss quantifizieren sollen, den verschiedene Marktakteure des SekM auf die Zinssätze und Zins-Spreads verschiedener Segmente des US-amerikanischen HypM hatten.

Black, Garbade und Silber (1981) stellen anhand ihrer empirischen Analyse monatlicher Daten aus den Jahren 1971-1978 dar, dass ein inverser Zusammenhang zwischen dem Volumen der Verbriefung und dem Zinssatz besteht. So wird deutlich, dass eine Ausweitung der GNMA-Aktivität in Höhe von 10 Mrd. $ zu einer Reduktion des FHA-Zinssatzes in Höhe von 16 Basispunkten führte.[442]

In einer Untersuchung der monatlichen SekM-Aktivität der GSE aus den Jahren 1993-2005 in Bezug auf deren Porfoliokäufe und deren Einfluss auf PrimM- und SekM-Zins-Spreads kommen Lehnert, Passmore und Sherlund (2007) zu dem Schluss, dass der Einfluss dieser Maßnahmen sowohl kurz- als auch langfristig als nicht signifikant anzusehen sind.[443] Portfoliokäufe der GSE können somit lediglich zur Stabilisierung des Marktes bei Finanzmarktschocks fungieren, indem sie die Auswirkungen dieser auf die Hyp-Zinsen und somit auf die KN limitieren.[444]

Kolari, Fraser und Anari (1998) untersuchen den Effekt, den die Verbriefung auf die Zins-Spreads des PrimM im Zeitraum 1985-1995 hatte, als die Verbriefung zur dominierenden Finanzierungsquelle des HypM wurde.[445] Sie zeigen auf, dass eine 10% Steigerung der verbrieften Hyp an der gesamten Kreditvergabe eine Senkung des Zins-Spreads von Hyp um 20 Basispunkte bewirkte.[446]

Hendershott und Shilling (1989) untersuchten den Einfluss der Verbriefung auf die Kosten der Kreditaufnahme konventioneller FRM im Staat Kalifornien in den Jahren 1978 bis 1986. Obwohl die Analyse nur auf einen einzelnen Staat beschränkt ist, besitzt sie dennoch eine hohe Aussagekraft, da in Kalifornien im

442 Vgl. Black, Deborah G./ Garbade, Kenneth D./Silber, William L. (1981), S. 458.

443 Vgl. Lehnert, Andreas/Passmore, Wayne/Sherlund, Shane M. (2007), S. 345.

444 Vgl. Lehnert, Andreas/Passmore, Wayne/Sherlund, Shane M. (2007), S. 344.

445 Vgl. Sabry, Faten/Okongwu, Chudozie (2009), S. 38.

446 Vgl. Kolari, James W., /Fraser, Donald R./Anari, Ali (1998), S. 690.

Jahr 1986 ¼ aller FRM und ½ aller Jumbo-Hyp vergeben wurden. Ihren Untersuchen zufolge senkten die GSE-Aktivitäten auf dem SekM den Zins-Spread von Conforming-Hyp gegenüber Jumbo-Hyp um 30 Basispunkte.[447] Die Studie zeigt somit, dass die GSE die Liquidität des Marktes für Conforming-Hyp erhöhte, was wiederum die Zinssätze für die KN in diesem Segment reduzierte und sich positiv auf die Eigenheimquote auswirkte.[448]

Eine Quantifizierung des Finanzierungsvorteils der GSE durch das Congressional Budget Office (2001) kam zu dem Schluss, dass der Zins-Spread von Wertpapieren der GSE zu Private-Label Wertpapieren im Zeitraum 1995-2000 landesweit 41 Basispunkte betrug.[449] Davon gaben die GSE 25 Basispunkte in Form von geringeren Zinsen an die KN weiter und behielten 16 Basispunkte als Erlös ein.[450]

Naranjo und Toevs (2002) analysieren den Effekt von Fannie Mae Käufen und der Verbriefung von Seiten der GSE auf den Zins-Spread von Concorming- und Non-Confoming Hyp in Relation zu 10-jährigen Staatsanleihen. Dabei bestimmen sie ebenso den Zins-Spread von Jumbo-Confoming-Hyp.[451] Sie zeigten auf, dass sowohl die zunehmenden Käufe, als auch die zunehmende Verbriefung von Seiten der GSE den Zins-Spread für Conforming als auch für Non-Conforming-Hyp senkte und ebenso deren Volatilität, was eine Stabilisierung der Hyp-Zinssätze bewirkte[452] Auf Grundlage ihrer empirischen Analyse monatlicher Daten aus den Jahre 1986-1998 kommen sie zu dem Ergebnis, dass eine Steigerung der Käufe von Seiten Fannie Mae´s um 10% zu einer Senkung des conforming Spreads gegenüber 10-jährigen Staatsanleihen in Höhe von 17 Basispunkte führte. Eine Ausweitung der Verbriefungsaktivität von Seiten der GSE um 10% senkt ihrer Analyse nach den Zins-Spread um 35 Basispunkte. Neben dem Einfluss auf den confoming Markt zeigen sie ebenso somit auf, dass die SekM-Aktivität der GSE nicht nur eine Senkung der Zinssätze für Conforming-Hyp nach sich zog, sondern auch für Non-Conforming-Hyp, da KG den Conforming-Markt als Hedge für ihre Non-Conforming-Aktivitäten nutzten. Eine Ausweitung der Käufe bzw. der Verbriefung senkte den Zins-Spread zwischen Non-Confoming und dem Zins für Staatsanleihen um 8 bzw. 19 Basispunkte.[453]

Sabry und Okongwu (2009) kommen ähnlich wie Kolari u.a. (1998) zu dem Schluss, dass eine Ausdehnung der Verbriefung um 10%, als Anteil an der Kre-

447 Vgl. Hendershott, Patric H./Shilling James D. (1989), S. 112.
448 Vgl. Hendershott, Patric H./Shilling James D. (1989), S. 114.
449 Vgl. Congressional Budget Office (2001), S. 19.
450 Vgl. Congressional Budget Office (2001), S. 22.
451 Vgl. Sabry, Faten/Okongwu, Chudozie (2009), S. 43.
452 Vgl. Naranjo, Andy/Toevs, Alden. (2002), S. 190.
453 Vgl. Naranjo, Andy/Toevs, Alden. (2002), S. 190.

ditvergabe, zu einer Senkung des Conforming-Hyp-Zins-Spreads von 15 Basispunkten in den Jahren 1986-1997 führte.[454] Für den Zeitraum 1999-2006 kommen ihre Analysen zu dem Schluss, dass eine Erhöhung des Verbriefungsanteils um 10% zur Senkung der Subprime Zinsen um 24-38 Basispunkte führte und eine Senkung der Zinsen für Jumbo-Hyp um 4-12 Basispunkte bewirkte.[455] In einer ähnlichen Untersuchung wie der von Naranjo und Toevs (2002) kommen diese zu dem Schluss, dass es, in dem von ihnen betrachteten Zeitraum von 1999-2006, keinen statistisch signifikanten Effekt der Verbriefung auf den Zins-Spread zwischen Non-Conforming- und Conforming-Hyp kam.[456] Die inverse Relation zwischen dem Anteil der Verbriefung und den Hyp-Zins-Spreads zeigte sich, mit Ausnahme von konventionellen Conforming-Hyp, auch nach Ausbruch der Subprimekrise zwischen Januar und September 2007, als die Verbriefung von Subprime-Hyp auf 0% fiel, was zu einer Erhöhung des Subprime-Zins-Spreads um 52% führte. Während derselben Zeitspanne fiel der Verbriefungsanteil von Jumbo-Hyp um 41%, was zu einer Ausweitung des Zins-Spreads um 68% führte.[457]

Die hier dargelegten Ergebnisse zeigen auf, dass die Verbriefung von Hyp dazu beigetragen hat, die Zinssätze auf dem HypM der USA zu senken. Trotz des geringen Einflusses, welcher von Portfoliokäufen der GSE ausgeht, sind die SekM-Aktivitäten im Allgemeinen als zinssenkend anzusehen, wobei sich der konkrete Einfluss von Segment und Marktakteur unterscheidet. Und obwohl den Portfoliokäufen ein signifikanter Effekt auf die Zinssätze abgesprochen wird, dienen diese dazu, die Zinssätze des HypM zu stabilisieren, indem die Volatilität dieser gesenkt werden.

6.3.2.2 Verfügbarkeit von Krediten

Allgemein wird davon ausgegangen, dass die Verbriefung die Liquidität der Bank erhöht und ebenso die Verfügbarkeit von Krediten. Die Konvertierung von illiquiden Krediten in liquide Wertpapiere führt zu einer Freisetzung von Kapital, welche die Möglichkeit der erneuten Kreditvergabe darstellt.

Eine Studie von Loutskina (2005) untersucht den Einfluss der Verbriefung auf die Bereitschaft der Kreditvergabe von Banken unter Berücksichtigung von geldpolitischen Einflüssen auf die Verfügbarkeit von Krediten. Ihre Analysen konstatieren, dass Banken, welche die Möglichkeit der Verbriefung besitzen, in Zeiten von geldpolitischer Kapitalknappheit ihr Kreditportfolio weniger stark

---

454 Vgl. Sabry, Faten/Okongwu, Chudozie (2009), S. 7.
455 Vgl. Sabry, Faten/Okongwu, Chudozie (2009), S. 8.
456 Vgl. Sabry, Faten/Okongwu, Chudozie (2009), S. 8.
457 Vgl. Sabry, Faten/Okongwu, Chudozie (2009), S. 8.

schrumpfen lassen, als Banken ohne die Möglichkeit der Verbriefung. Dies könnte dazu führen, dass geldpolitische Maßnahmen der Notenbanken höher ausfallen müssen, um das erwünschte Ergebnis herbei führen zu können.[458] Die Studie kommt im Allgemeinen jedeoch zu dem Schluss, dass die Verbriefung das Kreditangebot von Banken erhöht.[459]

In einer anderen Studie untersuchen Loutskina und Strahan (2006) den Einfluss der Liquidität der Bank auf die Bereitschaft zur Vergabe von Conforming- und Jumbo-Hyp. Sie behaupten, dass aufgrund des GSE-Marktes ein liquiderer Markt für Conforming-Hyp, als für Jumbo-Hyp vorherrscht.[460] Diese Liquidität trägt dazu bei, dass die Liquidität der einzelnen Banken keinen Einfluss auf die Bereitschaft der Kreditvergabe von Conforming-Hyp hat. Die Kreditvergabe von Jumbo-Hyp hingegen hängt laut ihnen von der Liquidität der Bank und ihren Finanzierungskosten ab. Sie stellen somit fest, dass Banken mit höherer Liquidität und geringeren Finanzierungskosten mehr Jumbo-Hyp vergeben, wohingegen die Kreditvergabe von Conforming-Hyp unabhängig von den beiden Faktoren ist. Ebenso zeigen sie, dass bei zunehmender Verbriefung die Finanzierung von Hyp weniger vom lokalen Kreditangebot abhängt.[461]

Ambrose und Thibodeau (2004) untersuchen den Einfluss der GSE Affordable Housing Goals auf das Kreditangebot für bisher unterversorgte Nachbarschaften.[462] Bei einer Untersuchung der HMDA Daten aus den Jahren 1996-1998 zeigen sie auf, dass die gesteigerte Aktivität der GSE in diesem Bereich der Kreditvergabe die Verfügbarkeit von Hyp für bisher unterversorgte KN verbessern konnte, wobei sich der positive Effekt hauptsächlich im Jahr 1998 zeigt. Aktuellere Untersuchungen durch Bhutta (2009) kommen zu dem Schluss, dass die ausgegebenen Ziele der GSE nur einen geringen Einfluss auf die Käufe der GSE und den generellen Hyp-Fluß hatten.[463]

Bezüglich der Frage, ob die Verbriefung dazu betrug, Moral-Hazard-Probleme zu erzeugen, indem die Kreditvergabe in Subprime-Nachbarschaften unverhältnismäßig stark ausgeweitet wurde, untersuchten Mian und Sufi (2008) die Ausfallraten von Nachbarschaften, die von ihnen als Subprime klassifiziert wurden.[464] Subprime-Nachbarschaften wurde von ihnen anhand des Anteils der Einwohner in Relation zur gesamten Einwohneranzahl definiert, welche eine Credit Score von unter 660 aufwiesen. Die Autoren zeigen auf, dass Hyp-

458 Vgl. Loutskina, Elena (2005), S. 30.
459 Vgl. Loutskina, Elena (2005), S. 30.
460 Vgl. Sabry, Faten/Okongwu, Chudozie (2009), S. 45.
461 Vgl. Loutskina, Elena/Strahan, Philip E. (2006), S. 26.
462 Vgl. Sabry, Faten/Okongwu, Chudozie (2009), S. 46.
463 Vgl. Bhutta, Neil (2009), S. 21.
464 Vgl. Sabry, Faten/Okongwu, Chudozie (2009), S. 46.

Ausfälle unverhältnismäßig häufig in subprime Nachbarschaften auftreten, wobei dies ihrer Meinung nach auf die veränderte Angebotslage von Hyp infolge der Verbriefung zurück zu führen ist. Andere Faktoren für die erhöhte Kreditvergabe, wie ein gestiegenes Einkommen der KN oder eine Verringerung des erwarteten Verlusts, infolge von gestiegenen Immobilienpreisen, spielen laut ihnen lediglich eine untergeordnete Rolle. Die Autoren zeigen ebenfalls auf, dass die Ausfallraten in den Jahren 2005-2007 besonders stark in denjenigen Nachbarschaften anstiegen, deren Hyp in den Boomjahren 2002-2005 an private Verbriefungsgesellschaften oder nicht kommerzielle Bankfinanzierungsinstitute verkauft wurden. Dies wird von ihnen als Anzeichen für Moral-Hazard-Probleme infolge der Verbriefung interpretiert.[465]

Bei der Bestimmung des Einflusses der Verbriefung auf die Verfügbarkeit von Hyp für die KN untersuchen Sabry und Okongwu (2009) den Effekt der Käufe von Non-Agency-Hyp bzw. der Verbriefung dieser auf die Verfügbarkeit von Hyp. Wie bereits erläutert, führen Käufe auf dem SekM zu einem signifikanten Anstieg des Verhältnisses aus Kreditsumme/Bürger, wobei der Anstieg im Non-Agency-Sektor besonders hoch ausfällt. Laut ihres Modells führe eine Ausweitung der SekM-Käufe um 10% zu einer Erhöhung der Kreditsumme pro Bürger um 6,43%, wenn der Zins für Staatsanleihen bei 4,5% konstant bleibt.[466] Ein Ansteigen der Größen Einkommen, Arbeitslosenquote, Alter der KN, Anteil der KN aus Nachbarschaften mit hohem Minderheitenanteil führen ebenso zu einem weiteren Anstieg der Kreditsumme. Dies führt ihrer Meinung nach zu dem Schluss, dass die Ausweitung der SekM-Aktivität zu einer steigenden Verfügbarkeit von Hyp für Geringverdiener führte. Der Anstieg der Hyp-Vergabe an Minderheiten stieg von 47 Mrd. $ im Jahr 1990, was einem Anteil von 16% der gesamten Hyp-Vergabe entsprach, auf 609 Mrd. $ im Jahr 2004, was einem Anteil von 24% entsprach. Der Anteil dieser Hyp, welche auf dem SekM veräußert wurden stieg im selben Zeitraum von 23 Mrd. $ auf 335 Mrd. $.[467]

Die Studien stimmen in ihren Ergebnissen überein, dass die Verbriefung von Hyp zu einer erhöhten Verfügbarkeit von Hyp für die US-Bürger führte. Die Verfügbarkeit konnte insbesondere im Bereich Minderheiten und Geringverdiener ausgedehnt werden, wobei dies jedoch weniger auf die ausgegebenen Affordable Housing Ziele der GSE zurückzuführen ist, als vielmehr auf die gesteigerte Liquidität der restlichen KG. Ebenso konnte der Einfluss geldpolitischer Maßnahmen der FED auf die Liquidität der KG reduziert werden, was die Kreditvergabe, bei einer Erhöhung der Leitzinsen durch die Notenbank, weniger

465 Vgl. Mian, Atif/Sufi, Amir (2008), S. 1.
466 Vgl. Sabry, Faten/Okongwu, Chudozie (2009), S. 10.
467 Vgl. Sabry, Faten/Okongwu, Chudozie (2009), S. 10.

stark schrumpfen ließ und eine höhere Unabhängigkeit des HypM von den geldpolitischen Maßnahmen der FED bedeutete.

6.3.2.3 Die Verteilung des Risikos

Allgemein wird häufig die These vertreten, dass dank der Verbriefung infolge von Pooling und Tranchieren der Vermögenswerte eine Risikodiversifizierung entsteht und gleichsam eine Verteilung des Risikos auf eine Vielzahl von Investoren. Durch den Verkauf der Senior- und Mezzanine-Tranchen an Investoren senken Finanzinstitute ihr Verlustrisiko in Fällen extremer, unerwarteter Verluste (Black Swans). Dabei auftretende Probleme des Moral Hazard oder der Adverse Selection können dadurch minimiert werden, sodass sie zu einem Halten der EK-Tranche verpflichtet werden.

Da es nur wenige Studien zu diesem Thema gibt, muss hier auf die Analyse des systematischen Risikos von europäischen Banken im Anschluss an eine Verbriefungsankündigung verwiesen werden. Dabei gehen die Studien von Franke und Krahnen (2005) sowie Hänsel und Krahnen (2007) auf die Verwendung der Erträge infolge der Verkäufe an die Verbriefungs-ZwG ein.[468] Eine risikofreie Reinvestition der Erträge führt zu einer Minimierung des Gesamtrisikos, wohingegen eine erneute Hyp-Vergabe zu einer Steigerung selbiger führt.[469] Hänsel und Krahnen (2007) konstruieren zur Messung des Risikos ein Modell, welches das Beta der Bankaktien in Relation zum DJ Euro Stoxx 600 misst. Ihre Ergebnisse zeigen auf, dass das Beta infolge einer Verbriefungsankündigung in 64% der Fälle steigt. Der durchschnittliche Anstieg des Betas beträgt dabei 0,024.[470] Im zweiten Teil ihrer Studie untersuchen Hansel und Krahnen mit Hilfe einer Regressionsanalyse den Einfluss von verschiedenen Faktoren (Portfoliogröße, Gewinn, EK-Quote, etc.) auf das Beta der Bank, um die Quelle der Veränderung des systematischen Risikos zu bestimmen.[471] Sie stellen dabei fest, dass die Veränderung des Betas insbesondere für jene Banken hoch ist, die eine Verbriefung ankündigen und dabei ein geringes Gewinn/EK Verhältnis sowie eine geringe EK/GK Quote aufweisen.[472] Dies deutet darauf hin, dass Banken mit geringer finanzieller Basis einen höheren Anstieg des systematischen Risikos infolge einer Verbriefung in Kauf nehmen müssen, als Banken, die über eine ausreichende Kapitaldecke verfügen.[473]

468 Vgl. Sabry, Faten/Okongwu, Chudozie (2009), S. 48.
469 Vgl. Franke, Günter/Krahnen, Jan Pieter (2005), S. 22.
470 Vgl. Hänsel, Dennis/Krahnen, Jan Pieter (2007), S. 10.
471 Vgl. Sabry, Faten/Okongwu, Chudozie (2009), S. 48.
472 Vgl. Sabry, Faten/Okongwu, Chudozie (2009), S. 48.
473 Vgl. Hänsel, Dennis/Krahnen, Jan Pieter (2007), S. 18.

Sabry und Okongwu (2009) untersuchen den Einfluss der Verbriefung auf die Kreditvergabe von Geschäftsbanken anhand deren Quartalsberichte an die FED aus den Jahren 1990-2006. Der Fokus auf Geschäftsbanken rührt daher, dass für diese KG Daten in ausreichender Höhe und Detailliertheit vorhanden sind. Die Auswertung ihrer Modelle zeigt, dass die Höhe der Kreditvergabe von kleinen und großen Geschäftsbanken positiv mit der Verbriefungsquote des Bankportfolios und der Höhe der liquiden Vermögenswerte im betrachteten Zeitpunkt korrelieren. Geldpolitische Schocks haben dabei einen signifikant negativen Einfluss auf die Kreditvergabe, da die Finanzierungskosten steigen. Geschäftsbanken können den geldpolitischen Schock und die damit verbundene Steigerung der Finanzierungskosten mit Hilfe des SekM abfedern. Dieser Effekt kommt insbesondere bei größeren Banken zum Tragen, da deren Zugang zu den Kapitalmärkten im Vergleich zu kleineren Banken im Allgemeinen als besser zu bewerten ist. Eine geldpolitische Kapitalverknappung kann somit durch die Verbriefung abgefedert werden, was somit das Ergebnis von (2005) bestätigt.[474]

Bei der Untersuchung des Einflusses der Verbriefung auf die Kapitalquotienten eine Bank, gehen die Autoren von der Grundüberlegung aus, dass Banken in einem Umfeld, welches ihnen eine einfache Verbriefung ermöglicht, dazu tendieren, ein riskanteres Kapitalmanagement zu verfolgen. Neben der Verbriefung wird das Risikomanagement einer Bank aber auch von der Kapitalzusammensetzung, der Profitabilität, dem Wachstum der Kreditvergabe, dem Risiko des Kreditportfolios und der Form der Zinskurve bestimmt.[475] In Zeiten hoher Profitabilität und einem Wachstum der Kreditvergabe, könnten Banken demnach ihre EK-Quote senken und durch Steigerung des Leverage das Risiko erhöhen. Umgekehrt würden Banken die EK-Quote erhöhen, wenn das Risiko des Portfolios steigt. Die Untersuchungen von Sabry und Okongwu kommen zu dem Ergebnis, dass die Möglichkeit zur Verbriefung scheinbar negativ mit der EK-Quote korreliert, wobei das Ergebnis nicht als statistisch signifikant betrachtet werden kann. Es besteht folglich kein statistisch signifikanter Zusammenhang zwischen der Möglichkeit zur Verbriefung von Anlagegütern und der EK-Quote einer Bank. Das Wachstum des Einkommens und der Kreditvergabe korreliert hingegen positiv mit der EK-Quote.[476]

Die Verbriefung ermöglichte aber auch theoretisch eine regionale Diversifikation des Hyp-Portfolios. Durch Käufe von Hyp, die sich landesweit verteilen, können Investoren und Banken ihr Risiko des gleichzeitigen Ausfalls ihres Port-

474 Vgl. Sabry, Faten/Okongwu, Chudozie (2009), S. 12.
475 Vgl. Sabry, Faten/Okongwu, Chudozie (2009), S. 12.
476 Vgl. Sabry, Faten/Okongwu, Chudozie (2009), S. 13.

folios reduzieren, wenn die einzelnen Teilmärkte der USA unabhängig von einander ausfallen.

Anhand der Ergebnisse dieser Studien zeigt sich, dass das Risiko des HypM infolge der Verbriefung von Hyp gestiegen ist. Das individuelle Risiko der KG hängt dabei von der jeweiligen EK-Quote und folglich vom Leverage ab. Daher soll nun auf die Risiken infolge des gestiegenen Leverages und die Krisenansteckungsgefahr eingegangen werden, die auf die höhere Interdependenz der Marktakteure infolge des Originate-to-Distribute-Modells zurückzuführen ist.

6.3.2.4 Rolle des Leverages bei der Verstärkung der Verluste

Aufgrund der Möglichkeit der Verbriefung von Hyp des eigenen Portfolios durch ZwG, wurden liquide Mittel frei, welche von den verschiedenen Marktakteuren erneut verwendet werden konnten, was wiederum den Leverage des HypM stark erhöhte. Der Leverage stieg sich jedoch nicht nur durch die Verbriefung, sondern auch durch Praktiken des internen Risikomanagements und durch Bewertungsmaßnahmen wie Mark-to-Market.

Buiter (2008) argumentiert, dass sich der Leverage von Finanzintermediären (z.B. Broker, Hedge Fonds, Investment Banken), welche sich vornehmlich durch die Kapitalmärkte finanzieren, aufgrund der Mark-to-Market-Bewertung ihrer Vermögenswerte und Anlagen stark prozyklisch verhält.[477] Ein Anstieg der Preise an den Kapitalmärkten führt, aufgrund der Anpassung des Portfolios, somit zu einem Anstieg des Leverages und ein Sinken der Preise folglich zum Sinken des Leverages der Intermediäre. Ein steigender bzw. sinkender Leverage führt in der Folge dazu, dass die Preise der Vermögenswerte steigen bzw. fallen, was wiederum eine Anpassung des Leverages nach sich zieht. Buiter behauptet daraufhin, dass die die Anpassungen des Portfolios, auf Grundlage des Value-at-Risk-Ansatz (VaR-Ansatzes) in Verbindung mit den Basel II Bestimmungen den prozyklischen Trend des Leverages nur noch mehr verstärkten und tendenziell destabilisierend auf das Finanzsystem wirken.[478]

Greenlaw u.a. (2008) stellen außerdem fest, dass der Rückgang der Kreditvergabe auch auf den De-Leverage des HypM zurück ging. Moderne Praktiken des Risiko Managements der Finanzintermediäre, wie der VaR-Ansatz, bewirken häufige Anpassungen der Bilanz auf Grundlage des antizipierten Risikos und der Preisveränderungen der Vermögenswerte. Selbst bei der Abwesenheit von Preisveränderungen können Portfolioanpassungen auf Grundlage des veränderten, subjektiv empfundenen Risikos geschehen.[479] Diese häufige Anpassung

477 Vgl. Buiter, Willem (2008), S. 11.

478 Vgl. Buiter, Willem (2008), S. 11.

479 Vgl. Greenlaw, David u.a. (2008), S. 26.

des Portfolios, in Abhängigkeit von den Preisen der Vermögensgegenstände, führt, wie man in Abbildung 6.1 erkennen kann, dazu, dass sich der Leverage der Finanzintermediäre während eines Booms prozyklisch erhöht, um in der Rezession ebenso schnell wieder zu sinken.[480]

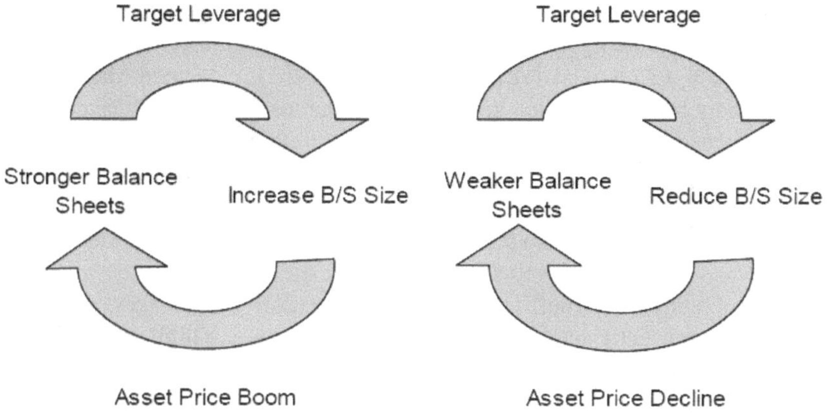

Abbildung 6.1: prozyklische Entwicklung des Leverage

Quelle: Greenlaw u.a. (2008), S. 31

Dabei unterscheidet sich der Leverage verschiedener Finanzintermediäre in Abhängigkeit ihrer Geschäftstätigkeit. Geschäftsbanken weisen, wie man in Abbildung 6.1 sehen kann, mit durchschnittlich 9,8 einen mehr als halb so hohen Leverage auf, wie Broker oder die GSE.

Tabelle 6.1: Leverage verschiedener Finanzinstitute

Quelle: Greenlaw u.a. (2008), S. 36

	Assets ($bn)	Liabilities ($bn)	Capital ($bn)	Leverage
Commercial banks	11194	10050	1144	9.8
Savings Inst	1815	1607	208	8.7
Credit Unions	759	672	87	8.7
Finance Companies	1911	1720	191	10.0
Brokers/hedge funds	5597	5390	207	27.1
GSEs	1669	1598	71	23.5
Leveraged Sector	**22945**	**21037**	**1908**	**12.0**

480 Vgl. Greenlaw, David u.a. (2008), S. 27.

Die Zusammensetzung der Bilanz und insbesondere der Vermögenswerte auf der Aktivseite entscheidet somit über den Leverage des Finanzinstituts. Geschäftsbanken, deren Geschäftspraxis breiter gestreut und folglich diversifizierter ist, als die der Investmentbanken, den GSE, von Brokern oder Hedge Fonds. Sie weisen somit einen geringeren Leverage auf als spezialisierten Finanzintermediäre. Es zeigt sich, dass Portfolioanpassungen eines einzelnen Marktakteurs nicht losgelöst beurteilt werden können, da die daraus folgenden Preisanpassungen sich ebenso auf andere gehebelte Finanzinstitute auswirken, wodurch sich Preissteigerungen bzw. Preisrückgänge sehr schnell systemweit ausbreiten können. Liquiditätsengpässe und Preisreaktionen, wie man sie beim Ausbruch der Subprimekrise beobachten konnte, wird man auch in Zukunft erwarten müssen.[481]

Mizen (2008) zeigt auf, dass die Konzentration des Risikos von Hyp-Investoren, durch gehebelte FK-Positionen, sowohl die anfänglichen Gewinne, als auch im späteren Verlauf die Verluste dieser Investoren zusätzlich verstärkten. Bei einem hohen Leverage, z.B. 20:1 führt bereits ein Verlust von 5% des Portfolios zum Untergang des gesamten Startkapitals.[482] Strukturierte Produkte wie bspw. CDO, welche Ratings erhielten, die das tatsächliche Risiko unterschätzten, trugen zum steigenden Leverage des HypM in entscheidender Weise bei.[483] Investoren, die strukturierte Produkte kauften, erwarben Finanzprodukte, deren Risiko höher ausfiel, als das der zugrunde liegenden Hyp. So kam es, dass bereits eine geringe Steigerung der Ausfallquote von Hyp große Verluste für die Investoren verursachten.[484]

Hellwig (2008) stellt fest, dass der Hebel von einigen ZwG nahe 100% lag, wobei sie ihnen bei Ausbruch der Finanzkrise ihre Fristeninkongruenz auf die Füße fiel.[485] Die Investition in langfristige Wertpapiere, bei gleichzeitiger, kurzfristiger Finanzierung, wurde zum Problem, als die kurzfristige Refinanzierung erschwert wurde. Der darauf folgende Notverkauf der langfristigen Wertpapiere zu unvorteilhaften Preisen senkte deren Preis noch weiter, was wiederum den Druck auf andere Institute erhöhte, welche ähnliche Wertpapiere hielten.[486] Da die ZwG mit ca. 1 Bio. $ an langfristigen Wertpapieren etwa 90% aller Subprime-MBS und ca. 17% aller MBS hielten, führte der Zusammenbruch einiger

481 Vgl. Greenlaw, David u.a. (2008), S. 46.
482 Vgl. Mizen, Paul (2008), S. 539.
483 Vgl. Mizen, Paul (2008), S. 551.
484 Vgl. Mizen, Paul (2008), S. 554.
485 Vgl. Hellwig, Martin (2008), S. 37.
486 Vgl. Hellwig, Martin (2008), S. 37.

weniger Akteure zu einer Kettenreaktion, welche die Folgen der De-Leverage nicht nur landesweit und später sogar global ausbreiten ließ.[487]

Der hohe Leverage, insbesondere von spezialisierten Marktakteuren, in Verbindung mit der Mark-to-Market-Bewertung und einem VaR-Risikomanagement führte dazu, dass sich der HypM in vorteilhaften Zeiten sich schnell ausweitete und hohe Gewinne eingefahren werden konnten. Diese Prozyklizität führte in der Krise jedoch dazu, dass Probleme Einzelner schnell zu systemweiten Problemen ausuferten und die Volatilität des HypM stieg.

6.3.2.5 Die Rolle der Verbriefung bei der Risikoverteilung und eine mögliche Ansteckungsgefahr

Ein positiver Aspekt der Verbriefung ist die Möglichkeit, aus ihr das Risiko neu zu verteilen und zu diversifizieren. Brunnermeier zeigt jedoch ebenso auf, dass aus ihr ein Spillover-Effekt entwächst, welcher keineswegs zu einer Senkung des Risikos führte.

Gallegati u.a. (2008) argumentieren, dass die Interdependenzen der einzelnen Akteure, die infolge der Verbriefung entstanden, zwar im Aufschwung für alle vorteilhaft seien, sie aber ebenso zu einer Verschärfung der Krise im Abschwung des HypM führten.[488] Schocks können in ihren Überlegungen durch die Verzahnung der einzelnen Marktakteure abgefedert werden, wenn einzelne Parteien ihren Forderungen nicht nachkommen. Die andere Partei absorbiert in dem Fall den Schock. Problematisch wird es, wenn diese Interdependenz dazu führt, dass die Partei mit der ausstehenden Forderung wiederum ihren Forderungen nicht nachkommen kann. Das so entstehende Weiterreichen individueller Schocks kann somit zu einem Schock des gesamten Wirtschaftssystems ausufern.[489]

Hoffmann und Nitschka (2008) argumentieren, dass die internationale Risikoteilung infolge der Verbriefung nationaler Hyp dazu beitragen, dass nationale Hyp-Krisen schnell zu einer globalen Krise anwachsen können. Dies hilft aber ebenso dabei, nationale Krise abzufedern. Gleichsam zeigen sie aber auch, dass Länder mit einem hohen Anteil an verbrieften Hyp eine 20-30% geringere Volatilität des Konsums als Folge von Rezessionen aufweisen.[490] Sie weisen aber ebenso daraufhin, dass eine starke Vernetzung des HypM mit den globalen Kapitalmärkten zu einem vollkommenen Stopp des Kapitaltransfers in Zeiten einer globalen Finanzkrise, wie der im Jahr 2008, führen kann. Das zusätzliche Kapi-

---

487 Vgl. Hellwig, Martin (2008), S. 38.

488 Vgl. Sabry, Faten/Okongwu, Chudozie (2009), S. 58.

489 Vgl. Gallegati (2008), S. 7.

490 Vgl. Hoffmann, Mathias/ Nitschka , Thomas (2008), S. 25.

tal in ruhigen Zeiten, welche durch ein Ansteigen der Immobilienpreise begleitet wird, kann in einer Krise ebenso schnell wieder versiegen. Sie kommen aber zu dem Schluss, dass HypM, welche eine hohe Verbriefungsquote aufweise, dem globalen Wertpapierzyklus nicht stärker ausgeliefert sind, als HypM mit geringeren Verbriefungsquoten.[491]

Wie dargelegt wurde, erhöhte die gestiegene Interdependenz das Risiko der Krisen-Ansteckungsgefahr, da Probleme einzelner Akteure in der Wertschöpfungskette des HypM weitergereicht wurden und mit Forderungsausfällen konfrontiert wurden. Die globale Risikoerteilung führt, neben der Erweiterung der Finanzierungsbasis, ebenso zu einer höheren Risikoverteilung. Krisen müssen nicht mehr allein von regionalen oder nationalen Instituten bzw. Investoren getragen werden, sondern können international auf mehrere Schultern verteilt werden. Dieser Aspekt führt aber auch dazu, dass sich regionale und nationale Krisen schnell zu internationalen Finanzmarktkrisen ausbreiten können.

6.3.2.6 Informationsasymmetrien und Transparenz

Fraglich ist, ob die Verbriefung von Hyp dazu beigetragen hat, Informationsasymmetrien und Intransparenz auf dem HypM zu erzeugen oder zu verstärken.

Gorton (2008) behauptet, dass die Verbriefung von Hyp nicht das ursächliche Problem war.[492]

> *"It is not the cause of the crisis. Securitization is an efficient form of financing and there is no evidence that there is a systematic agency problem in its functioning. Rather the particular form of the design of the subprime mortgages is at the root of the problem. It was highly sensitive to housing prices, and this sensitivity was passed through to a variety of other financial structures."*[493]

Dennoch ist die Risikoverteilung nach Gorton (2008) bei strukturierten Produkten intransparent, da eine Partei über einen höheren Informationsstand verfügt, als andere beteiligte Parteien, was wiederum einen Anreiz erzeugt diesen Informationsvorsprung zum eigenen Vorteil auszunutzen.[494] Dieser Mangel an Transparenz führt dazu, dass das Ausmaß des systematischen Risikos durch viele Marktakteure nicht mehr vorhergesehen werden kann. Finanzierungsprobleme einzelner Parteien können somit, aufgrund des Lemon-Problems, schnell auf andere Akteure übergreifen.[495]

---

491 Vgl. Hoffmann, Mathias/ Nitschka , Thomas (2008), S. 25.
492 Vgl. Sabry, Faten/Okongwu, Chudozie (2009), S. 56.
493 Gorton, Gary (2008), S. 75.
494 Vgl. Gorton, Gary (2008), S. 76.
495 Vgl. Gorton, Gary (2008), S. 77.

Hull (2008) kommt zu dem Schluss, dass Investoren, aufgrund der Komplexität der strukturierten Produkte, das Risiko dieser Wertpapieren nicht genau bestimmen konnten, da sie sich allein auf das Urteil der RA verlassen hatten. Viele Investoren lasen nicht einmal die Emissionsbroschüren und konnten folglich nicht einmal die Prozesse und Algorithmen verstehen, welche den Cash Flows der MBS zugrunde lagen.[496]

Brunnermeier (2008) kommt in seiner Untersuchung zu dem Schluss, dass die Verbriefung die Intransparenz erhöhte, wodurch Marktakteure das Counterparty-Risiko nicht mehr bestimmen konnten und die Preisfindung für strukturierte Produkte erschwert wurde.[497]

Loutskina und Strahan (2008) zeigen, dass die Kreditvergabe des US-amerikanischen HypM in den letzten fünfzehn Jahren immer mehr von uninformierten, national agierenden KG dominiert wurde, welche nur über ein geringes Wissen der regionalen Teilmärkte verfügten und das Risiko dieser Hyp nur unzureichend bestimmen konnten.[498] Sie stellen fest, dass diese geographische Diversifikation der Hyp-Vergabe mit einem Sinken des Informationsstandes der KG einher ging, was das Entstehen der Immobilienblase begünstigte.[499]

Die Verbriefung trug somit zu einer Verstärkung der Informationsasymmetrien und einer höheren Intransparenz auf dem US-amerikanischen HypM bei, da aufgrund der stetig steigenden Komplexität von strukturierten Produkten, deren Risiko und das daraus resultierende Counterparty-Risiko nur noch sehr schwer zu prognostizieren war. Aufgrund der hohen Komplexität vertrauten viele Investoren den Risikoeinschätzungen der RA. Auf Basis hoher Ratings glaubten viele Investoren eine sichere Anlage zu halten, deren Risiko von den RA genau quantifizierbar war und sich folglich in den Ratings widerspiegeln würde.

6.3.2.7 Einfluss der Verbriefung auf Anreize

Infolge der Verbriefung von Hyp entstehen für verbriefende Institute Anreize opportunistisch zu handeln und ihren eigenen Gewinn zu maximieren, indem sie absichtlich die Kreditqualität der Hyp-Pools senken. Als Reaktion darauf wurden viele ZwG dazu verpflichtet die EK-Tranche ihrer Emission im eigenen Portfolio zu halten, um diesem Problem zuvorzukommen.

Hull (2008) argumentiert, dass die Agentenprobleme des Originate-to-Distribute Modells zur Subprimekrise beigetragen hätten, da die Interessen der

---

496 Vgl. Hull, John C. (2008), S. 10.

497 Vgl. Sabry, Faten/Okongwu, Chudozie (2009), S. 57.

498 Vgl. Sabry, Faten/Okongwu, Chudozie (2009), S. 57.

499 Vgl. Loutskina, Elena/Strahan, Phillip E. (2008), S. 27

Kreditvergabe nicht mit denen der Investoren übereinstimmte.[500] Seiner Meinung nach hätte die Verpflichtung des Haltens von 20% jeder Tranche einen Großteil der Agentenprobleme beseitigt.[501] Ebenso stellt er fest, dass Risiken, wie bspw. das Kreditrisiko, nicht aus der Bilanz der Sponsoren verschwanden, da diese häufig die AAA-Tranche ihrer Emission kauften.[502]

Hellwig (2008) legt nahe, dass durch das Halten der EK-Tranche Moral-Hazard-Probleme hätten gering ausfallen müssen.[503] Das Halten des Großteils des Kreditrisikos hätte kreditvergebende Institute eigentlich dazu anhalten müssen bei der Kreditvergabe die nötige Sorgfalt walten zu lassen.[504] Da diese EK-Tranchen nach der Verbriefung jedoch nicht immer im eigenen Portfolio gehalten wurden, verringerten sich die Moral-Hazard-Probleme keineswegs.[505] Ebenso entstanden durch makroökonomische Faktoren, wie nationale Immobilienpreise und Zinssätze, Korrelationen zwischen den Hyp, selbst wenn diese geographisch weit auseinander lagen.[506]

Infolge der steigenden Nachfrage für Tranchen geringerer Qualität durch CDO konnten sich ZwG teilweise vom Halten ihrer EK-Tranchen befreien, was dem gewünschten Effekt der höheren Sorgfalt bei der Auswahl des zu verbriefenden Hyp-Pool und der damit verbundenen Minimierung der Moral-Hazard-Probleme entgegen lief. Ein strikteres Binden des Haltens dieser Tranchen oder gar eine weitreichendere Definition, welche sich auch auf andere Tranchen der eigenen Emission erweitert, hätte die auftretenden Moral-Hazard-Probleme eventuell verringern können.

6.4 Hyp-Broker – nutzbringend oder ausnutzend?

Als wichtigste Vertriebsintermediäre, welcher vor allem von SekM-Akteuren bevorzugt wurden, richtete sich bei der Aufarbeitung der Gründe für die Subprimkrise das Augenmerk insbesondere auf die Broker. Aufgrund der bereits dargelegten potenziellen Prinzipal-Agenten Probleme zwischen ihnen und den KN, aber auch den KG, könnte man zu dem Schluss kommen, dass Broker im Allgemeinen eher schädlich und systemdestabilisierend agierten. Ob diese Pauschalisierung jedoch generell anzutreffen war, soll nun geklärt werden.

---

500 Vgl. Sabry, Faten/Okongwu, Chudozie (2009), S. 50.
501 Vgl. Hull, John C. (2008), S. 8.
502 Vgl. Hull, John C. (2008), S. 9.
503 Vgl. Sabry, Faten/Okongwu, Chudozie (2009), S. 51.
504 Vgl. Hellwig, Martin (2008), S. 13.
505 Vgl. Hellwig, Martin (2008), S. 16.
506 Vgl. Hellwig, Martin (2008), S. 16.

Untersuchungen von Kim-Sung und Hermanson zeigen, dass es sich bei Hyp, die von Brokern an ältere KN vergeben wurden, doppelt so häufig um Subprime-Hyp handelte, als dies bei Hyp der Fall war, die nicht von Brokern vergeben wurden. Ebenso zeigt sich, dass Broker Hyp häufiger an geschiedene, weiblich nicht-weiße KN vergaben. So erhielten 62% der älteren, nicht-weißen KN einen Hyp von Brokern, wobei im Vergleich dazu nur 38% der älteren weißen KN selbige Hyp erhielten.[507] Die Initiative bei der Kontaktaufnahme ging hierbei häufig auf aggressives Push-Marketing des Brokers zurück. 56% der älteren KN bestätigten, dass der Kontakt ursprünglich von den Brokern initiiert wurde, wohingegen andere KG ältere KN nur in 24% der Fälle direkt kontaktiert hatten.[508] 70% der älteren KN berichteten, dass sie sich bei der Auswahl des Hyp auf das Urteil des Brokers verließen, wohingegen dies bei anderen KG nur zu 52% der Fall war, welche Hyp an ältere Bürger vergaben.[509] KN, welche Hyp von Brokern erhielten, waren weniger häufig mit ihren Hyp zufrieden und gaben an, dass sie nicht glaubten, genaue und ehrliche Informationen vom Broker erhalten zu haben.[510] 20% der KN, welche einen Hyp von einem Broker erhalten hatten, berichteten, dass sie schlechtere Kreditbedingungen erhielten, als sie im Voraus erwartet hätten. Dieser Anteil lag bei KN, welche keinen Broker-Hyp erhalten hatten, bei lediglich 8%.[511]

Eine Quelle für Prinzipal-Agenten-Probleme mit Broker lag darin, dass sie nicht für gut laufende Hyp belohnt oder für die Vermittlung von Hyp mit einer hohen Ausfallquote bestraft wurden. Da Broker lediglich Intermediäre darstellen, waren sie nur an einer kurzfristigen Profitabilität des Hyp bei der Kreditvergabe interessiert und nicht am langfristigen Verlauf des Hyp Aufgrund der Tatsache, dass sie Hyp nicht bis zur Fälligkeit im eigenen Portfolio hielten, hatten sie lediglich den Anreiz soviele Hyp wie möglich zu vergeben, um ihre Einnahmen durch Vergabegebühren zu maximieren. Dies führte dazu, dass einige Hyp-Broker Falschangabe bezüglich des Einkommens oder der Vermögenslage des KN beim Kreditantrag machten, KN dazu verleiteten No-Doc-Hyp aufzunehmen oder aber hohe Wertschätzungen durch Immobilienschätzer zu fördern oder diese selbst zu konstruieren.[512]

507 Vgl. Kim-Sung, K./Hermanson, S. (2003), S. 2.
508 Vgl. Kim-Sung, K./Hermanson, S. (2003), S. 3.
509 Vgl. Kim-Sung, K./Hermanson, S. (2003), S. 3.
510 Vgl. Kim-Sung, K./Hermanson, S. (2003), S. 4.
511 Vgl. Kim-Sung, K./Hermanson, S. (2003), S. 4.
512 Vgl. Immergluck, Dan (2009), S. 102.

Tabelle 6.2 Risikocharakterisitika von Retail und Broker Hyp in den Jahren 2003-2006

Quelle: Golding, Edward/Green, Richard K./MacManus, Douglas A. (2008), S. 10.

Origination Year	Share of No/Low Doc Loans		Share of Hybrids	
	Retail	Broker	Retail	Broker
2003	28.1%	34.8%	54.6%	62.7%
2004	26.1%	40.8%	69.0%	70.6%
2005	22.6%	41.4%	62.8%	68.1%
2006	17.0%	36.2%	47.2%	53.1%

Während der ersten Subprime Welle in den 1990er Jahren behielten einige KN noch einen Teil des Zins-Spreads zurück, um sich gegen frühe Ausfälle zu schützen und Broker davon abzuhalten, sie durch verschiedene Hyp durchzupeitschen. Nachdem der Appetit der Private-Label-Emittenten und KG stieg, fanden sich Broker in einer starken Verhandlungsposition wieder und begannen damit die KG auszuwählen, welche ihnen die besten Konditionen bieten konnten. Um ihren Marktanteil zu verteidigen, begannen KG ihre Risikobewertungs-Standards zu senken, um in einem transaktionsbasierten Marktumfeld zu bestehen, welches wiederum von einem hohen Volumen abhängig ist, um eine hohe Profitabilität zu gewährleisten. Wie man in Tabelle 6.1 sehen kann, war der Anteil von No-Doc-Hyp, welche von Brokern vergeben wurden, doppelt so hoch wie der von Retail-KG. Ebenso lag der Anteil von hybriden Hyp bei Brokern höher, als bei Retail-KG. Trotz dieser Funde wählten, laut Golding, Green und McManus 73% aller Broker die KG von zwei oder mehreren KG denjenigen aus, der ihnen die besten Konditionen anbot, was den Preisdruck der KG untereinander anfachte.

> *„Brokers would fax application information to multiple lenders: 73% of brokers shopped identical Alt-A and subprime loan packages for prequalification to two or more lenders. An originator maintaining high credit standards in an environment where brokers vigorously shop loan applications among a number of lenders, risks losing market presence."*[513]

Eine Studie von LaCour-Little und Chun aus dem Jahr 1999 untersucht das vorzeitige Tilgungsverhalten von Hyp, die von Hyp-Brokern vergeben wurden. Sie kommt zu dem Schluss, dass, aufgrund der Refinanzierungsmöglichkeit, ein Anreiz bestand, dies zu tun, da es einem KG nur schwer möglich ist, den Grund für die Refinanzierung heraus zu finden. Die Auswertung zeigte, dass Broker-Hyp signifikant häufiger vorzeitig getilgt werden. Sie kalkulierten, dass Broker-Hyp 3-mal häufiger auf Refinanzierungsanreize reagierten, als Retail-Hyp[514]

513 Golding, Edward/Green, Richard K./MacManus, Douglas A. (2008), S. 11.

514 Vgl. LaCour-Little, Michael/Chun, Gregory, H. (1999), S. 67.

Eine andere Studie von Alexander u.a. aus dem Jahr 2001 konzentriert sich auf das Ausfallrisiko von Subprime-Hyp, die von Brokern vergeben wurden. Eine Untersuchung von 23.200 First-Lien-Subprime-FRM, die zwischen 1996 und 1998 vergeben wurden, kommt zu dem Ergebnis, dass diese häufiger ausfallen, als Hyp, die durch Retail-KG vergeben wurden. Sie stellen ebenfalls fest, dass der Markt dieses Risiko durch einen Aufschlag von 50 Basispunkten gegenüber vergleichbaren Retail-Hyp ausgleicht.[515]

Woodwards Untersuchung erläutert, dass die durchschnittliche Entlohnung (Gebühr + Prozentpunkte) eines Brokers zwischen 1996 und 2001 in etwa zwei Bps entsprach.[516] Ebenso fand er heraus, dass die Höhe der Gebühren vom Wissensstand des KN abhängt und somit von dessen Fähigkeit Broker zu unterscheiden. KN mit einem Bachelor-Abschluss zahlten ca. 1500 $ geringere Abschlussgebühren, als KN, die lediglich einen High-School-Abschluss vor zu weisen hatten.[517]

El-Anshasy und Elliehausen analysierten 2006 die Preisbildung von Subprime-Hyp-Brokern. Eine Analyse von ca. 1 Mio. Subprime-Hyp durch Nutzung der American Financial Servces Association (AFSA) von zehn großen KG für den Zeitabschnitt 1995 bis 2003 findet keinen Rückhalt für die These, dass KN für Broker-Hyp mehr zahlen, als für Hyp direkt vom KG. El-Anshasy und Elliehausen kommen gar zu dem Ergebnis, dass „*broker-originated mortgages are less costly to the borrowers than lender-originated mortgages after holding other loan terms and borrower characteristics constant*“.[518] KN zahlen, aufgrund des Drängens von Seiten des Brokers, laut ihrem Ergebnis keinesfalls zu viel für ihren Subprime-Hyp. Sie stellen zudem fest, dass Kunden von Hyp-Brokern generell weniger zahlen, als Kunden von Retail-KG.[519] Sie geben aber ebenfalls zu bedenken, dass ihre Ergebnisse nur für große Broker und KG gelten, welche auch den Großteil des Subprime-HypM unter sich aufteilen. Das Problem der betrügerische Kreditvergabe (Predatory Lending) findet laut ihnen eher bei kleineren Brokern statt und kann nicht als systematisches Problem des Subprime-HypM angesehen werden.[520]

Michael LaCour-Little kommt zu dem Ergebnis, dass Broker-Hyp im Durchschnitt teurer sind, als Hyp, die direkt vom KG vergeben werden. Diese Aussage basiert auf der Analyse von Hyp-Daten für Florida aus dem Jahr 2000 (346 Retail und 488 Broker-Hyp) Laut dieser erhalten einige KN durch Broker

515 Vgl. Alexander William P. u.a. (2001), S. 24.
516 Vgl. Woodward, Susan E. (2003) S. 2.
517 Vgl. Woodward, Susan E. (2003) S. 2.
518 El-Anshasy, Amany/Elliehausen, Gregory (2006), S. 14.
519 Vgl. El-Anshasy, Amany/Elliehausen, Gregory (2006), S. 14.
520 Vgl. El-Anshasy, Amany/Elliehausen, Gregory (2006), S. 14.

günstigere Hyp, als dies bei KG möglich gewesen wäre. Es zeigt sich aber ebenso, dass vor allem gering verdienende KN mehr zahlen. In 75% aller Fälle veranschlagen Broker für Prime-Hyp in etwa einen 20 Bps höheren Zinssatz als vergleichbare Retail-KG. Dies bedeutet aber auch, dass in 25% der Fälle KN durch Broker tatsächlich günstigere Hyp als bei Retail-KG erhalten.[521] Ein Ersparnis bei den Kreditkosten hängt folglich vom KN-Typ und dem Einkommen, Credit-Scores, Alter und Ethnizität des KN ab.[522]

BasePoint Analytics, ein Unternehmen, welches eine Software gegen Betrug verkauft, fand heraus, dass ein Großteil der betrügerischen Hyp von Brokern initiiert wurden und nicht auf Betrug von KN basierten. Ebenso stellten sie fest, dass betrügerische Hyp zum Großteil von einer kleinen Gruppe von Brokern vermittelt wurden, was eigentlich hätte bemerkt werden müssen. KG gaben jedoch vor ahnungslos zu sein und besaßen selbst keinen Anreiz betrügerische Broker zu identifizieren, da sie die Hyp ebenfalls weiter veräußerten.[523] So hätten KG bemerken müssen, wenn Falschangaben beim Einkommen vorlagen, da ein Abgleich dieser Daten mit denen des Internal Revenue Service möglich gewesen wäre. Im Jahr 2006 wurden jedoch nur 3-5% aller Hyp mit dem IRS abgeglichen.[524]

Es zeigt sich, dass eine Beurteilung der Vorteilhaftigkeit von Brokern für den HypM nicht pauschal gegeben werden kann und darf. Hyp, welche von Brokern vergeben werden, weisen keineswegs generell einen höheren Zinssatz auf, als Retail Hyp. Dies bezieht sich sowohl auf Prime- als auch auf Subprime-Hyp und zeigt somit, dass Predatory Lending infolge der Vermittlung durch Broker nicht nur auf dem Subprime-Markt anzufinden war. Prinzipal-Agenten-Probleme weisen insbesondere kleine Broker auf, welche von der verbesserten Verhandlungsposition der Broker infolge des stetig steigenden Nachfragesogs des SekM profitierten. Predatory Lending mit überhöhten Zinssätzen, versteckten Kreditbedingungen und häufigem Refinanzieren wiesen insbesondere kleine, unabhängige Broker auf. Infolge falscher Anreize und durch Betrug sank die Kreditqualität der Hyp, welche von diesen Brokern vergeben wurden, was wiederum die Ausfallwahrscheinlichkeit erhöhte. Da ein Großteil des Betrugs eher von wenigen, kleinen Brokern ausging, ist eine allgemeine Verurteilung und die Behauptung, dass Broker generell destabilisierend wirken, als falsch anzusehen. Eine genauere Überwachung durch staatliche Behörden oder insbesondere durch die KG hätte einen Großteil der Probleme bereits in ihren Anfängen abgewen-

---

521 Vgl. LaCour-Little, Michael (2008), S. 17.
522 Vgl. LaCour-Little, Michael (2008), S. 23.
523 Vgl. Immergluck, Dan (2009), S. 103.
524 Vgl. Immergluck, Dan (2009), S. 104.

det. Da sich die falsch gesetzten Anreize jedoch ebenso auf die KG erstreckten und sie ihre eigene Risikobewertung zum Teil ebenfalls vernachlässigten, konnten systemweite Verwerfungen der Risikostandards entstehen.

6.5 Subprime-Hyp: Quelle allen Übels?

Der starke Anstieg von Subprime-Hyp, die länger als 60 Tage ausfielen, oder sich im Prozess der ZwV befanden, ließ den Anschein erwecken, dass der Fehler im System vor allem auf dem Subprime-Markt zu finden sei. Man ging sogar soweit, dass bestimmte Hyp-Arten, welche in jüngster Vergangenheit eingeführt wurden, niemals an KN hätten vergeben werden dürfen, da diese ein zu hohes Risiko in sich trugen. Fraglich ist jedoch, ob die Struktur der Hyp-Art das Problem darstellte, oder ob dies nicht eher an der mangelnden Fähigkeit bzw. am fehlenden Wille der KN diese zurück zu zahlen lag?[525]

Wie man jedoch in Abbildung 6.2 sehen kann, stieg sowohl die Anzahl der KN des Subprime-, als auch des Prime-Marktes bezüglich der ZwV und Kreditausfälle. Der Verlauf des Ausfalls von FHA-Hyp zeigte interessanterweise nicht denselben Anstieg auf, wie Prime- und Subprime-Hyp und verlief auch in den Jahren 2007 und 2008 in seinen bisherigen Bahnen stabil.

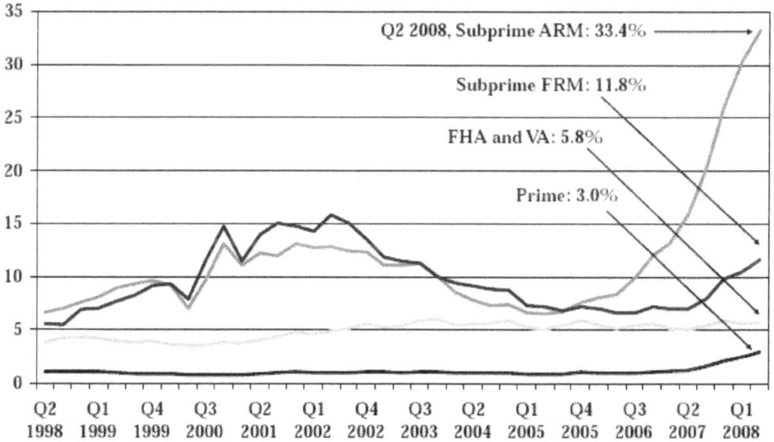

Abbildung 6.2 Prozentualer Anteil der ausgefallenen Hyp in Relation zu allen ausstehenden

Quelle: Barth, James R. u.a. (2009), S. 91.

525 Vgl. Barth, James R. u.a. (2009), S. 145.

Dabei fielen auf beiden Teilmärkten Hyp jeder Art aus. Natürlich waren Subprime-Hyp stärker vom Problem des Ausfalls betroffen. Dies lag vor allem daran, dass diese Hyp ex ante ein höheres Risiko in sich trugen, welches von den KG antizipiert und in den Rückzahlungen und Gebühren berücksichtigt wurde.

Besonders kontrovers wurde der Einfluss von hybriden Hyp diskutiert. Wie man in Abbildung 6.3 sehen kann, war der Marktanteil von hybriden Hyp auf dem Subprime-Markt weitaus höher als auch dem Prime-Markt. Im Gegensatz zu den 32% hybriden Hyp und 16% ARM auf dem Subprime-Markt, nutzten Prime-KN beide Hyp-Arten nur insgesamt zu ca. 12%. Prime-KN nahmen folglich zu 74% FRM auf, wohingegen dieser Anteil bei Subprime-KN lediglich 44% betrug.

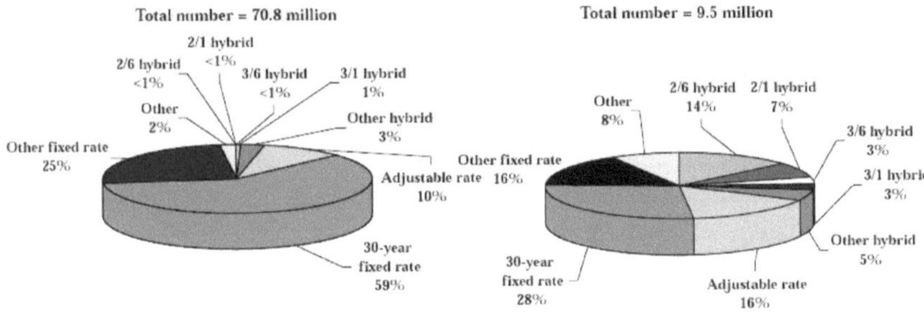

Abbildung 6.3 Prime (links) und Subprime (rechts) Kreditvergabe

Quelle: Barth, James R. u.a. (2009), S. 147.

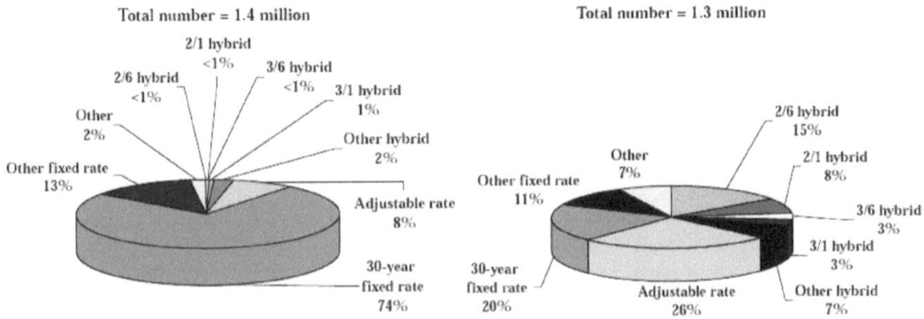

Abbildung 6.4 kumulative Ausfallraten von prime (links) und subprime (rechts) Hyp

Quelle: Barth, James R. u.a. (2009), S. 148-149.

Obwohl auf beiden Märkten alle drei Arten verwendet wurden, ist der Marktanteil aller variabel verzinsten Hyp auf dem Subprime-HypM deutlich höher.

Wie man in der Abbildung ebenso erkennen kann, war die absolute Anzahl von Hyp, welche zwischen 1999 und 2007 in die ZwV gingen auf beiden Märkten in etwa identisch. Gemessen an der Größe der beiden Märkte war der relative Anteil des Subprime-Marktes natürlich bei weiten höher als der des Prime-Marktes. Es zeigt sich aber dennoch, dass das Problem der ZwV auf beiden Märkten anzutreffen war und nicht nur auf Hyp des Subprime-Marktes beschränkt war. Ebenso sieht man, dass alle Hyp-Arten krisenanfällig waren und nicht nur einige wenige. Jedoch ist ebenso zu konstatieren, dass variabel verzinste Hyp auf dem Prime-HypM 12% der ZwV ausmachten und auf dem Subprime-HypM immerhin 36%.

Obwohl der Eindruck entstehen kann, dass sich das Problem der Subprimekrise nur auf den Subprime-Markt beschränkte, ist diese Sicht zu undifferenziert. Sowohl prime als auch Subprime-KN nahmen die ihnen angebotenen Hyp-Arten an, inklusive hybride, variable und festverzinste Hyp. Vom Problem des Zahlungsausfalls waren allerdings alle Arten betroffen. Zudem darf man nicht außer Acht lassen, dass die große Auswahl an Hyp-Arten und die ihr zugrunde liegende Finanzinnovation auch Vorteile für den KN mit sich brachte. Neben der Möglichkeit der individuellen Anpassung der Rückzahlungsstruktur an die eigene prognostizierte Einkommensentwicklung, ermöglichten alternative Hyp-Arten einer breiteren Schicht von KN Zugang zum HypM. Dies wirft ebenfalls die Frage auf, ob die KN mit der großen Auswahl an Hyp einfach überfordert waren und die damit entstehenden Risiken nicht richtig verstanden oder vom KG falsch kommuniziert wurden? Ein frühzeitiges Eingreifen des Gesetzgebers, das KG und Broker dazu verpflichtet hätte, einfach zu verstehende Kreditverträge und Informationsbroschüren bezüglich der Risiken einzelner Hyp an den KN zu verteilen, hätte eventuell weit im Vorfeld der Subprimekrise geschehen müssen. Man kann folglich nicht verschiedene Hyp-Arten für die Subprimekrise verantwortlich machen und ihre Vergabe verbieten, da sie für einige KN durchaus vorteilhaft sind.[526]

> *"One of the important stories of the 1990s was the huge growth in subprime lending. . . . One visible outcome has been an increase in home ownership rates for low-income and minority borrowers. This represents a welcome extension of home mortgage and other credit to previously underserved groups—a true democratiza-*

526 Vgl. Barth, James R. u.a. (2009), S. 151-152.

tion of credit markets. Millions of low and moderate-income families now have a chance at owning a home and building wealth."[527]

Es ist somit fraglich, welche Höhe an ZwV sozial verträglich oder gar optimal ist? Ohne die Innovation des letzten Jahrzehnts und die damit verbundene Ausweitung der Kreditvergabe, wäre es vielen Familien nicht möglich gewesen, ihr Eigenheim zu erwerben. Obwohl das Risiko der ZwV bei Subprime-KN höher liegt, beträgt es dennoch nicht 100%. Viele Subprime-KN kommen ihren monatlichen Zahlungsverpflichtungen nach und leben auch weiterhin in ihren eigenen vier Wänden. Dies wäre einkommensschwachen KN oder KN ohne einen erleichterten Zugang zu Hyp vor zwei Jahrzehnten unmöglich gewesen.[528]

6.5.1 Anpassung (Reset) der Zinssätze von hybriden ARM

Als einer der Gründe für die Subprimekrise wurde unter anderen die Anpassung der Zinssätze von hybriden Hyp ausgemacht. Die Logik der Vertreter der ARM-Reset-Theorie basiert auf der Vorstellung, dass anfänglich geringe Teaser-Raten nach Ablauf der vorher festgelegten Periode explodieren würden. KN würden die anfänglichen Vorteile der geringeren monatlichen Zahlungen nach dem Reset der Zinsen bereuen, da sie nunmehr höhere Zinsen zahlen müssten und dies unter Umständen zum Ausfall der Rückzahlungen führen würde.[529]

Wie man in Tabelle 6.3 sehen kann, gab es sowas wie eine geringe teaser Rate nicht.

Tabelle 6.3 Zinssätze für Subprime 2/28 Hyp in den Jahren 2004-2007

Quelle: Foote, Christopher L. u.a. (2008), S. 14.

Year of Origination	Initial (pre-reset) interest rate	1-year prime ARM rate	Margin of fully-indexed (post-reset) rate over benchmark rate	Fully indexed interest rate
2004	7.3	3.9	6.1	11.5
2005	7.5	4.5	5.9	10.5
2006	8.5	5.5	6.1	9.1
2007	8.6	5.7	6.1	9.1

527 Gramlich, Edward M. (2003) (verfügbar: http://www.federalreserve.gov/boarddocs/speeches/2003/20031009/default.htm (Zugriff am 14.11.2010)

528 Vgl. Barth, James R. u.a. (2009), S. 61.

529 Vgl. Foote, Christopher L. u.a. (2008), S. 14.

Die Teaser-Raten hybrider 2/28 ARM stiegen in den Jahren 2004 bis 2007 von 7,3% auf 8,6%. Damit lagen sie während dieser Zeit jährlich ca. 3% über den 1-jährigen Prime-ARM-Sätzen und waren somit keineswegs gering, sondern eher hoch.[530]

Ebenso kann man die Steigerung des Zinssatzes nach Ablauf der teaser Periode nicht als explosionsartig bezeichnen. Dieser lag in den Jahren 2004 und 2005 zwar bei 4% und 3%, sank aber in den beiden Folgejahren auf 0,6% bzw. 0,5%. Da KN sich des Payment Shocks nach Ablauf der Teaser-Periode bewusst waren, refinanzierten viele ihren Hyp zum Ablauf des 24. Monats der Laufzeit, oder aber kurz danach. Abbildung 6.5 zeigt die kumulierte Wahrscheinlichkeit der vorzeitigen Tilgung für Subprime-2/28-Hyp für die einzelnen Jahrgänge.

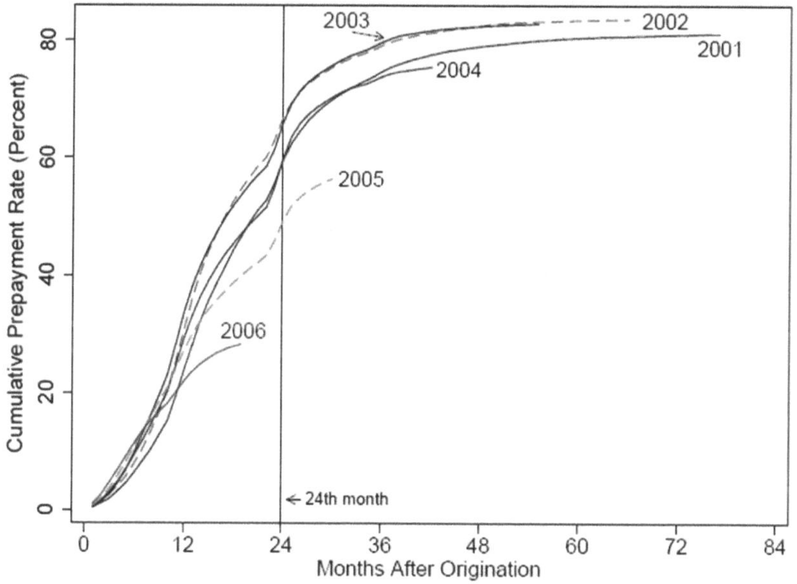

Abbildung 6.5 kumulativer Anteil der Hyp, welche vorzeitig getilgt wurden für die Jahrgänge 2001-2006

Quelle: Foote, Christopher L. u.a. (2008), S. 16.

Wie man sehen kann, refinanzierten ca. 70% aller Hyp der jeweiligen Jahrgänge nach 24 Monaten ihren Hyp, wobei diese Zahl bei den späteren Jahrgän-

530 Vgl. Foote, Christopher L. u.a. (2008), S. 15.

gen abnahm. Dieses Verhalten der KN lässt sich durch sinkende Immobilien-Preise erklären. Diese führten dazu, dass die Eigenheime weniger an Wert besaßen, als die noch ausstehende Kreditsumme, was wiederum eine Refinanzierung für die KG als zu riskant erscheinen ließ.[531] KN mit negativem Nettovermögen (Hauswert - Hyp < 0) waren somit gezwungen, den voll indizierten Zinssatz zu zahlen, was aber in Anbetracht der geringen Zinsdifferenz (0,6 bzw. 0,5%) nicht als explosionsartige Steigerung betrachtet werden kann und die stark steigenden Ausfallraten nicht erklären kann.

Aber das wohl beste Argument gegen die Payment-Shock-Theorie zum Reset-Termin ist das Fehlen der Steigerung der Ausfallraten mit Ablauf des 24. Monats. Wie man in Abbildung 6.6 erkennen kann, steigen die Ausfallraten der einzelnen Jahrgänge bereits weit vor dem 24. Monat an und erreichen noch vor diesem Termin ihren Höhepunkt, meist um den 12. Monat herum. Ab diesem Zeitpunkt sinken die Ausfallraten beständig.

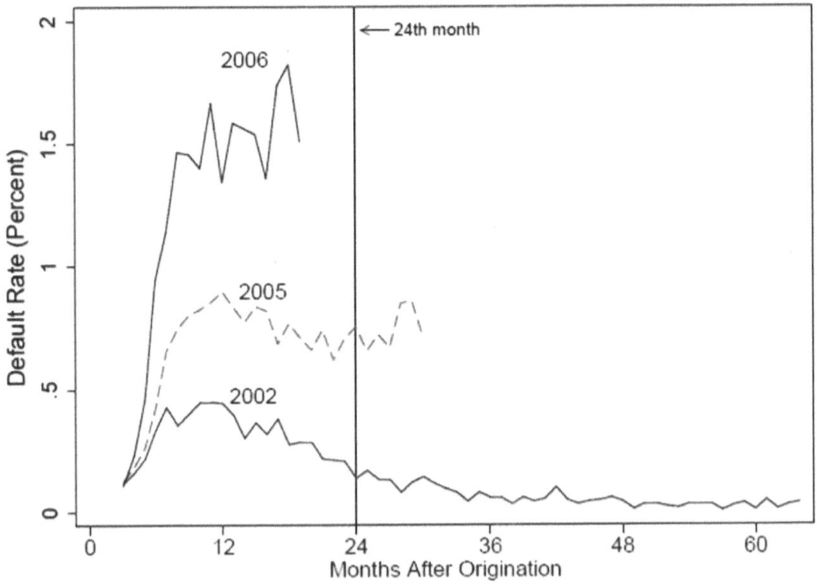

Abbildung 6.6 Ausfallwahrscheinlichkeit für Subprime 2/28 Hyp der Jahre 2002, 2005 und 2006

Quelle: Foote, Christopher L. u.a. (2008), S. 19.

531 Vgl. Foote, Christopher L. u.a. (2008), S. 16.

Wenn der Reset der Zinsraten tatsächlich derart gravierend auf die Ausfallwahrscheinlichkeit von 2/28-Hybrids ausgewirkt hätte, so müsste bei der 24 Monatsmarke ein Ausschlag für die Jahrgänge 2002 und 2005 zu erkennen sein. Dieser zeichnet sich jedoch nicht ab.[532] Subprime-Hybrids und ARM im Allgemeinen waren folglich nicht aufgrund ihres Resets nachteilig für die KN, sondern aufgrund ihrer hohen anfänglichen Zinsraten, welche, trotz Übernahme des Zinsrisikos durch den KN, kaum unter denen von Subprime-FRM lagen.[533]

Es zeigt sich aber ebenfalls, dass die Ausfallwahrscheinlichkeit der einzelnen Jahrgänge im Laufe der Zeit anstieg. So lag die Ausfallrate für den Jahrgang 2006 ca. 4-mal höher als die des Jahrgangs 2002. Dieser Anstieg des Kreditrisikos könnte auf eine Veränderung der Kreditvergabe des Subprime-Marktes zurück zu führen sein, welche das Risiko von Hyp, die in den Jahren 2005 und 2006 vergeben wurden, merklich steigen ließ. So wenig man dem Subprime-Markt die alleinige Schuld geben kann, genauso irreführend ist die generelle Beschuldigung einzelner Hyp-Instrumente. Die hohen Ausfallquoten während der Subprimekrise waren weniger der Struktur dieser Instrumente geschuldet, wie der Teaser-Rate-Höhe oder der Zinsanpassung, sondern eher betrügerischen Maßnahmen, fallenden Immobilienpreisen, dem starken Anstieg der Nachfrage nach Hyp durch den SekM und der damit verbundene Rückgang der Risikostandards.

6.5.2 Entwicklung der Risikoeigenschaften des Subprime-Marktes während der 2. Welle

Im folgenden Abschnitt soll anhand der Ergebnisse verschiedener Studien untersucht werden, ob die Verbriefung von Hyp zu laxeren Risikostandards auf dem Subprime-HypM führte und wie sich dies in verschiedenen Risikokennzahlen widerspiegelte.

Wie man in Tabelle 6.4 sehen kann, stieg die Anzahl der in den gesamten USA vergebenen Subprime-Hyp von 2001 bis 2005 stark an, um daraufhin ab 2006 bis 2007 sogar unter ihren Ausgangswert des Jahres 2001 zu sinken. Im selben Zeitraum zeigt sich aber ebenso, dass die durchschnittliche Kreditsumme von 126.000 $ auf 220.000 $ stieg. In diesem Zeitraum ging der Anteil an FRM in den Jahren 2001 bis 2005 von 33,2% auf 18,6% zurück, um dann 2007 wieder auf 27,5% anzusteigen. Während dessen stieg der Anteil hybrider Hyp von 59,9% bis 2005 auf 76,8% aller Subprime-Hyp an, um daraufhin bis 2007 auf 43,8% zu fallen. Bemerkenswert ist, dass der Anteil eigentlicher ARM während

532 Vgl. Foote, Christopher L. u.a. (2008), S. 18.

533 Vgl. Foote, Christopher L. u.a. (2008), S. 48.

des gesamten Zeitraums beständig bei 0,4% liegt und Balloon Hyp erst in den Jahren 2006 und 2007 ihren Marktanteil merklich auf über 25% ausweiteten.

Tabelle 6.4 Subprime-Risikocharakteristika der einzelnen Jahrgänge bei der Kreditvergabe

Quelle: Demyanyk, Yuliya/Hemert, Ott Van (2008), S. 7.

	2001	2002	2003	2004	2005	2006	2007
				Size			
Number of Loans (*1000)	452	737	1,258	1,911	2,274	1,772	316
Average Loan Size (*$1000)	126	145	164	180	200	212	220
				Mortgage Type			
FRM (%)	33.2	29.0	33.6	23.8	18.6	19.9	27.5
ARM (%)	0.4	0.4	0.3	0.3	0.4	0.4	0.2
Hybrid (%)	59.9	68.2	65.3	75.8	76.8	54.5	43.8
Balloon (%)	6.5	2.5	0.8	0.2	4.2	25.2	28.5
				Loan Purpose			
Purchase (%)	29.7	29.3	30.1	35.8	41.3	42.4	29.6
Refinancing (cash out) (%)	58.4	57.4	57.7	56.5	52.4	51.4	59.0
Refinancing (no cash out) (%)	11.2	12.9	11.8	7.7	6.3	6.2	11.4
				Variable Means			
FICO Score	601.2	608.9	618.1	618.3	620.9	618.1	613.2
Combined Loan-to-Value Ratio (%)	79.4	80.1	82.0	83.6	84.9	85.9	82.8
Debt-to-Income Ratio (%)	38.0	38.5	38.9	39.4	40.2	41.1	41.4
Missing Debt-to-Income Ratio Dummy (%)	34.7	37.5	29.3	26.5	31.2	19.7	30.9
Investor Dummy (%)	8.2	8.1	8.1	8.3	8.3	8.2	8.2
Documentation Dummy (%)	76.5	70.4	67.8	66.4	63.4	62.3	66.7
Prepayment Penalty Dummy (%)	75.9	75.3	74.0	73.1	72.5	71.0	70.2
Mortgage Rate (%)	9.7	8.7	7.7	7.3	7.5	8.4	8.6
Margin for ARM and Hybrid Mortgage Loans (%)	6.4	6.6	6.3	6.1	5.9	6.1	6.0

Bei der Art der Verwendung des Hyp, zeigt sich, was in Kapitel fünf bereits beschrieben wurde. Im Zeitraum von 2001 bis 2005, der zweiten Subprime-Welle, stieg der Anteil von Subprime-Hyp zur Finanzierung von Hauskäufen merklich an, wohingegen der Anteil der Refinanzierungen zurück ging. So stieg der Anteil der Hauskäufe durch Subprime-Hyp von ca. 30% im Jahr 2001 auf 42,4% im Jahr 2006 an. Gleichzeitig gingen die Cash-Out-Refinanzierungen von 58,4% auf 51,4% zurück und der Anteil der Non-Cash-Out-Refinanzierungen gar von 11,2% auf nur noch 6,2% sank. Beide Trends verkehrten sich ab 2006 ins Gegenteil.

Bei der Betrachtung der Risikoeigenschaften der vergebenen Subprime-Hyp erkennt man im vierten Teil der Abbildung, dass die durchschnittliche FICO-Score im Zeitabschnitt 2001 bis 2007 um ca. 20 Punkte angestiegen war. Ebenso stieg jedoch auch das kombinierte LTV um ca. 6% an, was auf die Popularität von Piggyback-Hyp zurück zu führen ist. Trotz der Konstanz des Verhältnisses Rückzahlung/Einkommen und der Anteil an Hyp mit einer Strafe für vorzeitiges Tilgen und fallender Zinssätze sowie Margins für ARM und hybride Hyp lässt sich erkennen, dass das Risiko auf dem Subprime-HypM in dieser Zeit gestiegen war. Insbesondere der Anteil an Subprime-Hyp, welche eine vollständige Dokumentation, z.B. in Bezug auf das Einkommen des KN, aufwiesen sank von ca. 76% im Jahr 2001 auf nur noch ca. 67% im Jahr 2007.

Zu denselben Ergebnissen kommen Foote u.a. (2008) bei ihrer Analyse der Subprime-Kreditvergabe in den Staaten Connecticut, Massachusetts und Rhode Island.

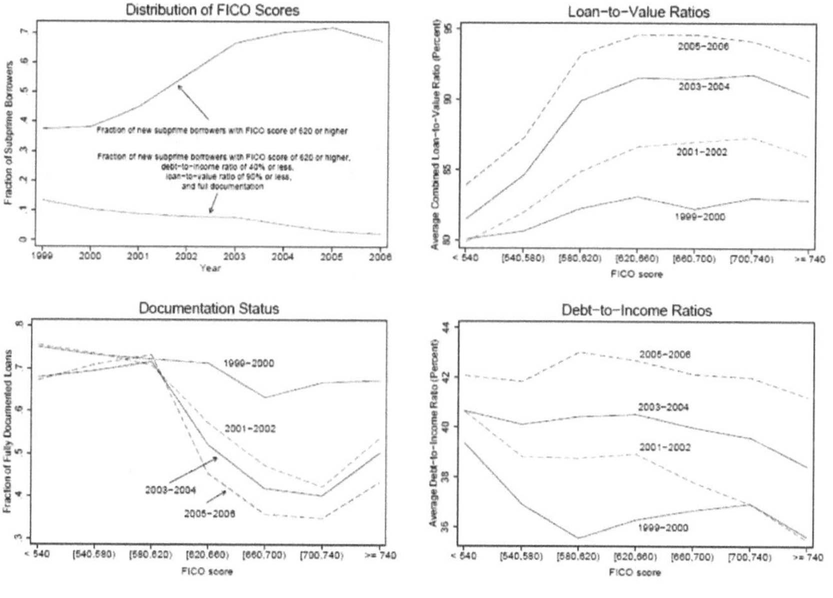

Abbildung 6.7 Entwicklung verschiedener Risikomaße der Kreditvergabe

Quelle: Foote, Christopher L. u.a. (2008), S. 30.

Im Gegensatz zu den allgemeinen landesweiten Zahlen zeigt die Studie von Foote u.a. verschiedene Risikoindikatoren nicht nur in Abhängigkeit des jeweiligen Jahres, sondern ebenfalls in Bezug auf unterschiedliche FICO-Scores der

KN. Wie man in Abbildung 6.7 oben links erkennen kann, stieg der Anteil der Subprime-KN mit einer FICO-Score von über 620 von 40% im Jahr 1999 auf ca. 70% im Jahr 2004. Eine Erscheinung, welche normalerweise auf eine Steigerung der Kreditwürdigkeit der KN und folglich der Kreditqualität auf dem Subprime-Markt im Allgemeinen hinweisen könnte. Dasselbe Quadrat der Abbildung zeigt aber ebenso den Anteil der KN, die eine FICO-Score von mehr als 620, ein LTV Verhältnis von nicht mehr als 90% und eine vollständige Dokumentation aufweisen konnte. Wie man erkennen kann, sank dieser Anteil von ca. 13% im Jahr 1999 auf nur noch 5% im Jahr 2006. Diese detaillierte Analyse lässt somit erkennen, dass die die Kreditqualität auf dem Subprime-Markt im Verlauf nicht besser, sondern schlechter wurde.[534]

Dies wirft die Frage auf, wie es sein konnte, dass der Anteil von KN mit hohen FICO-Scores zu nahm? Als Erklärung hierfür kann das unangemessene Lenken von Prime-KN in den Subprime-Markt durch betrügerischen KG und Broker gelten, welche lediglich Einnahmen durch Gebühren erzielen wollten. Ebenso könnte das Verlangen von risikofreudigen Prime-KN den Anstieg erklären, wenn diese auf der Suche nach riskanteren, aber auch flexibleren, Hyp nur bei subprime KG fündig geworden sind.[535]

Das obere rechte Schema aus Abbildung 6.7 zeigt die zeitliche Entwicklung des durchschnittlichen LTV Verhältnisses für KN unterschiedlicher FICO-Scores und somit unterschiedlicher Risikoklassen. Erneut bildet jede Linie einen anderen Jahrgang ab. Es wird ersichtlich, dass das durchschnittliche LTV Verhältnis für alle Jahrgänge mit dem Anstieg der FICO-Score steigt und ab 700 zum Teil in geringem Maße wieder sinkt. Ebenso kann man jedoch auch erkennen, dass sich nicht nur das durchschnittliche LTV Verhältnis im Zeitablauf erhöhte, sondern ebenso das Maß mit welchem dieses bei KN höherer FICO-Scores im Laufe der Jahre immer mehr anstieg. Lag das durchschnittliche LTV-Verhältnis für KN mit niedrigen Scores in den Jahren 1999-2000 noch knapp über 80%, so stieg dieses bis zu den Jahren 2005-2006 auf ca. 85%. Für einige KN mit hohen Scores stieg das LTV-Verhältnis von ca. 83% in den Jahren 1999-2000 auf ca. 95% in den Jahren 2005-2006. KN, welchen, gemäß ihrer FICO-Scores, eine hohe Kreditwürdigkeit bescheinigt wurde, konnten in den Jahren 2005-2006 mit Anzahlungen von nur 5% ein Eigenheim erwerben.[536] Dies ging unter anderem auf die steigende Beliebtheit sogenannter 80/20-Piggyback-Hyp zurück.[537]

---

534 Vgl. Foote, Christopher L. u.a. (2008), S. 29.
535 Vgl. Foote, Christopher L. u.a. (2008), S. 29.
536 Vgl. Foote, Christopher L. u.a. (2008), S. 29.
537 Vgl. Demyanyk, Yuliya/Hemert, Ott Van (2008), S. 8.

Ein ähnliches Phänomen der allgemeinen Steigerung des Kreditrisikos zeigt sich im dritten Schema der Abbildung links unten. Man kann erkennen, dass an KN mit FICO-Scores unter 620 in beinahe allen Jahren nur selten ein Hyp vergeben wurde, wenn ihre Dokumentation nicht vollständig war. Steigen die Scores jedoch, so differenziert sich die Lage. Sank der Anteil vollständiger Dokumentation im Zeitraum 1999-2000 selbst bei hohen FICO-Scores nur in geringem Maße, so traf dies für spätere Jahre nicht mehr zu. In den darauf folgenden Jahren konnte man ein immer weiteres Abfallen des Anteils der Hyp beobachten, welche an KN hoher Scores vergeben wurden, die eine vollständige Dokumentation vorweisen konnten. Betrug der Anteil vollständig dokumentierter Hyp an KN mit hohen Scores 1999-2000 nur selten weniger als 70%, so sank dieser Anteil bis 2005-2006 auf bis zu 40%. Es zeigt sich somit, dass das Risiko des gesamten Subprime-Marktes aufgrund der Kreditvergabe an KN mit hohen FICO-Scores im Ganzen stieg.[538]

Das letzten Schema, rechts unten in Abbildung 6.7, gibt abschließend das Verhältnis Rückzahlung/Einkommen (debt to income (DTI)) unterschiedlicher KN im betrachteten Zeitablauf wider. Wie zu erkennen ist, sinkt dieses im Allgemeinen tendenziell mit der Höhe der FICO-Score. Ebenso wird ersichtlich, dass dieser Risikoindikator für alle Scores systematisch anstieg. Im Gegensatz zu den vorhergehenden Indikatoren erhöhte sich das Risiko nicht nur für KN mit hohen Scores, sondern auch für jene mit niedrigen. Betrug das Verhältnis Rückzahlung/Einkommen in den Jahren 1999-2000 noch maximal 39% für KN niedriger Scores, so stieg dieses bis 2005-2006 auf durchschnittlich 42% an.[539]

Gemeinsam deuten die Indikatoren LTV, Vollständigkeit der Dokumentation und DTI darauf hin, dass mit Voranschreiten des zweiten Subprime-Booms das Kreditrisiko systematisch stieg. Bei den Indikatoren LTV und Dokumentation stieg dieses insbesondere für KN mit hohen FICO-Scores. Subprime-Hyp waren, aufgrund der Veränderung der oben genannten Indikatoren, besonders anfällig in Bezug auf den Fall der Immobilienpreise. Die allgemeine Erhöhung des LTV-Verhältnisses führte dazu, dass KN zum Zeitpunkt des Hauskaufs lediglich einen geringen Eigenkapitalwert im Eigenheim gebunden hat, was wiederum bedeutet, dass ein Verfall des Immobilienpreis umso schneller zu einem negativen Nettovermögen führt. Dies wiederum kann zum Ausfall der Rückzahlungen führen.[540]

Wie man in Tabelle 6.5 erkennen kann, gingen Hyp in den Jahren 2006 und 2007 schneller in ZwV, als in der Rezession der Jahre 1991 und 1992.

---

538 Vgl. Foote, Christopher L. u.a. (2008), S. 29.

539 Vgl. Foote, Christopher L. u.a. (2008), S. 31.

540 Vgl. Foote, Christopher L. u.a. (2008), S. 32.

Tabelle 6.5: Besitzdauer bei zwangsvollstreckten Hyp (für versch. ZwV-Jahrgänge)

Quelle: Foote, Christopher L. u.a. (2008), S. 34.

	≤ 1 year	≤ 2 years	≤3 years	>3 years	>5 years	> 10 years
2006	4.0	26.9	42.4	57.5	42.3	21.8
2007	3.1	25.8	45.1	54.9	38.8	21.1
1991	5.8	11.7	24.8	75.1	.	.
1992	3.2	6.6	15.3	84.6	.	.

Mehr als ¼ aller ZwV aus den Jahren 2006 und 2007 besaßen ihr Haus weniger als zwei Jahre und mehr als 40% lediglich drei Jahre. Da man die Dauer der ZwV hierbei berücksichtigen muss, welche im Staat Massachusetts ca. sechs Monate in Anspruch nimmt, fielen die Rückzahlungen dieser Hyp bereits nach etwa anderthalb Jahren aus. Im Vergleich dazu besaßen KN von zwangsversteigerten Häusern aus der Rezession 1991 und 1992 ihre Immobilien zu 75% für mehr als drei Jahre. Lediglich 11,7% bzw. 6,6% der ZwV aus diesen Jahren besaßen ihr Heim für weniger als zwei Jahre.[541] Dies zeigt, dass die Hyp der letzten Jahre immer weniger auf Basis der Finanzierbarkeit durch den KN, sondern eher auf Basis der Gewinnmaximierung der KG oder der Anforderungen des SekM vergeben wurden.

Ebenso gibt ein hoher DTI Wert Aufschluss über die Belastung der Rückzahlung des KN in Bezug auf sein Einkommen. Einkommensausfälle können somit eher zu einem Ausfall der Zahlungen führen, da diese Ausfälle und der notwendige monatliche Konsum weniger wahrscheinlich vom Einkommen des Lebenspartners abgefangen werden können. Dieser Effekt wird durch die geringe Dokumentation, insbesondere des Einkommens der KN, vieler Subprime-Hyp noch weiter verschärft. Das DTI-Verhältnis könnte im Einzelfall folglich sogar noch weit über den oben genannten Zahlen liegen, was den Ausfall der Einkommensquelle oder aber unvorhergesehene Kosten, z.B. in Folge von Krankheit, noch gravierender machen würde und das Risiko des Ausfalls weiter verschärft.[542]

Aufgrund der oben genannten Veränderungen der Risiko-Charakteristika von Subprime-Hyp ist es folglich wenig verwunderlich, dass Hyp, welche in den Jahren 2006 und 2007 vergeben wurden, eine höhere Ausfallwahrscheinlichkeit aufwiesen, als Hyp der vorangegangenen Jahre. Allgemein war der Trend zu beobachten, dass der Anteil von Subprime-Hyp, welche innerhalb der ersten 24 Monate entweder mehr als 60 Tage ausgefielen oder sich bereits im Prozess der ZwV befanden, mit dem Voranschreiten der Jahre anstieg.

541 Vgl. Foote, Christopher L. u.a. (2008), S. 33.

542 Vgl. Foote, Christopher L. u.a. (2008), S. 32.

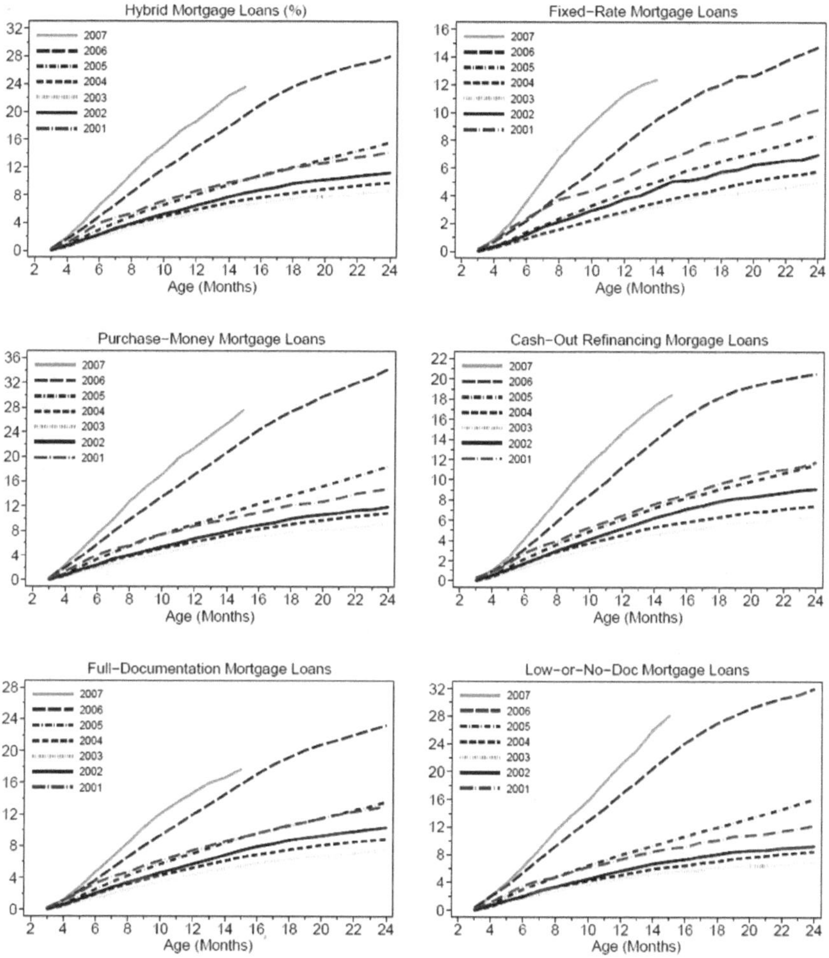

Abbildung 6.8 Ausfallwahrscheinlichkeiten verschiedener Subprime-Hyp-Segmente

Quelle: Demyanyk, Yuliya/Hemert, Ott Van (2008), S. 10.

Wie man in Abbildung 6.8 erkennen kann, fielen einige Hyp-Arten, wie hybride Hyp, Hyp für den Hauskauf oder diese mit unvollständiger Dokumentation häufiger aus, als FRM, Cash-Out-Refinanzierungen oder Hyp mit vollständiger Dokumentation. Man kann ebenso erkennen, dass alle Subprime-Hyp-Arten dies gleichermaßen widerspiegeln.

Chomsisengphet, Murphy und Pennington-Cross (2008) untersuchten auf der Basis von LoanPerformance-Daten der Jahre 2000-2007 die Faktoren, welche die Nachfrage nach ARM, IO, und Balloon-Hyp bestimmten. Sie kommen zu dem Schluss, dass die Vergabe von ARM von einem (oder mehreren) der folgenden Faktoren abhängt: Hoher Vermögensstand, steigendes Einkommen, geringer Credit Score und geringe Anzahlung. Die Vergabe von IO-Hyp tritt hingegen bei KN auf, welche hohe Credit-Scores aufweisen, nur geringe Anzahlungen geleistet haben und/oder ein sinkendes Einkommen aufweisen. Balloon Hyp werden dagegen vor allem an KN vergeben, welche ein hohes Verhältnis aus Kredit/Einkommen aufweisen. Bezüglich hybrider Hyp konnte ihre Sensitivitätsanalyse keine statistisch signifikanten Koeffizienten aufzeigen.[543] Das höhere Risiko von KN dieser Hyp-Instrumente wurde von den KG folglich durch Kreditcharakteristika, wie höheren Zahlungen oder durch einen höheren Sicherungsbetrag in Form von Hauspreisen kompensiert. Ihrer Meinung nach basierte die Kreditvergabe im Allgemeinen auf der Lockerung der Risikobewertungsstandards auf dem gezielten Locken der KN zu diesen Instrumenten durch die KG und dem Wandel der KN-Präferenzen.[544]

Dell'Ariccia, Igan und Laeven (2008) kommen zu dem Schluss, dass die Expansion des Subprime-Marktes mit einer Lockerung der Standards einher ging.[545] Bei ihrer Analyse verwendeten sie Ablehnungsquoten und das Kredit/Einkommen-Verhältnis als Indikatoren für die Kreditvergabestandards. Gerade jene Segmente, welche die höchsten Zuwächse bei der Kreditvergabe erlebten, wiesen nach ihnen die laxesten Risikobewertungsstandards auf.[546]

In einer anderen Studie stellen Demyanyk und van Hemert (2008) fest, dass der Subprime-HypM einem klassischen Boom-Bust Szenario folgte, wobei die KG erst nach sechs Jahren bemerkten, dass die Kreditqualität gesunken war. Als Folge dieser Einsicht stiegen die Zinsaufschläge für KN mit hohem LTV, im Vergleich zu KN mit durchschnittlichem LTV, von 10 Basispunkten im Jahr 2001 auf 30 Basispunkte im Jahr 2006.[547] Dies zeigt, dass KG sich dem höheren Risiko bewusst waren und sie das erhöhte Risiko durch höhere Zinssätze kompensierten. Die Autoren stellen jedoch fest, dass der Aufschlag höher hätte ausfallen müssen, um das tatsächliche Ausfallrisiko zu kompensieren.

543 Vgl. Chomsisengphet, Souphala/ Murphy, Timothy/Pennington-Cross, Anthony (2008), S. 10.

544 Vgl. Chomsisengphet, Souphala/ Murphy, Timothy/Pennington-Cross, Anthony (2008), S. 13.

545 Vgl. Dell'Ariccia, Giovanni/ Igan, Deniz/ Laeven, Luc (2008), S. 26.

546 Vgl. Dell'Ariccia, Giovanni/ Igan, Deniz/ Laeven, Luc (2008), S. 1.

547 Vgl. Demyanyk, Yuliya/Hemert, Otto van (2008), S. 32

Purnanandam (2008) zeigt in seiner empirischen Studie, dass das Originate-to-Distribute Modell zu einer Senkung der Kreditqualität durch Banken führte. Diese Analyse basiert dabei auf der Beobachtung, dass Banken mit einem hohen Verbriefungsanteil ab der Mitte des Jahres 2007 die größten Abschreibungen ihrer Hyp aufwiesen und ein Verkauf der Hyp für diese immer schwieriger wurde.[548]

Bhardwaj und Sengupta (2008) kommen zu dem Schluss, dass aufgrund der Analyse der Kreditdaten keineswegs von einer Senkung der Subprime-Kreditstandards ab dem Jahr 2004 auszugehen ist.[549] Trotz des Sinkens des Anteils von Hyp, welche eine vollständige Dokumentation aufweisen, ist vor allem eine Stärkung der Faktoren, wie bspw. FICO, zu beobachten. Sie kommen zu dem Schluss, dass Risikobewertungsstandards, welche ihrer Meinung nach bereits von Anfang an gering waren, nicht für den Kollaps des Subprime-HypM verantwortlich gemacht werden können. Ebenso weisen sie darauf hin, dass das Kreditrisiko von Hyp multidimensional ist und KG einen Anstieg des Risikos ex ante durch eine Anhebung der Standards anderer Dimensionen ausgleichen können.[550] Sie argumentieren, dass Subprime-Hyp als Brückenfinanzierung verwendet wurden, welche in Antizipation von Einkommens- oder Vermögenswertzuwächsen nur kurzfristig abgeschlossen wurden. Dank der Möglichkeit des Prepayments wollten viele KN ihre Hyp zu einem späteren Zeitpunkt in einen für sie besseren Vertrag refinanzieren, was aber aufgrund des rapiden Sinkens der Immobilienpreise ab dem Jahr 2007 nicht mehr möglich war und die hohe ZwV-Quote zur Folge hatte.[551]

Gerardi u.a. (2008) zeigen, dass Hyp welche in den Jahren 2005 und 2006 vergeben wurden, zusätzliche Risikofaktoren in sich trugen, wie bspw. ein erhöhtes Leverage. Sie kommen zu dem Schluss, dass die Senkung der Riskobewertungsstandards allein den Anstieg der ZwV nicht erklären kann. Eine positive Entwicklung der Wirtschaft im Allgemeinen und steigende Immobilienpreise korrelieren ihrer Meinung nach mit geringeren Ausfallquoten sowohl für Prime- aber insbesondere für Subprime-Hyp.[552]

Liebowitz (2008) kommt zu dem Schluss, dass die Schuld für die Subprimekrise nicht nur in der Subprime-Kreditvergabe zu finden ist, da auch der Prime-Markt mit dem Fallen der Immobilienpreise ebenso steigende ZwV-Quoten aufwies. Er argumentiert, dass das Platzen der Immobilienpreisblase einer der

548 Vgl. Purnanandam, Amiyatosh (2009), S. 29.

549 Vgl. Bhardwaj, Geetesh/Sengupta, Rajdeep (2008), S. 35.

550 Vgl. Bhardwaj, Geetesh/Sengupta, Rajdeep (2008), S. 28.

551 Vgl. Bhardwaj, Geetesh/Sengupta, Rajdeep (2008), S. 35.

552 Vgl. Gerardi, Kristopher/Shapiro, Adam Hale/ Willen, Paul S. (2008), S. 35.

Hauptgründe für den starken Anstieg der Ausfallquote sei, wobei diese Blase jedoch durch laxere Risikostandards und die GSE seit den 1990er Jahren erzeugt wurde. Er kommt zu dem Schluss, dass die Eigenheimziele der GSE den Verfall der Risikostandards auslösten, welche ein Absinken der EK-Quote der KN und der Risikobewertungsstandards durch die KG nach sich zog.[553] Die daraus resultierende gestiegene Nachfrage erzeugte eine Blase, welche Spekulanten anzog, die wiederum die Nachfrage nach alternativen und exotischen Hyp-Instrumenten erhöhten. Der Verfall der Immobilienpreise veranlasste diese Spekulanten daraufhin zum Abtreten ihrer Investitionen, was den starken Anstieg an ZwV für spekulative Hyp nach sich zog.[554]

Mian und Sufi (2008) zeigen auf, dass in den Jahren 2002-2005 infolge der Verbriefung von Hyp, trotz des Rückgangs des Einkommens der KN, eine größere Bereitschaft der Subprime-Kreditvergabe bestand, welche ursächlich für die hohen Ausfallquoten der Jahre 2005-2007 seien.[555] Sie demonstrieren, dass die Subprime-Kreditvergabe besonders in jenen Nachbarschaften hoch war, welche einen besonders großen Anteil an KN mit Credit Scores von unter 660 aufwiesen. So lag das Wachstum der Kreditvergabe von Subprime-Hyp in diesen Gebieten doppelt so hoch, wie in Prime-Nachbarschaften. Die Ausfallquote dieser Nachbarschaften fiel jedoch im Jahr 2006 3-mal so hoch aus, wie in Prime-Nachbarschaften.[556]

Schwarcz (2008) sieht die Ursache für den Verfall der Kreditvergabestandards weniger in den Moral-Hazard-Problemen infolge der Verbriefung, sondern eher im Kapitalüberangebot. Der hohe Wettbewerbsdruck bei der Kreditvergabe führte seiner Meinung nach dazu, dass Hyp beinahe vollständig auf Basis steigender zukünftiger Immobilienpreise vergeben wurden, welche im Fall der ZwV die Kosten decken würden. Das Originate-to-Distribute Modell kann seiner Meinung nach nicht für den Verfall der Risikostandards verantwortlich gemacht werden, da sie für andere Vermögenswerte neben Hyp, welche ebenfalls verbrieft wurden, nicht im selben Maße fielen.[557]

Rajan, Seru und Vig (2008) argumentieren, dass ein wichtiger Grund für die Krise das zunehmende Vertrauen der Kreditgeber auf harte, verifizierbare Faktoren (FICO, LTV, etc.) und kaum noch auf weiche Faktoren (Wahrscheinlichkeit, dass der KN seinen Job verliert oder dass andere unerwartete Ausgaben auftreten) darstellte. Weiche Faktoren wurden insbesondere deshalb vernachlässigt,

553 Vgl. Liebowitz, Stan J. (2009), S. 34.
554 Vgl. Liebowitz, Stan J. (2009), S. 35.
555 Vgl. Mian, Atif/Sufi, Amir (2008), S. 33.
556 Vgl. Mian, Atif/Sufi, Amir (2008), S. 1.
557 Vgl. Schwarcz, Steven L. (2008), S. 6.

weil sie von den KG nur schwer prognostizierbar und verifizierbar waren.[558] Aus diesem Grund verließen sie sich allein auf harte Faktoren, was wiederum die Ursache für spätere Moral-Hazard-Probleme darstellte. Ebenso zeigen sie auf, dass Modelle bzgl. der Bestimmung von Ausfallwahrscheinlichkeiten, auf Basis von Jahren geringer Verbriefungsaktivität (vor 2002), das spätere Ausfallrisiko systematisch unterschätzten.[559]

Wie man erkennen kann, ist eine Identifikation des Rückgangs der Kreditqualität von Subprime-Hyp anhand üblicher Risikokennzahlen, wie den FICO-Scores, LTV, DTI, etc. nicht wirklich erkennbar. So deuten Kennzahlen, wie eine steigende durchschnittliche Kreditsumme pro KN, ein steigender ARM (insbesondere von hybriden und Balloon-Hyp), ein mäßig steigendes LTV-Verhältnis und eine Zunahme des Anteils an Hauskäufen einerseits auf ein gestiegenes Risiko auf dem Subprime-Markt hin. Andererseits lassen Indikatoren, wie eine steigende FICO-Score und ein konstantes DTI-Verhältnis, ein entgegengesetztes Urteil zu. Die Zunahme des Kreditrisikos zeigt sich eigentlich erst im Vergleich der jeweiligen Jahrgänge untereinander. Zwar stieg der Anteil von KN mit einer FICO-Score von mehr als 620, gleichzeitig ging der Anteil an KN dieser Scores zurück, welche ein LTV von unter 90% und eine vollständige Dokumentation aufweisen konnten. Es scheint, als ob die KG die Anforderungen des SekM genau analysiert hatten und ihre Kreditvergabe bewusst an diese angepasst hatten. An KN, welche über der als sicher angenommenen FICO-Schwelle von 620 lagen, wurden scheinbar immer riskantere Hyp-Instrumente vertrieben. Auf die Einhaltung weiterer Komponenten, wie vollständige Dokumentation oder das inhärente Risiko einzelner Hyp-Instrumente, wie Hybrids oder Balloons, wurde scheinbar immer weniger Wert gelegt, da das erhöhte Risiko durch höhere Zinszahlungen, Gebühren und Strafen kompensiert wurde und vor allem auf steigende Immobilienwerte spekuliert wurde, welche für den Fall der ZwV als Sicherheit dienen sollten. Wie sich später herausstellen sollte, waren selbst die hohen Gebühren und Zinsaufschläge des Subprime-Marktes nicht ausreichend hoch, um die tatsächlichen Verluste der Subprimekrise zu decken. Ebenso vernachlässigten immer mehr KG weiche, nur schwer quantifizierbare Faktoren und konzentrierten sich mehr auf harte, quantifizierbare Faktoren, welche ihnen vom SekM vorgegeben wurden. Die hohe Abhängigkeit vieler Hyp von stetig steigenden Immobilienpreisen wurde von vielen Akteuren zu spät erkannt.

558 Vgl. Rajan, Uday/ Seru, Amit/Vig, Vikrant (2010), S. 1.
559 Vgl. Rajan, Uday/ Seru, Amit/Vig, Vikrant (2010), S. 24.

6.5.3 Hohe ZwV-Zahlen beruhen auf fallenden Immobilienpreisen

Wie im vorherigen Abschnitt dargelegt, spielte die Immobilienpreisentwicklung auf dem HypM der USA eine herausragende Rolle, dessen Einfluss im Folgenden aufgezeigt werden soll.

Bhardwaj and Sengupta (2008) stellen fest, dass die Subprimekrise zum Teil durch Prepayment-Strafen verursacht wurde. Der beständige Anstieg der Immobilienpreise seit dem Jahr 1995 hatte, neben dem Sinken der Ausfallquote, ebenfalls einen positiven Einfluss auf die Möglichkeit der Subprime-KN ihre Hyp vorzeitig zu tilgen. Auf Basis der Auswertung von Kreditcharakteristika stellen sie fest, dass die steigenden Immobilienpreise sowohl die Wahrscheinlichkeit der vorzeitigen Tilgung steigerte, als auch die Wahrscheinlichkeit des Ausfalls senkte.[560]

Wie man in Abbildung 6.9 sehen kann, besteht zwischen dem Anteil der Hyp in ZwV und dem Anstieg der Immobilienpreise ein enger Zusammenhang. Steigt der Immobilienpreis, so sinkt gleichzeitig der Anteil zwangsversteigerter Immobilien. Ein Rückgang der Immobilienpreissteigerung ist somit ein starker Indikator für die zukünftige Zunahme von ZwV. Dass dieser Zusammenhang kausal ist, soll im folgenden Abschnitt näher erläutert werden.

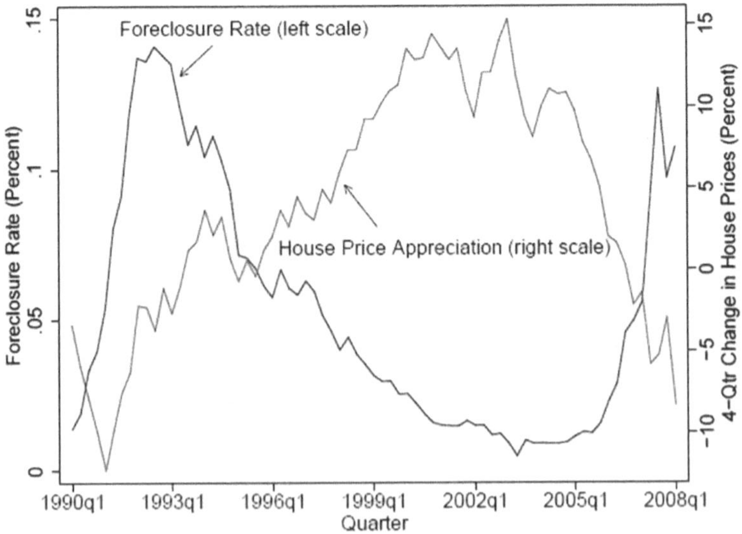

Abbildung 6.9 Entwicklung der ZwV und der Immobilienpreise in Massachusetts 1990-2008

560 Vgl. Bhardwaj, Geetesh/Sengupta, Rajdeep (2008), S. 35.

Quelle: Foote, Christopher L. u.a. (2008), S. 20.

Fallende Immobilienpreise führen zu einer höheren Wahrscheinlichkeit, dass ein KN negatives Eigenkapital in seinem Haus hat (Hauswert – ausstehende Kreditsumme < 0). Dies wiederum ist eine notwendige Voraussetzung für den Ausfall, da in dem Fall, dass die Immobilie mehr wert ist, als die Hyp, der KN diese immer noch verkaufen könnte, um somit die Hyp abzuzahlen und die Differenz zu behalten. Somit werden lediglich die Häuser zwangsversteigert, welche ein negatives Eigenkapital aufweisen und nicht mehr mit Gewinn verkauft werden können.[561]

Die Erfahrungen des HypM im Staat Massachusetts während der Rezession des Jahres 2001 dienen als anschauliches Beispiel für diese Überlegungen.

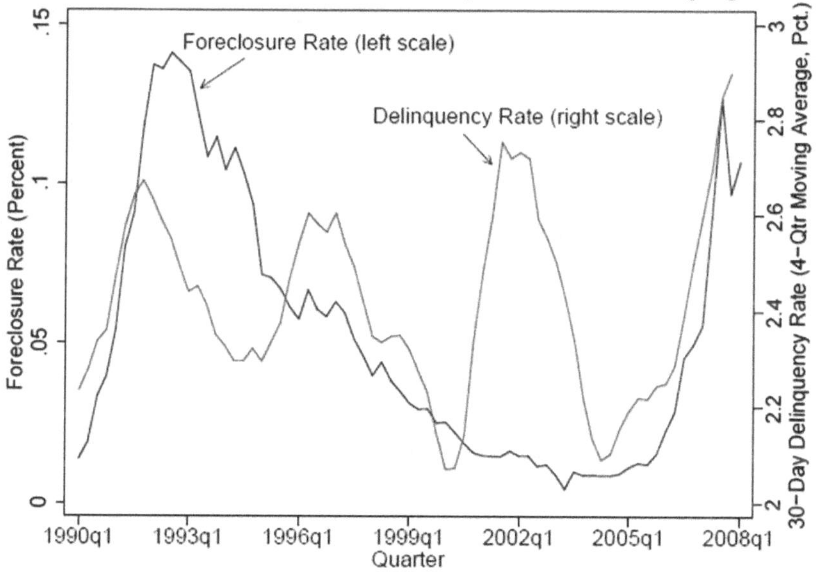

Abbildung 6.10 Entwicklung der ZwV und Ausfälle von Hyp in Massachusetts

Quelle: Foote, Christopher L. u.a. (2008), S. 21.

Während der Rezession 2001 gingen in Massachusetts viele Arbeitsplätze verloren, woraufhin die Arbeitslosenrate von 2,7% (2000) auf 5,8% (2003) stieg. Die Folge war, dass viele KN einige Hyp-Zahlungen verpassten, was dazu führte, dass die 30-Tage-Ausfall Rate in dieser Periode stark anstieg. Zur selben Zeit

561 Vgl. Foote, Christopher L. u.a. (2008), S. 20-21.

konnte man aber auch ein Sinken der ZwV-Rate beobachten. Trotz steigender Arbeitslosigkeit und damit verbundenen höheren Zahlungsausfällen, verloren weniger Menschen ihr Haus. Diese zunächst paradoxe Situation lässt sich jedoch auf ein Steigen der Immobilienpreise im Staat Massachusetts zurückführen. Im Einklang mit den oben dargelegten Überlegungen steigt die Anzahl der ZwV erst dann, wenn KN negatives EK in ihrem Haus binden. KN, welche sich Einkommensschocks gegenüber gestellt sehen, refinanzieren oder verkaufen ihr Haus, bevor sie sich im Prozess der ZwV wiederfinden.[562]

Die hier dargelegten Kosten-Nutzen-Betrachtungen des negativen EK können jedoch nicht immer durch die Empirie bestätigt werden. So kommt es vor, dass KN mit negativem EK zu unterschiedlichen Zeitpunkten ausfallen und manche trotz dessen weiterhin in ihrem Haus bleiben. Zu erklären ist dies unter anderem durch die Irrationalität der meisten KN, welche ihre Entscheidung nicht aufgrund von reinen Kosten-Nutzen-Betrachtungen treffen, sondern ebenso andere Faktoren mit einbeziehen, wie Status oder die mangelnde Bereitschaft aus der Nachbarschaft wegzuziehen, da die Kindern dann auch eine andere Schule besuchen müssten. Andere KN berücksichtigen hingegen Opportunitätskosten, wie Umzugskosten oder negative Auswirkungen auf die FICO-Score. Somit zeigt sich, dass unterschiedliche Präferenzen und Ausgangslagen von KN in derselben Situation zu unterschiedlichen Ergebnissen bezüglich des Zeitpunkts ihres Zahlungsausfalls oder gar der ZwV führen. Sahen diese KN in ihrem Eigenheim einen immateriellen Nutzen, so waren sie eher bereit ein negatives EK zu erdulden.

Es zeigt sich, dass durch einen negativen EK-Wert theoretisch die Wahrscheinlichkeit steigt, dass eine Immobilie in den Prozess der ZwV geht. Dies kann in der Realität jedoch durch subjektive Opportunitätskosten und andere subjektive Nutzenwerte heraus gezögert oder gar aufgeschoben werden. Die ZwV wird folglich meist nur dann eingeleitet, wenn der KN keinen anderen Ausweg sieht und seine finanziellen Reserven bereits erschöpft sind. Durch ein stetig steigenden LTV-Wert ging im Laufe der Zeit der Sicherheitspuffer bezüglich einer negativen Entwicklung der Immobilienpreise zurück. KN und vor allem Spekulanten, welche ihren Hyp teilweise nur durch einen Piggyback-Hyp finanzieren konnten und folglich keinerlei EK im Haus gebunden hatten, besaßen bei sinkenden Immobilienpreisen und folglich schneller eintretendem negativen EK kaum Anreize ihren Hyp auch weiterhin zu bedienen. Das allgemein höhere Risiko infolge sinkender Risikostandards bei der Kreditvergabe führte dazu, dass der Ausfall von Hyp immer mehr vom Verlauf der Immobilienpreise abhängig wurde. Anderen KN wurde eine Refinanzierung ihrer Hyp aufgrund

562 Vgl. Foote, Christopher L. u.a. (2008), S. 22.

von betrügerischen Prepayment Strafzahlungen erschwert, was im folgenden Abschnitt genauer beleuchtet werden soll.

6.5.4 Der Einfluss von Prepayment-Strafzahlungen

Predatory Lending basiert auf irreführenden und teilweise illegalen Praktiken der KG, um dem KN unvorteilhafte Kreditvereinbarungen aufzuzwingen. In diesem Abschnitt soll das Augenmerk insbesondere auf langwirkenden und hohen Strafzahlungen für frühzeitige Tilgung. Betrügerische Strafzahlungen für vorzeitiges Tilgen den KN von einer Refinanzierung abhalten können, welche ihm geringer Zinssätze oder eine Verbesserung der Kreditwürdigkeit ermöglichen.[563]

Strafzahlungen für vorzeitiges Tilgen dienen den KG in erster Linie als Sicherheit. Da diese in der Regel von einer langfristigen Kreditlaufzeit ausgehen, schützen sie auf diese Weise ihre geplanten Gewinne, welche durch eine kurzfristige vollständige Tilgung verloren gehen würden. Folglich dienen sie der Minimierung der Unsicherheit für KG. Sie sind somit unter bestimmten Voraussetzungen legitim, wenn nicht sogar wohlfahrtssteigernd, da ein Fehlen dieser Risikokompensation die Bereitschaft der KG senken würde, Hyp bestimmten KN anzubieten.

Es ist dennoch interessant, dass Strafzahlungen dieser Art beinahe ausschließlich auf dem Subprime-HypM anzutreffen sind. Im Gegensatz zu 2% der Prime-Hyp, beinhalten immerhin 80% aller Subprime-Hyp Strafzahlungen für die vorzeitige Tilgung. Die Abschreckung durch staatliche Regulierung und der hohe Wettbewerbsdruck des Prime-HypM hielt scheinbar viele KG davon ab derartige Kreditbedingungen einzuführen. Dies bedeutet, dass diese Strafzahlungen vornehmlich von unregulierten KG angeboten werden.[564] Obwohl von einigen Subprime-KG das Argument vertreten wird, dass KN Strafzahlungen absichtlich wählen, um ihre monatlichen Rückzahlungen zu minimieren, erklärt dies dennoch nicht die hohe Dominanz des Subprime-HypM im Vergleich zum Prime-HypM. Auf dem Prime-HypM ist jene Strafzahlung eine verhandelbare Option, die für jene KN vorteilhaft ist, welche eine Refinanzierung ihres Hyp nicht planen und im Gegenzug zu dieser Beseitigung der Unsicherheit für den KG eine Senkung der Zinslast erhalten. Auf dem Subprime-HypM hingegen entfällt das Optionsrecht größtenteils, da KG diese meist eigenständig integrieren oder das Vorhandensein bewusst voraussetzen, um das gesteigerte Risiko der KN abzufedern. Es zeigt sich aber ebenso, dass KG den ungleichen Informationsstand und die schwache Verhandlungsposition der KN bewusst ausnutzen,

563 Vgl. Quercia, Roberto G./Stegman, Michael A./Davis, Walter R. (2005), S. 3.
564 Vgl. Goldstein, Debbie/Strohauer, Stacey (2003), S. 2.

um die Strafzahlungen in die Kreditbedingungen zu integrieren.[565] Da die Ausübung der Refinanzierungsoption dem KN erhebliche Zusatzkosten verursacht, steigert sie die Wahrscheinlichkeit des Zahlungsausfalls signifikant.

Fraglich ist jedoch, ab wann eine Strafzahlung betrügerisch wird? In der Regel beläuft sich die Strafzahlung auf 80% von sechs monatlichen Zinszahlungen. Bei einem Zinssatz von 6,5% und einer Kreditsumme in Höhe von 500.000 $ beträgt die monatliche Zinszahlung bei einem IO Hyp 2708,33 $. Die Strafzahlung würde in diesem Fall 13.000 $ betragen.[566] Da der Gesetzgeber eine klare Definition einer betrügerischen Strafzahlung für vorzeitige Tilgung ablehnte und auf die individuelle Vorteilhaftigkeitsrechnung eines jeden KN verwies, fiel die Definition lange Zeit schwer.[567]

Gemäß einer Untersuchung der Federal Trade Commission gab ein Großteil der repräsentativ Befragten an, dass sie über die Kreditbestimmungen unzureichend informiert wurden. 68% aller Befragten konnten, bei Vorlage von Kreditbestimmungen, Strafzahlungen für vorzeitige Tilgung für Refinanzierungen innerhalb der ersten zwei Jahre nicht korrekt identifizieren.[568] Besonders verwirrend für viele KN war vor allem der Wortlaut des Truth-in-Lending Dokumentes bezüglich der Existenz von Strafzahlungen für vorzeitige Tilgung (Prepayment):

> *"PREPAYMENT: If you pay off your loan early, you [ ] may [ ] will not have to pay a penalty [ ] may [ ] will not be entitled to a refund of part of the finance charge."*

Trotz der konjunktivischen Bedeutung des Wortes "may", besaßen KN zweifelsohne eine Prepayment-Strafe, soweit dieses Feld angekreuzt wurde.[569]

95% der Befragten konnten die Höhe der Strafzahlung nicht beziffern.[570] Vielen wurde gar erklärt, dass eine Refinanzierung jederzeit möglich wäre, wobei ihnen jedoch nicht erklärt wurde, dass dies aufgrund der Strafzahlung teurer werden könnte.[571] Dabei verwirrten KG die KN, indem sie Bedingungen bewusst wage und im Konjunktiv formulierten, was dazu führte, dass KN unter Umständen erst im Nachhinein von der Existenz und der genauen Höhe ihrer jeweiligen Strafzahlung erfuhren.[572]

---

565 Vgl. Goldstein, Debbie/Strohauer, Stacey (2003), S. 6.

566 http://www.thetruthaboutmortgage.com/prepayment-penalty-mortgage/ (Zugriff: 03.11.-2010)

567 Vgl. GAO (2004) S. 19.

568 Vgl. FTC (2007), S. 79.

569 http://financial-dictionary.thefreedictionary.com/prepayment+penalty (Zugriff: 03.11.-2010)

570 Vgl. FTC (2007), S. 79.

571 Vgl. Goldstein, Debbie/Strohauer, Stacey (2003), S. 8.

572 Vgl. FTC (2007), S. 36-37.

Wie ein einfaches Rechenbeispiel offenbart, sind Strafzahlungen für vorzeitige Tilgung für den KN keineswegs vorteilhaft. Unter Annahme einer Strafzahlung von 4%, welche im Vergleich zu üblichen Marktbestimmungen des Subprime-Marktes noch gering ist, und einer Reduzierung des Zinssatzes um 50 Basispunkte, beträgt die Ersparnis des KN während einer Kreditlaufzeit von 2-3 Jahren zwischen 100 und 150 Basispunkten. Für diese Reduktion bezahlt er bei einer Refinanzierung jedoch 400 Basispunkte, was dem 3-4 fachen der Ersparnis entspricht. Berücksichtigt man die Vergabepraxis der YSP, welche eine Kreditvergabe mit höheren Zinssätzen zur Folge hatte, so können Zinsersparnisse infolge der bewussten Akzeptanz von einer Strafzahlung recht schnell verschwinden.[573]

Strafzahlungen für vorzeitige Tilgung stellen folglich eine weitere Einnahmequelle für KG dar, welche, aufgrund der Unklarheit bezüglich ihres Vorhandenseins oder ihrer Höhe, zu einer Reduktion der anfänglichen Zinszahlungen und Gebühren beitragen kann. Diese deckt der KG jedoch durch eine Refinanzierung mehr als ab. Eine Studie von Morgan Stanley kommt zu dem Schluss, dass Hyp mit Strafzahlungen 90% so häufig refinanzieren, wie Hyp ohne Strafzahlungen. Lehman Brothers kommt zu dem Schluss, dass 52,7% aller Hyp mit Strafzahlung vorzeitig getilgt, wohingegen die Quote bei Hyp ohne Strafzahlungen bei 67,9% liegt. Das Vorhandensein von Strafzahlungen verhindert bei einigen KN somit eine möglicherweise vorteilhafte Refinanzierung und fängt diese in teils nachteiligen Hyp.[574]

Daher ist es wenig verwunderlich, dass Strafzahlungen für vorzeitige Tilgung die Wahrscheinlichkeit einer ZwV steigern. Laut Quercia, Stegman und Davis steigt diese Wahrscheinlichkeit um 20%.[575]

Das Problem des Predatory Lending, welche Prepayment Strafen beinhaltet, wurde von den einzelstaatlichen Gesetzgebern bereits frühzeitig erkannt. Mehrere Staaten verabschiedeten daraufhin Gesetze zum Schutz der Konsumenten, welche Kreditbestimmungen, wie beispielsweise Balloon-Zahlungen oder Prepayment-Strafen, von kostenintensiven Hyp stärker einengten oder ganz verboten.[576] Diese einzelstaatlichen Regulierungen wurden jedoch von nationalen Regulierungsbehörden, wie dem OCC oder dem OTS für landesweit agierende KG außer Kraft gesetzt.[577]

---

573 Vgl. Goldstein, Debbie/Strohauer, Stacey (2003), S. 10.

574 Vgl. Goldstein, Debbie/Strohauer, Stacey (2003), S. 11.

575 Vgl. Quercia, Roberto G./Stegman, Michael A./Davis, Walter R. (2005), S. 27.

576 Vgl. GAO (2004) S. 10.

577 Vgl. GAO (2004) S. 11.

Eine klare Abgrenzung von betrügerischen Prepayment-Strafen gegenüber legitimen Vertragsbedingungen fällt somit schwer. Eine allgemein anwendbare Definition der Nachteiligkeit für den KN liegt jedoch dann vor, wenn dieser bewusst irregeführt wird und unnötig lange aufgrund der Prepayment-Last in einem Hyp gehalten wird.

6.6 Diskriminierung auf dem HypM der USA

Ohne eine nähere Betrachtung des Problems der Rassendiskriminierung und des Redlinings in den USA, können bestimmte Entwicklungen und Probleme der 1990er und 2000er Jahre nicht verstanden werden.

Diskriminierung kann dabei auf ungleicher Behandlung basieren, welche auftritt, wenn Individuen aufgrund der Zugehörigkeit zu einer ethnischen Gruppe oder anderen Merkmalen, wie Geschlecht, Alter oder Behinderung, unterschiedlich behandelt werden.[578] Eine weitere Form der Diskriminierung tritt dann ein, wenn neutrale Geschäftspraktiken zwar auf alle KN gleich angewendet werden, diese aber einen unverhältnismäßig hohen Anteil einer geschützten Minderheit ausgrenzen. Ein Beispiel dafür wäre die generelle Kreditverweigerung für Anträge im Wert von unter 100.000 $, da dies einen signifikanten Teil der Minderheiten ausgrenzen würde. Die letzte Form der Diskriminierung stellt das sogenannte Redlining dar. Hierbei verweigert ein KG Kreditanträgen eines bestimmten Stadtteils generell seine Zustimmung oder wenn, dann nur unter Einhaltung besonders restriktiver Bedingungen.[579]

Da das Problem der Rassendiskriminierung mit der Geschichte der USA eng verbunden ist, sind deren Auswirkungen ebenfalls bei der Hyp-Vergabe zu beobachten. Zu Beginn des 19. Jahrhunderts besaßen Schwarze kaum Möglichkeiten Hyp aufzunehmen und wenn, dann nur zu Wucherzinsen, da traditionelle KG Schwarzen die Kreditvergabe verwehrten und deren Nachbarschaften mieden. Ihr einziger Ausweg zur damaligen Zeit war entweder die Kreditaufnahme bei Finanzinstituten, die von Schwarzen geleitet wurden. Diese waren jedoch oft nur schlecht kapitalisiert. Eine letzte Möglichkeit einen Hyp aufzunehmen, war somit häufig die Kreditaufnahme bei alternativen Geldgebern, welche oftmals unverhältnismäßig hohe Zinsen verlangten.[580]

Neben den S&L galt bis in die 1950er Jahre vor allem die FHA als Wachhund der Reinheit der weißen Nachbarschaft. So wies das FHA Underwriting

578 Vgl. Schwartz, Alex F. (2010), S. 254.
579 Vgl. Schwartz, Alex F. (2010), S. 254-255.
580 Vgl. Immergluck, Dan (2009), S 48.

Manual aus dem Jahr 1935 darauf hin, dass eine „*infiltration of inharmonious racial or nationality groups*", einen negativen Einfluss auf die Immobilienwerte der Nachbarschaft hätten.[581] Dies zeigt, dass die FHA seit Anbeginn ihres Bestehens Redlining förderte und bei der Verbreitung der Redlining Praxis half. Obwohl Redlining bereits vor Entstehung der FHA im Privatsektor vorhanden war, half diese dabei sie zu Formalisieren und ihre Anwendung zu legitimieren.[582] So entwickelte und verbreitete die FHA Risk-Rating-Karten, welche Immobilienwertschätzern die Risikopunkte der Nachbarschaft ins Gedächtnis rufen sollte. Ebenso verbreitete die FHA die Praxis des Redlining durch Ausgabe ihrer Richtlinien, sowohl bei FHA-KG als auch bei Nicht-FHA-KG, da sie als Standard-Setter und Entwickler guter Risikobewertung allgemein akzeptiert wurde.[583] Die geographischen Vorurteile der FHA zeigten sich darin, dass nur 2,3% aller ausstehenden FHA-Hyp des Jahres 1950 mit Schwarzen abgeschlossen wurden, was noch geringer ausfiel, als die 5% aller ausstehenden, konventionellen Hyp, welche an Farbige vergeben wurden.[584] Es zeigt sich somit, dass KG der damaligen Zeit und die staatliche Behörde der FHA die Kreditvergabe an Farbige direkt einschränkten und folglich die Finanzierungsmöglichkeiten des Hausbaus für diese Minderheiten enorm restringierten.

Trotz der Bemühungen der Civil-Rights-Bewegung verschwand das Problem der Diskriminierung nicht über Nacht. Selbst ein gesetzliches Verbot der Diskriminierung bei der Verwendung öffentlicher Mittel, durch die Kennedy-Regierung im Jahr 1962, änderte erstmal wenig. Echte Maßnahmen zur Veränderung der Situation verabschiedete man erst in Folge der Rassenunruhen. Im Jahr 1968 verabschiedete der Kongress, als Teil des Civil Rights Act, den Title VIII, auch bekannt als das Fair-Housing-Gesetz (FaHA), um die Diskriminierung auf dem HypM zu verbieten, was auch die Praxis des Redlinings beinhaltete.[585] Es stellte sich jedoch heraus, dass das FaHA nicht weit genug ging und es ihm an Sanktionen und dem Willen der Behörden mangelte, diese durchzusetzen. Echte Schritte zur Verbesserung der Lage folgten erst durch Einführung des Community Reinvestment Act (CRA), welcher als Teil des Housing and Community Development Act von 1977 verabschiedet wurde. CRA sollte die Unterversorgung bezüglich der Hyp-Vergabe von Minderheiten in der unmittelbaren Nachbarschaft von FDIC-gesicherten Einlageninstituten beenden. Auf Grundlage einer Bewertung der Kreditvergabe in der Vergangenheit, konnte es Instituten

581 Vgl. Immergluck, Dan (2009), S 49.
582 Vgl. Immergluck, Dan (2009), S 48.
583 Vgl. Immergluck, Dan (2009), S 49.
584 Vgl. Immergluck, Dan (2009), S 49.
585 Vgl. Immergluck, Dan (2009), S 50.

mit unzureichender Bewertung verboten werden zu Fusionieren oder Zweigniederlassungen zu eröffnen.[586] Als Profiteure der Einlagen ihres Einzugsbereiches, sollten Einlageninstitute diese in der Nachbarschaft reinvestieren, insbesondere in jenen mit hohem Minderheitenanteil. Im Gegensatz zu anderen Gesetzen animiert CRA die KG zum Handeln, anstatt lediglich eine bestimmtes Verhalten zu verurteilen. Anstatt Redlining lediglich zu verbieten, ermutigt CRA die KG dazu die Kreditbedürfnisse ihrer Nachbarschaft zu decken.[587]

Trotz dieser Gesetzesänderungen konnte man Diskriminierung auf Basis der Rasse noch immer in den frühen 1990er Jahren beobachten. Das nationale Interesse stieg erst wieder infolge Bill Dedmans Artikel-Serie „The Color of Money"[588] aus dem Jahr 1988, welche die noch immer bestehende Diskriminierung des HypM der USA thematisierte. Als Reaktion darauf erschienen in den Folgejahren mehrere Studien und Artikel, welche nicht nur das öffentliche Interesse aufrecht erhielten, sondern ebenso die Ergebnisse bestätigten.[589] So kam eine Studie der FED im Jahr 1991, auf Grundlage der HDMA Daten des Jahres 1990, zu dem Schluss, dass die Hyp-Anträge für den Hauskauf von Minderheiten 2 bis 3-mal so häufig abgelehnt wurden, wie die von weißen Antragstellern, obwohl sie dasselbe Einkommen aufwiesen.[590] Gemäß der FED Studie lag die Ablehnungsquote für Minderheiten (28,1%) 17,8% über der von Weißen (10,3%) lag. Trotz ihrer großen Bekanntheit war die Studie ebenfalls harscher Kritik ausgesetzt, da den Autoren vorgeworfen wurde, wichtige Variablen nicht mit einbezogen zu haben, was das Ergebnis verzerrte. Nachfolgende Studien kamen unter Einbeziehung zusätzlicher Faktoren zu dem Schluss, dass die Differenz nur noch bei ca. 8% lag, was zwar geringer aber dennoch als signifikant anzusehen ist.[591] Aufgrund des öffentlichen Drucks sowie der genaueren Durchsetzung der Fair-Lending-Gesetze, von Seiten der Aufsichtsbehörden, stieg die Kreditverfügbarkeit von Prime-KG für Hausverkäufe im Allgemeinen und für Minderheiten im Speziellen ab den frühen 1990er Jahren rasant an und kann zum Großteil auf die Bekämpfung der Rassendiskriminierung zurück geführt werden.[592]

586 Vgl. Immergluck, Dan (2009), S 53.
587 Vgl. Miller, Stephen M./Tootell, Geoffrey M.B. (2000), S. 3
588 http://powerreporting.com/color
589 Vgl. Schwartz, Alex F. (2010), S. 265.
590 Vgl. Immergluck, Dan (2009), S 57.
591 Vgl. Schwartz, Alex F. (2010), S. 270.
592 Vgl. Immergluck, Dan (2009), S 57.

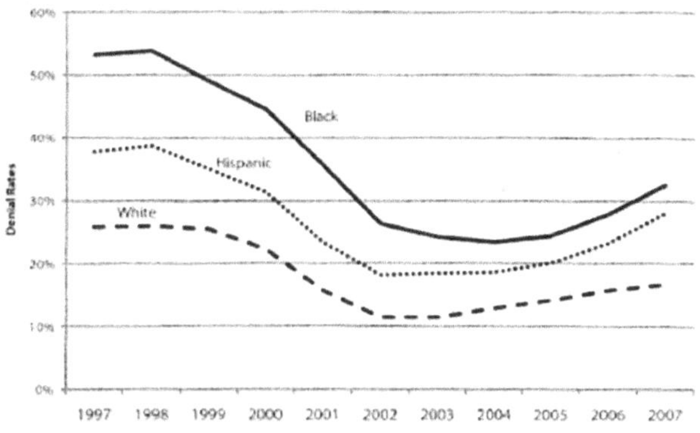

Abbildung 6.11: Anteil abgelehnter Hyp-Anträge je Ethnizität (1997-2007)

Quelle: Schwartz, Alex F. (2010), S. 268.

Wie man in Abbildung 6.11 sehen kann, ging der Anteil abgelehnter Hyp-Anträge für Hauskäufe für alle Bevölkerungsgruppen von 1997 bis 2002 stark zurück. Dabei fiel der Anteil abgelehnter Anträge von schwarzen KN besonders stark von 53% auf 26,3% im Jahr 2004 zurück. Der Anteil abgelehnter lateinamerikanischer (lat.) Hyp-Anträge sank ebenfalls, von 37,8% auf nur noch 18,2%. Gleichzeitig sank der Anteil abgelehnter weißer Anträge aber ebenfalls von 25,8% auf 11,5%. Trotz allgemein rückläufiger Ablehnungsanteile blieb das Verhältnis von abgelehnten weißen zu schwarzen bzw. lat. Anträgen konstant beim 2,0- bzw. 1,5-fachen. Die Lücke zwischen schwarzen und weißen Anträgen ging erst zwischen 2002 und 2005 zurück, infolge des Anstiegs des abgelehnten weißen Anteils, bei gleichzeitigem Fall der schwarzen Quote.

Der verbesserte Zugang zu Hyp ist somit nicht notwendigerweise mit einem Rückgang der Diskriminierung gleichzusetzen, da diese neue Formen annehmen kann. Anstelle des Zugangs legte diese nunmehr ihr Augenmerk auf Bedingungen und die Kosten der Kreditaufnahme.[593]

> *„The mortgage market may be moving to a world with no credit rationing; that is toward a situation in which everyone can have access to credit if the price is right. In this world there cannot be, by definition, discrimination in loan approval, but there can, of cource, be discrimination in loan pricing."*[594]

Die vereinfachte Finanzierung durch den SekM, die Verwendung von Scoring-Verfahren und von AUS sowie die daraus resultierende riskobasierte Kre-

593 Vgl. Schwartz, Alex F. (2010), S. 271.

594 Schwartz, Alex F. (2010), S. 272.

ditvergabe ermöglichte die Vergabe von Subprime-Hyp, welche ab den 1990er Jahren vor allem an Minderheiten vergeben wurden. So erhielten im Jahr 2006 mehr als die Hälfte aller schwarzen KN und beinahe die Hälfte aller lat. KN einen Subprime-Hyp Im Vergleich dazu lag diese Quote bei weißen KN lediglich bei 22%.[595]

Wie man in Abbildung 6.12 erkennen kann, stieg mit dem Sinken der Ablehnungsrate die Vergabequote von Subprime-Hyp für schwarze KN an, um dann ab 2006 mit dem Anstieg der Ablehnungsrate wieder zu sinken.

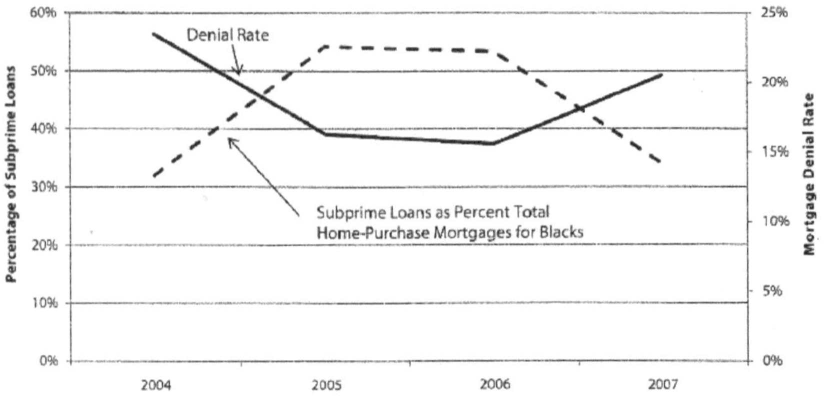

Abbildung 6.12: Anteil abgelehnter Anträge und Anteil von Subprime-Hauskäufen schwarzer KN

Quelle: Schwartz, Alex F. (2010), S. 275.

Seit den 1990er Jahren entstand so ein polarisierender HypM, der dazu tendierte, weißen KN Prime-Hyp anzubieten, wohingegen Geringverdienern und Minderheiten eher Subprime-Hyp angeboten wurden, deren Kosten und Vertragsbedingungen für den KN nachteilig, wenn nicht sogar ausbeutend und betrügerisch (predatory) waren.

6.7 Staatliche Regulierung

Der HypM der USA ist, dank seiner gesellschaftspolitischen Wichtigkeit, teilweise sehr stark reguliert und sowohl von einzelstaatlichen, als auch von natio-

595 Vgl. Schwartz, Alex F. (2010), S. 274.

nalen Behörden überwacht worden. So sind die Probleme der Subprimekrise weniger auf einen Mangel an Aufsichtsbehörden, sondern viel mehr auf eine zu hohe Anzahl an Aufsichtsbehörden mit überlappenden Zuständigkeitsbereichen zurückzuführen, die jedoch zumindest einen Teil des HypM regulierten.[596]

Wie man in Abbildung 6.13 sehen kann, wird der HypM der USA neben den nationalen Behörden des Office of Comptroller of the Currency (OCC; grün) und dem Office of Thrift Supervision (OTS; gelb), ebenfalls von der Federal Reserve (FED)[597], der FDIC und einzelstaatlichen Behörden (alle gemeinsam rot) reguliert. Diese Behörden überwachen die Kreditvergabe sowohl der Banken als auch der Thrifts. Die Regulierung von Finanzinstitutionen, welche nicht unter die Definitionen der Banken und Thrifts fallen, unterliegt folglich lediglich einzelstaatlichen Behörden. Unter die letzte Kategorie fallen insbesondere Hyp-Broker und Hyp-Banken.

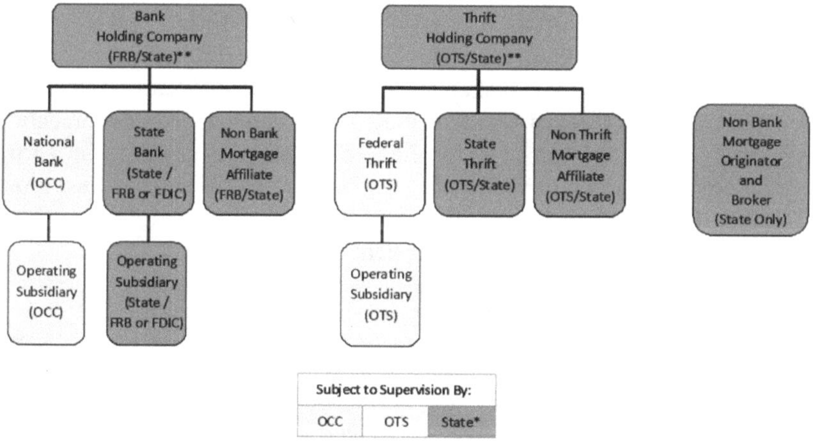

Abbildung 6.13 Struktur der Regulierung des HypM in den USA

Quelle: Dugan, John C. (2010), S. 6.

596 Vgl. Barth, James R. u.a. (2009), S. 184.

597 Some regulations issued by the Board apply to the entire banking industry, whereas others apply only to member banks, that is, state banks that have chosen to join the Federal Reserve System and national banks, which by law must be members of the System. The Board also issues regulations to carry out major federal laws governing consumer credit protection, such as the Truth in Lending, Equal Credit Opportunity, and Home Mortgage Disclosure Acts.

6.7.1 Regulierungsdoktrin der USA

Wie bereits in Abschnitt 5.4 dargelegt, zog die die S&L-Krise der 1980er Jahre eine Welle der Deregulierung nach sich, welche im Kern auf den folgenden theoretischen Grundüberlegungen fußt:

> *„Perhaps the most important single idea in economics is that competitive economies lead, as if by an invisible hand, to a (Pareto) efficient allocation of resources, and that every Pareto efficient resource allocation can be achieved through a competitive mechanism, provided only that the appropriate lump sum redistributions are undertaken. It is these (fundamental theorems) of welfare economics which provide both the rationale for the reliance on free markets, and the belief that issues of distribution can be separated from issues of efficiency, allowing the economist the freedom to push for reforms which increase efficiency, regardless of their seeming impact on distribution; if society does not like the distributional consequences, it should simply redistribute income."*[598]

Da Marktakteure in einem freien Markt durch Wettbewerb von allein ein Pareto-Optimum erreichen, ist der Eingriff des Staates überflüssig und lediglich für die nachgelagerte Verteilung der Wohlfahrt relevant. Probleme, infolge von asymmetrischen Informationen, können durch die Marktakteure, entsprechend dieser Theorie, selbst gelöst werden, indem sie verschiedene Instrumente zur Verringerung dieser einsetzen (Signaling, Screening, Eigenauswahl-Verträge und die Verwendung von Garantien).[599] Durch die modellgestützte Bestimmung des Kreditrisikos glaubte man die wahren Kosten der Hyp-Vergabe bestimmen und die daraus resultierenden Risiken absichern zu können.

> *"With these advances in technology, lenders have taken advantage of credit-scoring models and other techniques for efficiently extending credit to a broader spectrum of consumers. Where once more-marginal applicants would simply have been denied credit, lenders are now able to quite efficiently judge the risk posed by individual applicants and to price that risk appropriately."*[600]

Auf Grundlage dieser Überlegungen konnte die Kreditvergabe auf weite Teile der Bevölkerung ausgeweitet werden, welche vorher nicht bedient werden konnten. Deregulierung war nach dieser theoretischen Auffassung der Weg zum pareto-optimalen Gleichgewicht, in welchem die Wohlfahrt aller US-Amerikaner optimal sei, da sowohl die KN als auch die KG in diesem Zustand ihre Wohlfahrt maximiert hätten.

In der Folge soll anhand von zwei Beispielen die Regulierungspolitik des US-amerikanische HypM aufgezeigt werden. Aufbauend auf den Grundüberlegungen der Wohlfahrtsmaximierung durch Deregulierung, wird anhand dieser

---

598 Stiglitz, Joseph E. (2001), S. 503.

599 Vgl. Ireland, Mark (2009, S. 18.

600 Greenspan, Alan (2005), S. 5

demonstriert, dass auf einem Markt mit asymmetrischen Informationen der Eingriff des Staates dennoch von Nöten ist, da die Eigengewinnmaximierung der beteiligten Akteure eben nicht zu einem allgemeinen Wohlfahrtsoptimum führt. Ausnahmen bei der Regulierung für einzelne KG oder die Anwendung laxerer Überwachungsmaßnahmen für Andere zogen Anreize zum Missbrauch nach sich, welche den gesamten HypM der USA destabilisieren sollten.

6.7.2 Preemption und Predatory Lending

Da in den USA jeder Einzelstaat Gesetze für seinen Geltungsbereich erlassen kann, soweit sie nicht mit nationalen Gesetzen in Konflikt stehen, kann es vorkommen, dass eine national operierende Bank unterschiedliche Bankstandards innerhalb der USA zu beachten hat. Um dies zu umgehen, basiert die Regulierung national agierender Banken auf einem einheitlichen Bankstandard, der unabhängig von einzelstaatlichen Entscheidungen für diese national agierenden KG in jedem Staat gelten.[601] Sie unterliegen somit, neben nationalen Regelungen, auch einzelstaatlichen Bestimmungen, welche jedoch nur angewendet werden, soweit sie nicht den nationalen entgegenstehen oder diese verhindern. Soweit sie das föderal autorisierte, tägliche Bankgeschäft nicht behindern, umfassen einzelstaatliche Regelungen Themenbereiche wie Betrug, Vertragsgestaltung, Schadensersatz und Diskriminierung.[602]

Als Reaktion auf das Problem des Predatory Lendings drängten diverse Konsumentenschutzorganisationen auf die Erarbeitung und Verabschiedung des Home Ownership and Equity Protection Act (HOEPA) im Jahr 1994. HOEPA sollte das Problem der kostenintensiven Home Equity und Refinanzierungs-Hyp eingrenzen. Dazu legte man neben bestimmten Schwellwerten für Hyp-Kosten, ab denen eine umfangreichere Erklärung der Kreditbestimmungen und –kosten nötig sei, ebenfalls fest, dass diverse Praktiken und Bestimmungen nunmehr rechtswidrig seien. Obwohl Konsumentenschützer stärkere Restriktionen forderten, umfassten die Veränderungen durch HOEPA in erster Linie die verbesserte Offenlegung gegenüber KN.[603]

Da die Schwellwerte für kostenintensive Hyp durch HOEPA jedoch sehr hoch angesetzt wurden, hatte die Gesetzesänderung lediglich Auswirkungen auf Hyp, deren Zinssatz 8% über dem Zins von Staatsanleihen gleicher Laufzeit lag. Somit waren nur Hyp betroffen, deren Zinssatz weit über 10% lag.[604] Von einer

601 Vgl. Dugan, John C. (2010), S. 6.
602 Vgl. Dugan, John C. (2010), S. 6.
603 Vgl. Immergluck, Dan (2009), S. 168.
604 http://www.abanet.org/buslaw/committees/CL130000pub/newsletter/200708/natter.pdf

Einschränkung der Subprime-Kreditvergabe konnte folglich keine Rede sein, eher von einem regulatorischen Rahmen für Wachstum auf diesem Markt. KG passten sich dem neuen gesetzlichen Rahmen dahingehend an, dass sie ihre Zinssätze gerade unter den Schwellwert senkten und stattdessen anfängliche und fortlaufende Gebühren erhoben, um ihre bisherige Gewinn-Marge zu erreichen.[605]

Ausgehend von der Unzufriedenheit mit HOEPA begannen einzelne Bundesstaaten eigene Gesetze zur Begrenzung von Predatory Lending zu erlassen, die sich zwar am Schwellenwertansatz von HOEPA orientierten, diesen aber bedeutend niedriger ansetzten, um somit mehr Subprime-Hyp abzudecken, ohne jedoch den Prime-HypM zu tangieren. Neben der Zinshöhe begrenzten die einzelstaatlichen Regulierungen diverse Geschäftspraktiken, wie Prepayment-Strafen, Balloon Zahlungen oder negative Amortisation für alle Hyp-Arten, da diese als betrügerisch angesehen wurden.[606] Bis 2003 folgten dem anfänglichen Beispiel des Staates North Carolina mehr als 30 Staaten. Lediglich sieben Staaten hatten bis zum Jahr 2007 keinerlei einzelstaatliche Gesetzgebung bezüglich der Begrenzung kostenintensiver Hyp oder der Geschäftspraktiken. Die Ausgestaltungen und Restriktionen dieser Gesetze variierten jedoch von Staat zu Staat. Während einige Staaten strikte Auflagen vorsahen, schrieben andere Staaten, auch aufgrund des Einflusses der KG-Lobby, HOEPA lediglich in einzelstaatliches Recht um, was zu einer Unübersichtlichkeit der Gesetzgebung für national agierende KG führte.[607]

Entscheidenden Einfluss bei der Abschwächung von einzelstaatlichen Regulierungen spielten unter anderem die drei großen RA. Da diese eine Bewertung von MBS ablehnen konnten, welche Hyp beinhalteten, die bestimmten einzelstaatlichen Gesetzgebungen unterlagen, was sowohl die Liquidität als auch die Marktfähigkeit solcher Hyp eliminierte. Ein besonderes Beispiel dieses Einflusses wurde bei der Einführung des Georgia Fair Lending Acts (GFLA) im Jahr 2002 sichtbar. Da es sich beim GFLA um eines der stärksten Anti-Predatory-Lending-Gesetze handelte, war der Widerstand der Hyp-Lobby besonders stark. Der Grund dafür lag darin, dass Käufer von Hyp für Verstöße auf vorhergehenden Ebenen der Hyp-Wertschöpfungskette verantwortlich gemacht werden konnten. Diese Assignee Liability beendete die Abschirmung der Investoren von Schäden, welche durch Predatory Lending verursacht wurden.[608] Als Reaktion auf die Verabschiedung des Gesetzes veröffentlichte S&P eine Erklärung, wo-

605 Vgl. Immergluck, Dan (2009), S. 168-169.
606 Vgl. Ding Lei u.a. (2010), S. 8.
607 Vgl. Immergluck, Dan (2009), S. 170-171.
608 Vgl. Immergluck, Dan (2009), S. 172.

nach sie sich weigerten MBS aus Georgia zu bewerten, da man befürchten musste, dass einige der zugrunde liegenden Hyp vom GFLA betroffen wären:[609]

> *„According to Standard's & Poor's, violations of the statute will subject non-complying parties to potential severe liability. Most importantly, however, the GFLA subjects assignees of Home Loans that violate the Act to potential liability. Thus, transaction parties in securitizations, including depositors, issuers and servicers, might all be subject to penalties for violations und the GFLA."*

Nach der Veröffentlichung ähnlicher Presseerklärungen durch Moody's und Fitch wurde der GFLA angepasst und so stark abgeschwächt, dass die Assignee Liability quasi entfernt wurde. Dies geschah unter anderem aufgrund der Bedenken der Gesetzgeber, dass KG den Staat verlassen würden und somit Arbeitsplätze verloren gehen könnten.[610] Dem Einwurf, dass Assignee Liability zu nicht quantifizierbaren Folgekosten führen könnte, deren Ausmaß und Risiko von den RA unmöglich bestimmt werden könnte, lag eventuell ein Interessenkonflikt der RA zugrunde, da deren Auftraggeber jene KG waren, welche durch GFLA beeinträchtigt werden sollten.[611] Infolge dessen deckelten auch andere Staaten in ihren Gesetzen die Haftungsbeschränkungen.[612]

Neben den RA kam Widerstand gegen einzelstaatliche Anti-Predatory-Lending-Gesetze ebenfalls von Seiten nationaler Aufsichtsbehörden. Aufgrund der Vielfalt von einzelstaatlichen Gesetzgebungen argumentierten national agierende KG, dass diese die Effizienz des Marktes senken würde und ihnen und den Verbriefern das Erfüllen ihrer Funktion erschweren würde. Aufgrund dessen drängten nationale Thrifts und Banken ihre jeweiligen Aufsichtsbehörden dazu einzelstaatliche Gesetzgebungen auszuhebeln und die Anwendung auf ihre Kreditvergabe auszusetzen.[613] Da der politische Einfluss der Aufsichtsbehörden von der Anzahl und Größe der von ihr überwachten Banken bzw. Thrifts abhängt, konnten KG ihren Aufsichtsbehörden eine Änderung der Satzung androhen, woraufhin diese einer anderen Aufsichtsbehörde unterliegen würde und der Einfluss jener Behörden folglich sinken würde. Dass dieser Faktor entscheidend sein kann, zeigt die Fusion von Chase Manhattan Bank (heute J.P. Morgan Chase) mit der Chemical Bank im Jahr 1995. Infolge dieser Fusion änderte das neue Bankunternehmen seine Satzung, wodurch sie nunmehr einer einzelstaatlichen Regulierung unterlag. Dies kostete die OCC ca. 2% ihres jährlichen Budgets und ebenso politischen Einfluss.[614]

---

609 Immergluck, Dan (2009), S. 173.
610 Vgl. Mason, Joseph R./Rosner, Joshua (2007), S. 33.
611 Vgl. Immergluck, Dan (2009), S. 173.
612 Vgl. Mason, Joseph R./Rosner, Joshua (2007), S. 33.
613 Vgl. Immergluck, Dan (2009), S. 176.
614 Vgl. Immergluck, Dan (2009), S. 177.

Da das OTS als erste Aufsichtsbehörde bereits im Jahr 1996 eine Bestimmung veröffentlicht hatte, wonach nationale Thrifts von der Anwendung einzelstaatlicher Gesetze ausgenommen wurden, galt der GFLA folglich für diese.[615] Da Thrifts und somit auch die OTS einen klaren Vorteil gegenüber national überwachten Banken gehabt hätten, geriet die OCC, nach der Verabschiedung des GFLA, in Zugzwang. Im Jahr 2003 veröffentlichte die OCC eine Verordnung, welche die Anwendung des GFLA für die National City Bank aufhob. 2004 folgte dann eine allgemeine Verordnung, welche alle nationalen Banken von der Anwendung einzelstaatlicher Gesetzes bezüglich der Hyp-Vergabe befreite.[616] Diese Aushebelungen begrenzte sich jedoch nicht nur auf Thrifts und Geschäftsbanken, sondern auch auf deren Tochtergesellschaften, welche häufig die Vergabe von Subprime-Hyp übernahmen. Die Folge dessen war, dass Geschäftsbanken und Thrifts immer aktiver auf dem Markt der exotischen Hyp sowohl für Prime- als auch für Subprime-KG wurden. Anstatt das Risiko durch Subprime-Hyp zu begrenzen, hebelten nationale Aufsichtsbehörden Anti-Predatory-Lending-Gesetze aus und ebneten somit den Weg für die zweite Subprime-Welle.[617] Anstatt riskante Kreditbestimmungen und deren Auswirkungen auf dem Subprime-Markt zu begrenzen, halfen nationale Aufsichtsbehörden und die Rating-Agenturen bei der industrieweiten Durchsetzung laxerer Risikostandards, indem hochriskante Krediteigenschaften, wie Prepayment-Strafen oder Balloon-Zahlungen, weiterhin vertrieben werden durften. Anstelle der strengen einzelstaatlichen Überwachung der Einhaltung von Anti-Predatory-Lending-Gesetzen, unterlagen nationale KG lediglich nicht bindenden Richtlinien, Bankprüfungen, Überwachungsverfügungen und Sanktionen. Dies eliminierte zwar nicht die Aufsicht der Kreditbestimmungen, ersetzte aber bindende einzelstaatliche Gesetze durch weniger strikte sowie unklare, nationale Regulierungsstrukturen. Laut einer Schätzung wurden im Jahr 2006 mindestens 26% aller hochverzinsten Hyp in den USA mit Anti-Predatory-Lending-Gesetzen durch nationale Banken bzw. Thrifts sowie deren Tochtergesellschaften vergeben.[618]

6.7.3 Community Reinvestment Act (CRA)

Neben der Überwachung der Kreditvergabe bezüglich Predatory Lendings, lässt sich eine weitere Zweiteilung der Regulierung des HypM in Folge von CRA aufzeigen. Zur Einführung von CRA vergaben Einlageninstitute und insbeson-

615 Vgl. Ding Lei u.a. (2010), S. 8.
616 Vgl. Ding Lei u.a. (2010), S. 8.
617 Vgl. Immergluck, Dan (2009), S. 179.
618 Vgl. Ding Lei u.a. (2010), S. 9.

dere die Thrifts einen Großteil der Hyp in den USA. Im Jahr 1976, dem Jahr vor der Umsetzung von CRA, vergaben Einlageninstitute noch 82% aller Hyp, wobei 55% auf S&L entfielen. Dies zeigt, warum CRA derart konzipiert war, dass sie an Einlageninstituten ansetzte, da Hyp zur damaligen Zeit zum Großteil von ihnen vergeben wurden.[619] Die Rechtfertigung der Regulierung durch CRA setzte folglich am sozialen Kontrakt zwischen den Nachbarschaften und den Einlageninstituten an, welche in ihnen tätig waren. Andere KG kamen in ihm nicht vor und waren somit auch nicht Bestandteil von CRA. Da Einlageninstitute Nutznießer föderaler Versicherungsgesellschaften sind, argumentierte man auf Grundlage dieser Vorteile, um die Einführung von CRA zu rechtfertigen. Im Umkehrschluss wurden KG, welche keine direkten Vorteile aus den Einlagensicherungsgesellschaften zogen auch nicht dem Einfluss von CRA unterstellt.[620] Im Laufe der Zeit entwickelte sich so ein HypM, der seine Akteure unterschiedlich regulierte. Dem System der Regulierung von Einlageninstituten stand somit ein System gegenüber, welches Nicht-Einlageninstitute in Bezug auf CRA nicht überwachte. Diese ungleiche Behandlung erstreckte sich neben CRA auch auf das föderalen Truth-in-Lending Gesetz und die Fair-Lending-Gesetze (Fair Housing Act und Equal Credit Opportunity Act).[621] Zwar waren alle KG dazu verpflichtet diesen zu entsprechen, aber deren Einhaltung dieser wurde von unterschiedlichen Behörden überwacht. So wurden Banken und Thrifts regelmäßig von föderalen Behörden, bezüglich der Einhaltung der oben genannten Gesetze, überprüft, wohingegen Hyp-Unternehmen nur unregelmäßig überwacht wurden. Da deren Überwachung von staatlichen Behörden vorgenommen wurde, denen die entsprechende Mitarbeiteranzahl und die Mittel der föderalen Behörden fehlten, waren diese Untersuchungen ungenauer und die Durchsetzung der Gesetze weniger restriktiv.[622]

Problematisch war jedoch, dass der Großteil aller subprime und Alt-A-Hyp nicht von nationalen Banken oder Thrifts vergeben wurden, sondern von Hyp-Brokern und Hyp-Banken, welche lediglich der Regulierung durch einzelstaatliche Behörden unterstanden. Während des Höhepunkts des Subprime Booms in den Jahren 2005-2007 vergaben nationale Banken lediglich 12,1% aller Nicht-Prime-Hyp.[623] Gemäß HMDA Untersuchungen wurden in diesem Zeitraum 72% aller Nicht-Prime-Hyp von KG vergeben, welche lediglich einer staatlichen Aufsicht unterlagen, wie z.B. Hyp-Banken und Brokern.[624]

619 Vgl. Immergluck, Dan (2009), S. 64.
620 Vgl. Immergluck, Dan (2009), S. 65.
621 Vgl. Immergluck, Dan (2009), S. 66.
622 Vgl. Immergluck, Dan (2009), S. 66.
623 Vgl. Dugan, John C. (2010), S. 8.
624 Vgl. Dugan, John C. (2010), S. 8.

Aus der Veränderung der Kreditvergabe auf dem US-amerikanischen HypM und dem Mangel an regulatorischer Anpassung der Rahmenbedingungen an diese, entstand über die Jahrzehnte ein duales Regulierungssystem, welches den Anreiz dazu gab Kapital eher in den riskanteren, aber dafür weniger stark regulierten Teil des HypM zu leiten, in welchem dadurch potenziell höhere Gewinn möglich waren.[625] Als Folge dessen wurde die Vergabe von Subprime-Hyp durch Broker arrangiert, was aufgrund der geringeren Überwachung die Möglichkeit zum Betrug eröffnete. Eine bessere Regulierung der Nicht-Einlageninstitute, wie Hyp-Brokern, und ein frühzeitiges Eingreifen der zuständigen Behörden hätten die Auswirkungen der Subprimekrise unter Umständen mildern, wenn nicht sogar verhindern können.

6.7.4 Bewertung der Subprime-Hyp-Vergabe durch CRA

Im Zuge einer Aufklärung der Ursachen der Subprimekrise kam unter anderem die Frage auf, ob der Community Reinvestment Act (CRA) eine Teilschuld an ihr trug. Diese Behauptung geht auf die Überlegung zurück, dass KG durch CRA gezwungen wurden, ihre Kreditvergabe auf Geringverdiener auszuweiten, wodurch diese ein höheres Risiko eingehen mussten.

> *"If the CRA had not been so aggressively pushed, it is conceivable things would not be quite as bad. People have to be honest about that."*[626]
>
> *"They gave your Mortgage to a Less Qualified Minority." was die Schlussfolgerung nach sich zog dass "the foreclosure and economic crisis was caused by political correctness being forced on the mortgage lending industry in the Clinton era." und dass "banks were forced to ignore credit scores and lend based on "non-traditional measures of credit-worthiness, such as having a good jump shot or having a missing child named Caylee."*[627]

Bei genauerer Betrachtung der vergebenen Hyp kommt man jedoch zu dem Schluss, dass Hyp, die von einem KG vergeben wurden und CRA unterlagen, weniger häufig in ZwV gingen, als Hyp von KG im selben Gebiet, die nicht CRA unterlagen. Ebenso kommt man zu dem Schluss, dass CRA-Hyp nur einen sehr kleinen Teil aller Subprime-Hyp ausmachen. Gerade einmal 6% aller kostenintensiven Hyp wurden von CRA-KG vergeben, was darauf schlussfolgern

625 Vgl. Immergluck, Dan (2009), S. 67.

626 http://www.washingtonpost.com/wp-dyn/content/article/2008/04/01/AR2008040102860_2.html (Zugriff: 04.11.2010)

627 http://www.humanevents.com/article.php?id=28714 (Zugriff am 20.11.2010)

lässt, dass CRA nicht die entscheidende Rolle bei der Subprimekrise gespielt haben kann.[628]

Ebenso gingen CRA-Hyp nur halb sooft in ZwV wie Hyp von unabhängigen Hyp-Unternehmen. Dies deutet an, dass CRA-Hyp, entgegen des allgemeinen Subprime-Trends der Lockerung der Risikostandards, verantwortungsbewusst vergeben wurden.[629] So waren 28% der von CRA-KG in Gebieten geringen Einkommens vergebenen Hyp FRM. Im Gegensatz dazu vergaben unabhängige Hyp-Unternehmen im selben Gebiet FRM an lediglich 18,2% ihrer KN. Ebenfalls waren nur 12% der CRA-Hyp kostenintensiv, wohin gegen diese Quote bei den Unabhängigen 29% innerhalb der Gebiete geringen Einkommens betrug und außerhalb sogar 52,4%.[630]

CRA war definitiv nicht der entscheidende Grund für die Subprimekrise und sollte aufgrund der guten Ergebnisse auch nicht überdacht werden. Minderheiten und Geringverdiener, welche vor der Einführung von CRA zumeist in Bezug auf Hyp unterversorgt waren, erhielten durch dieses Gesetz die Möglichkeit am American Dream teil zu haben.

6.7.5 Schlussfolgerung

Asymmetrische Informationen erzeugen Marktmacht, was dazu führt, dass der Wettbewerb verzerrt wird und sich kein effizientes Marktgleichgewicht einstellt.[631] Die Folge sind Marktfehler und falsche Anreize für die Akteure, welche dazu führen können, dass alle Marktteilnehmer ihr Verhalten riskanter gestalten. Die mangelnde Berücksichtigung des Risikos aufgrund des eigenen Verhaltens erhöht folglich das Risiko des gesamten Marktes, was negative externe Effekte für Alle und somit ein Marktversagen nach sich zieht. [632] Als Folge dessen ist eine staatliche Intervention in Form Regulierung von Nöten.

Jedoch vertraute man, anstelle der Einschränkung der Kreditvergabe von hoch-riskanten Hyp-Arten für bestimmte KN, darauf, dass eine größere Freiheit und der Wettbewerb automatisch zu einem effizienten Marktergebnis führen würden. Einschränkungen der Kreditvergabe aufgrund von offenkundigem Marktversagen, wie Predatory Lending, wurden aufgrund der Doktrin der Deregulierung und dem erfolgreichen Lobbyarbeiten größtenteils abgemildert oder

628 Vgl. Bhutta, Neil/Canner, Glenn B. (2009), S. 1. (http://www.minneapolisfed-.org/publications_papers/pub_display.cfm?id=4136)

629 Vgl. Ladermann, Elisabeth/Reid Carolina (2009), S. 124.

630 Vgl. Ladermann, Elisabeth/Reid Carolina (2009), S. 125.

631 Stiglitz, Joseph E. (2001), S. 505.

632 Stiglitz, Joseph E. (2001), S. 505.

ganz umgangen, was im Laufe der Zeit eine Zweiteilung der Regulierung des Marktes nach sich zog. Die Abschaffung der „holder in due course" Doktrin und der frühzeitige Übergang zur Assignee Liability hätte einen Großteil der P-A-Probleme des HypM beseitigt.

6.8 Die Rolle der Rating Agenturen

Kaum ein Beteiligter des Verbriefungsprozesses sah sich mehr Beschuldigungen ausgesetzt, als die drei großen RA: Standard & Poors, Moddy´s und Fitch. So warf man ihnen vor, dass überzogene anfängliche Ratings die Subprimekrise auslöste. Ihre Ratings hätten dazu beigetragen das Emissionsvolumen von MBS und CDO unverhältnismäßig zu steigern, da der Anteil an AAA-Ratings zu hoch lag und der daraus resultierende Nachfrageschub, insbesondere für Subprime-Hyp auf dem HypM zu groß wurde.[633] Ebenso hätten die überzogenen Ratings dazu geführt, dass der Leverage des Finanzsystems im Allgemeinen stieg, da die regulatorischen EK-Bestimmungen auf den Ratings der RA basierte. Wären die Ratings niedriger ausgefallen, so hätten die Finanzinstitute mehr EK halten müssen, was eventuell die Auswirkungen nach den Herabstufungen im Jahr 2007 gemildert hätte.[634] Im Folgenden soll gezeigt werden wie sich der Ratingprozess von MBS und CDO gestaltet und welche Annahmen und Abläufe ihm zugrunde liegen, die die überzogenen Ratings der Vergangenheit erklären können.

Da den drei großen RA durch die SEC und andere staatliche Aufsichtsbehörden indirekt die Rolle des Industrie-Regulators übertragen wurde, maß man ihren Ratings ein hohes Maß an Genauigkeit bei der Bewertung von Kreditrisiken bei. Diese Marktmacht basierte auf verschiedenen Entwicklungen. So begann die SEC nach dem Kollaps von Penn Central im Jahr 1970, das Halten von Anleihen zu bestrafen, wenn diese Papiere nicht einen Investment-Grade der drei großen RA inne hatten. Ebenso begünstigte FIRREA das Halten von MBS mit hohen Ratings der drei RA, indem diese das nötige regulatorische EK senkte, welches von Finanzinstituten gehalten werden musste. Trotz dieses besonderen Status, wurden die RA nur in geringem Maße reguliert. So verbot der Rating Agency Reform Act aus dem Jahr 2006 der SEC ausdrücklich die Grundlage der Ratings und den Prozess deren Erstellung bzw. deren Vorgehensweise zu regulieren.[635]

633 Vgl. FCIC (2010b), S. 3.
634 Vgl. FCIC (2010b), S. 3.
635 Vgl. Immergluck, Dan (2009), S. 111.

Neben dieser geringen Regulierung der RA und deren Marktmacht sah sich der HypM der USA in den letzten Jahrzehnten einer tiefgreifenden Veränderung der Cash Flows von Hyp gegenüber gestellt, welche durch Veränderungen der Kreditvergabe bzw. des Services in unvorhersehbarer Art und Weise von Statten ging. Dies erschwerte die Bewertung von MBS und führte zu einer Verringerung der Transparenz des MBS-Marktes. Dies soll aber nicht bedeuten, dass der MBS Markt vorher transparent war. Die Probleme auf diesem wurden jedoch eher durch positive externe Effekte überdeckt und eine Problembeseitigung wurde auf einen späteren Zeitpunkt verlagert.[636]

Dies verdeutlicht auch der allgemeine Glaube vieler Marktteilnehmer vor dem Ausbruch der Subprimekrise. So ging die Mehrheit von einer gesunkenen Volatilität und damit einem gesunkenen Risiko am Markt aus, wohingegen eigentlich nur die Preise für die Risikoübernahme zurück gegangen waren. Es zeigte sich, dass die Risikoprämien sanken, obwohl das Risiko nicht wirklich sinken, sondern lediglich in Portfolios diversifiziert werden kann. Der Rückgang der Risikoprämien spiegelte jedoch einen gesteigerten Appetit des Kapitalmarktes wider, der auf Basis von asymmetrischen Informationen basierte.[637]

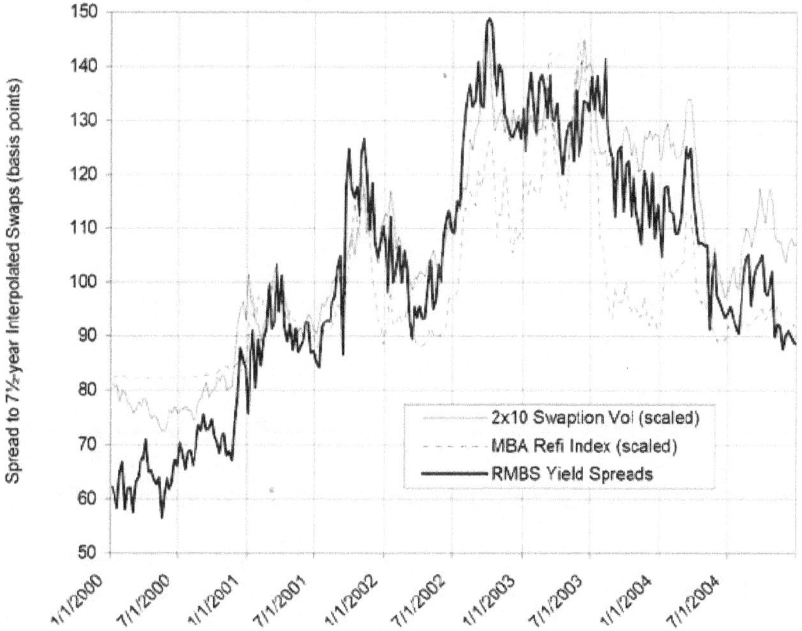

636 Vgl. Mason, Joseph R./Rosner, Joshua (2007), S. 3.
637 Vgl. Mason, Joseph R./Rosner, Joshua (2007), S. 3-4.

Abbildung 6.14 MBS-Zins-Spread, MBA Refinanzierungsindex und 2x10 Swap Volatilität

Quelle: Mason, Joseph R./Rosner, Joshua (2007), S. 4.

Wie man in Abbildung 6.14 sehen kann, sanken sowohl Swapation Volatilität, als auch der MBA Refi Index und die RMBS Yield Spread ab dem Jahr 2003, was eine Senkung der Hyp-Kosten für KN nach sich zog. GSE und KG erweckten den Anschein, dass das Risiko gesunken war, was jedoch lediglich auf einer gesteigerten Nachfrage der Investoren nach Hyp und MBS zurück zu führen war, was wiederum die Kosten für Hyp senkte.[638]

Aus Tabelle 6.6 wird ersichtlich, dass die Veränderungen der Kreditvergabe zu einer größeren Abstufung möglicher KN-Risikoklassen führten. Anstelle von Ablehnung und Annahme von Hyp-Anträgen, waren KG dazu bereit Hyp an riskantere KN zu vergeben, wodurch nicht nur das Risiko des HypM im Ganzen stieg, sondern ebenfalls die Komplexität erhöhte.[639]

Tabelle 6.6 Risikoklassen des HypM

Quelle: Mason, Joseph R./Rosner, Joshua (2007), S. 4.

	A+	A	A–	B	B–	C	C–	D
Mortgage History (Last 12 Months)	0 x 30	0 x 30	1 x 30	2 x 30	3 x 30	4 x 30 1 x 60	5 x 30 2 x 60	6 x 30 1 x 90
Foreclosures/NOD	None	None	None in last five years	None in last four years	None in last three years	None in last two years	None in the last year	None pending
Installment Debt (Last 24 Months)	0 x 30	0 x 30	1 x 30	1 x 60	2 x 60	1 x 90	2 x 90	> 2 x 90
Revolving Debt (Last 24 Months)	1 x 30	1 x 30	2 x 30	Maximum: 60	Maximum: 60	Maximum: 90	Maximum: 90	> 90
Bankruptcy	None	None	Discharged with good credit past five years	Discharged with good credit past four years	Discharged with good credit past three years	Discharged with good credit past two years	Discharged with good credit past year	Within one year
Judgments/Chargeoffs	None	Minor, under $500 allowed	None over $500 in last two years	None over $1,000 in last two years	None over $1,000 in the last year	None over $1,000 in last year	Allowed with explanation	Allowed with explanation
Debt-to-Income Ratio	< 80% LTV: 33%/38%; > 80% LTV: 28%/33%	40%	45%	50%	50%	55%	55%	60%

NOD – Notice of default. LTV – Loan-to-value ratio

Calomiris (2008) stellt fest, dass die RA unrealistische Annahmen bezüglich des zugrundeliegenden Wachstums des Subprime-HypM, den Ausfallwahrscheinlichkeiten der Hyp (PD) und den Verlusten im Falle des Ausfalls (LGD) trafen.[640] Ebenso revidierten sie ihre unrealistisch geringen Prognosen bezüglich des erwarteten Verlustes von Subprime-Hyp erst zu spät. So gingen die RA im Jahr 2004 noch von einem erwarteten Verlust (PD*LGD) von 4,5% aus, revi-

638 Vgl. Mason, Joseph R./Rosner, Joshua (2007), S. 3.
639 Vgl. Mason, Joseph R./Rosner, Joshua (2007), S. 5.
640 Vgl. Calomiris, Charles W. (2008), S. 19.

dierten diese Zahl aber bis 2006 auf 6%. Doch selbst diese Prognosen sollten die tatsächlichen Verluste des Subprime-Marktes nur teilweise widergeben.[641] Da der Subprime-HypM noch sehr jung war, konnten die RA ihren Prognosen nur mit einer geringen Stichprobenmenge unterlegen, welche außerdem noch durch die Rezession im Jahr 2001 gekennzeichnet war. Diese Rezession war dahingehend einzigartig, da sie trotz sinkenden Wirtschaftswachstums durch weiterhin steigende Immobilienpreise charakterisiert war. Auf Grundlage der damit verbundenen geringen Ausfallquoten prognostizierten die RA die Auswirkungen bei stagnierenden oder fallenden Immobilienpreisen nur unzureichend.[642] Die Anpassung der Parameter konnte folglich erst im Laufe der Jahre geschehen.

Manns (2008) argumentiert, dass RA essenzielle Voraussetzungen für die Emission von Wertpapieren waren, aber keineswegs ihrer Rolle als „gatekeeper of risk" nachkamen und sie die Öffentlichkeit bzw. die Investoren nur unzureichend vor den Risiken des HypM warnten. Das Gebührensystem, welches von ihren Kunden beglichen wurde, führte dazu, dass RA nicht von den Investoren, sondern von den Emittenten bezahlt wurden.

> *„The current gatekeeping role of rating agencies can be summarized as responsibility without accountability, which poses a stark moral hazard for financial markets. This problem is a product of weak reputational constraints, the leverage rating agencies enjoy over issuers, conflicts of interest to favor issuers, and rating agencies' virtual immunity from liability."*[643]

In Anbetracht der fehlenden Gefahr der Haftbarkeit, stellt der Verlust der Reputation den einzigen Anreiz für RA bei der ordnungsgemäßen Ausführung ihrer Gatekeeper-Funktion dar.[644] Infolge der SEC-Entscheidung aus dem Jahr 1975 bezüglich des NRSRO-Status (Nationally Recognized Statistical Rating Organisation) der drei großen RA ist die Gefahr des Reputationsverlusts jedoch gering, da, aufgrund des vergleichbaren Ratingansatzes der großen Drei und ihrer staatlich gegebenen Marktmacht, niemand sonst Investment-Grades vergeben darf.[645]

6.8.1 Entwicklung der RA und deren Rating-Modelle

Seit der Gründung der modernen Kredit-Rating-Industrie durch John Moody im Jahr 1909 dienen Ratings den Investoren als Anhaltspunkt für die Bestimmung des Kreditrisikos von Investitionen, indem sie Aufschluss darüber geben, ob dy-

641 Vgl. Calomiris, Charles W. (2008), S. 20.
642 Vgl. Calomiris, Charles W. (2008), S. 21.
643 Manns, Jeffrey (2008), S. 1047.
644 Vgl. Manns, Jeffrey (2008), S. 1048.
645 Vgl. Manns, Jeffrey (2008), S. 1049.

namisch agierende Unternehmen ihren Verpflichtungen nach kommen können. Zu Beginn bezogen sie ihr Einkommen durch gebührenpflichtige Dienstleistungen und Ratings, welche ihre Kunden für die Bestimmung der Kreditwürdigkeit gewisser Emittenten von Wertpapieren bezahlen.[646] Ratings dienen Investoren dabei als Vergleichsmaß bei der Beurteilung ihrer Investitionsvorhaben und deren Risiko. Deshalb bemühten sich RA in jüngster Vergangenheit, eine Vergleichbarkeit der Ratings über alle Anlageklassen hinweg herzustellen - nicht nur auf dem Anleihemarkt.[647]

Ab den 1970er Jahren änderte sich jedoch der Prozess des Ratings dahingehend, dass dieser vor allem von Emittenten verlangt wurde, um das Vertrauen der Investoren zu stärken. Ab dieser Zeit erzielten die RA einen Großteil ihrer Einnahmen durch Aufträge von Seiten der Emittenten. Dieser Wandel führte in den letzten Jahren dazu, dass der Anteil strukturierter Finanzprodukte des HypM stark an Bedeutung gewann. Wie man anhand der Zahlen von Moody's in Abbildung 6.15 sehen kann, stellten strukturierte Finanzprodukte die Haupteinnahmequelle von RA dar, deren Bedeutung im Laufe der Jahre weiter zunehmen sollte.

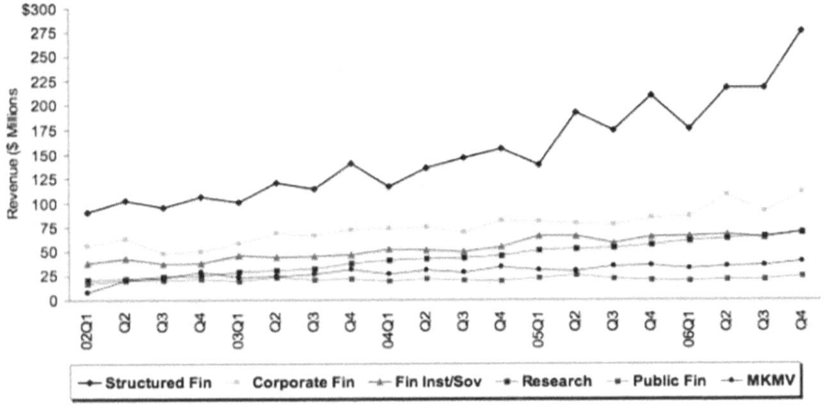

Abbildung 6.15 Moody's Quartalseinnahmen der verschiedenen Segmente

Quelle: Mason, Josepg R./Rosner, Joshua (2007), S. 9.

RA besitzen aufgrund der geringen Anzahl an Nationally Recognized Statistical Rating Agencies und den Risikobeschränkungen vieler Investoren, die diesen nur den Kauf von Investment-Grade Wertpapieren ermöglicht, eine her-

646 Vgl. Mason, Joseph R./Rosner, Joshua (2007), S. 7.
647 Vgl. Mason, Joseph R./Rosner, Joshua (2007), S. 8.

ausragende Stellung, welche einem partnerschaftlichen Monopol gleich kommt.[648]

Neben der Konzentration von Seiten der RA, trifft man auf dem Markt für strukturierte Finanzprodukte des HypM, im Gegensatz zu den Anleihemärkten, ebenfalls eine signifikante Konzentration an, da die Anzahl der Emittenten sehr gering ist. Diese beidseitige Konzentration kann dazu führen, dass es einerseits zu Absprachen untereinander oder aber zu Prinzipal-Agenten Problemen kommen kann. Ebenso wurden Ratings für Unternehmensanleihen über Jahrzehnte hinweg in unterschiedlichen Konjunkturzyklen getestet und fortlaufend optimiert, wohingegen dieser Entwicklungsprozess dem Rating modernen strukturierten Produkten, wie MBS und insbesondere CDO fehlt.[649] Dies führte dazu, dass sowohl die RA und vor allem daraufhin die Investoren die zugrunde liegenden Risiken nur ungenau erkannten und berücksichtigten.

Um sich der Verantwortung falscher Ratings oder daraus folgenden Schadensersatzforderungen zu entziehen, beziehen sich die RA in der Regel auf den Paragraphen 436(g)(1) des Security Act aus dem Jahr 1933, welcher

„...explicitly exempts them from liability for misstatements made in connection with securities registration statements."[650]

Ebenso verweisen die RA immer wieder auf ihr Recht der Meinungsfreiheit in Verbindung mit dem First Amendement, welches deren journalistische Dienstleistungen vor einer Strafverfolgung schützt. Ein Gerichtsentscheid in den USA aus dem Jahr 1999 ging sogar soweit, dass sie die Behauptung des Haftungsausschluss der RA akzeptierten, dass es sich bei den vergebenen Ratings lediglich um eine freie Meinungsäußerung der RA handelt. Darauf sollten und können sich Investoren nicht verlassen, obwohl der Gesetzgeber und Regulierungsbehörden auf Basis dieser arbeiten und regulieren.[651]

Aufgrund der oben beschriebenen Marktmacht der RA, erscheint deren Aussage, dass ihre Ratings lediglich deren eigene Meinung bezüglich der Kreditwürdigkeit des Emittenten darstellen, keineswegs überzeugend. Es stellt sich vielmehr die Frage, ob es sich nicht eher um Werbung im Auftrag des Emittenten handelt? Im Gegensatz zum Rating traditioneller Unternehmensanleihen, bei welchem ein Unternehmen keinen Einfluss auf eine mögliche Veränderung der eigenen Risikocharakterstika hat, sind RA bei der Strukturierung von MBS ein aktiver Bestandteil. Emittenten nutzen öffentlich gemachte Modellangaben der RA, um das bestmögliche Rating für ihren Deal zu erhalten. Dabei stehen sie in

648 Vgl. Mason, Joseph R./Rosner, Joshua (2007), S. 8.
649 Vgl. Mason, Joseph R./Rosner, Joshua (2007), S. 10.
650 FCIC (2010b), S. 10.
651 Vgl. FCIC (2010b), S. 10.

der Regel im Dialog mit den RA, welche sie häufig beim Erreichen eines angestrebten Ratings der verschiedenen Tranchen unterstützen.[652]

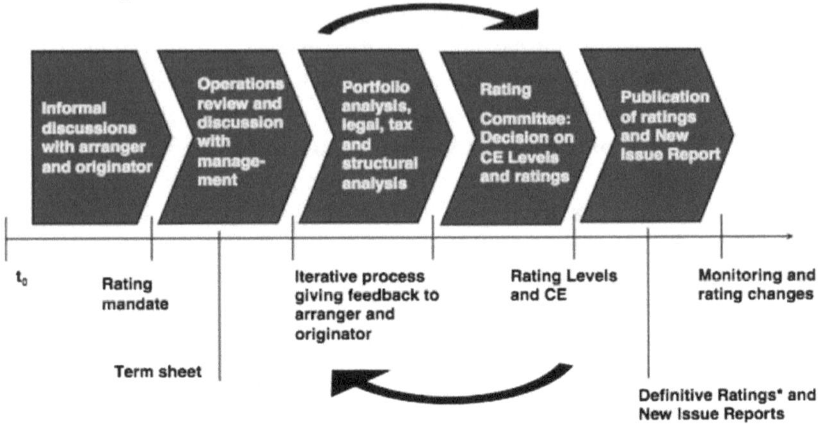

Abbildung 6.16 Moody's Rating Prozess bei strukturierten Produkten des HypM

Quelle: Mason, Joseph R./Rosner, Joshua (2007), S. 16.

Der iterative Austauschprozess von RA und Emittenten während des Rating-Prozesses, welcher in Abbildung 6.16 dargestellt ist, steht somit im Kontrast zum traditionellen Rating von Unternehmensanleihen. Die Zusammenarbeit der RA mit den Emittenten ging sogar soweit, dass die RA diesen die nötige Software lieferten, um anstehende Emissionen bestmöglich strukturieren und die angestrebte Rating-Struktur auch erreichen zu können:

> *„To help you achieve your best possible execution, SPIRE incorporates an automatic optimization feature designed to create the RMBS capital structure that maximizes the percentage of senior bonds while minimizing subordinate bonds and overcollateralization"*[653]

Die Verbindung von hoher Marktmacht, Austauschprozess und Bedeutung der Ratings für Investoren widerlegt folglich keineswegs die Anschuldigungen, dass es sich bei Ratings strukturierter Produkte um Werbung im Auftrag des Emittenten handelt. Diese können somit nicht als einfache Meinungsäußerung der RA angesehen werden, da sie Grundlage vieler Risikomodelle unterschiedlichster Marktteilnehmer darstellen und Fehleinschätzungen weitreichende Konsequenzen nach sich ziehen.

652 Vgl. Mason, Joseph R./Rosner, Joshua (2007), S. 13.

653 http://www2.standardandpoors.com/spf/pdf/fixedincome/SPIREbrochure.pdf (Zugriff am 06.11.2010)

Die Nachfrage der Investoren nach Investment-Grade Wertpapieren mit hoher Rendite in Verbindung mit dem Wunsch der Minimierung des regulatorischen EK, ließ Moelle zum Raten von CDO entstehen, die unter Mitwirkung von Investment-Banken, also den Emittenten dieser Finanzprodukte, entwickelt wurden. Durch diese Modelle ermöglichten es die RA, Wertpapiere, welche keinen Investment-Grade aufwiesen, in Investment-Grade-Wertpapiere zu transformieren, welche neben einer hohen Rendite ebenfalls ein scheinbar geringes Risiko aufwiesen.[654] Im Gegensatz zu traditionellen Ratings im Anleihemarkt, welche auf empirischen Analysen basieren, geht das Rating von strukturierten Produkten auf statistische Modelle zurück.[655] Es ist folglich unklar, ob die Transformation von Sub-Investment-Grade-Wertpapieren in Investment-Grade-Wertpapiere das Ergebnis der Risikodiversifikation ist oder doch auf „RA-Alchemie" beruht. Aber der Mangel an Liquidität, Transparenz, Vergangenheit und verfügbaren Daten gekoppelt mit einer nie da gewesenen Komplexität machte ein Analyse der Märkte oder Vermögenswerte überaus schwierig, was jedoch ebenfalls die Abhängigkeit der Investoren von RA weiter steigen ließ.[656]

Neben den oben genannten Schwierigkeiten besteht in der Praxis ebenso das Problem der Vergleichbarkeit von Ratings. Selbst innerhalb identischer Asset-Klassen wird dies durch wiederholte Anpassung der Rating-Modelle erschwert, insbesondere beim Rating von strukturierten Finanzprodukten. Trotz derselben Rating-Bezeichnungen bestehen in der Praxis Unterschiede zwischen den impliziten Risiken der einzelnen Wertpapierarten:

> *„Uncertainty about the meaning of original ratings is significant and the meaning of ratings in secondary markets is similarly uncertain. Can specific structured finance products with a AAA credit rating produce a return of up to 200 bp for investors, while a AAA corporate or a AAA RMBS tranche produces only a 10/20 bp return? What does that mean? A market imperfection, a new product premium, a liquidity premium? Or the market perception that the risk attached to this AAA tranche, especially in terms of volatility, is higher than for a "standard" transaction?"*[657]

Da Ratings unter Basel II zur Bestimmung der Risikogewichte benutzt werden, besitzen diese Risikoeinschätzungen der RA weitreichende Auswirkungen auf das Leverage der Marktteilnehmer und somit auf das Gesamtrisiko des gesamten Finanzsystems.

Aufgrund des kurzen Bestehens strukturierter Produkte und den damit verbundenem Mangel an Daten, ist es wenig verwunderlich, dass RA einem „lear-

654 Vgl. Mason, Joseph R./Rosner, Joshua (2007), S. 17.
655 Vgl. Mason, Joseph R./Rosner, Joshua (2007), S. 17.
656 Vgl. Mason, Joseph R./Rosner, Joshua (2007), S. 18.
657 Mason, Joseph R./Rosner, Joshua (2007), S. 18.

ning by doing" Ansatz folgten, um das benötigte Subordination-Level zu bestimmen. So wies Fitch im Jahr 2006 darauf hin, dass die Credit-Enhancement-Levels, aufgrund des gestiegenen Marktanteils von Subprime-Hyp, um durchschnittlich 20% erhöht wurden. Bereits bewertete Produkte aus der Vergangenheit wurden daraufhin jedoch nicht erneut bewertet, was zu einem Unterschied bei Tranchen unterschiedlichen Ausgabedatums führte, obwohl sie von derselben RA bewertet wurden.[658] Dieses Problem wird jedoch ebenso durch die fortwährende Evolution des HypM erschwert. Zeitlich konsistente Analysen des zugrunde liegenden Risikos und die Vereinheitlichung des Ratings von MBS und CDO sind somit langfristig nur schwer möglich.

6.8.2 Traditionelle Anleihe-Ratings bewerten das Risiko von MBS und CDO nur unzureichend

Traditionelle Rating-Praktiken, auf Grundlage der Erfahrungen mit Unternehmensanleihen, führen bei der Bewertung von MBS und CDO zu einer falschen Darstellung und Interpretation des Risikos. Neben dem Irrglauben der Diversifikation durch das Pooling von Hyp, wird in der Folge ebenso auf die statische Natur von strukturierten Produkten eingegangen, welche eine Anwendung von Unternehmens-Rating-Praktiken auf MBS und CDO erschwert, da diese auf dynamischen Unternehmensreaktionen basieren.[659]

6.8.2.1 Die Bestimmung der Korrelation und deren Auswirkung auf den Diversifikationseffekt

Unter Diversifikation wird im Allgemeinen die Aufteilung des Gesamtvermögens auf verschiedene Anlagemöglichkeiten verstanden, deren Ziel ist es das Gesamtrisiko zu reduzieren. Da der Diversifikationseffekt eines Portfolios von den Korrelationskoeffizienten der einzelnen Wertpapiere abhängt und bei perfekter positiver Korrelation (ρ=1) sogar entfällt, sind diese Parameter für die Bestimmung des Risikos von entscheidender Bedeutung.

Die Verbriefung von Hyp bot die Möglichkeit des Poolings, die das Risiko minimiert. Problematisch war jedoch die Bestimmung der Korrelation der Ausfallwahrscheinlichkeit der einzelnen Hyp untereinander. Anstelle von historischen Daten, welche Rating-Agenturen nutzen, oder der Verwendung eines Option-Theorie-Ansatzes, schlug David X. Li eine implizite und weitaus einfachere Lösung vor, der auf den Marktpreisen von Anleihen oder Asset Swap Spreads

658 Vgl. Mason, Joseph R./Rosner, Joshua (2007), S. 22.
659 Vgl. Mason, Joseph R./Rosner, Joshua (2007), S. 35.

basiert. Da diese Marktwerte die Risikowahrnehmung des gesamten Marktes widerspiegeln, kann man sie laut Li zur Berechnung der Ausfallwahrscheinlichkeit verwendet werden.[660] Weil synthetische CDS das Risiko des Ausfalls in ihrem Marktpreis widerspiegeln, indiziert ein Anstieg ein höheres Ausfallrisiko. Unter der Annahme, dass Märkte im Allgemeinen und der CDS Markt im Speziellen alle Informationen berücksichtigen und im Fall von Hyp das Ausfallrisiko widerspiegeln können, konnten Investmentbanken und RA auf schnelle, aber auch stark vereinfachende Art und Weise das Risiko eines strukturierten Wertpapiers bestimmen.

Aufbauend auf Überlegungen von Lebensversicherern, welche die Wahrscheinlichkeit des Sterbens eines Hinterbliebenen nach dem Ableben seines Lebenspartners bestimmen, verwendete auch Li Gauss´sche Copula Funktionen.

Eine Copula ist eine Funktion, die einen funktionalen Zusammenhang zwischen den Randverteilungsfunktionen verschiedener Zufallsvariablen und ihrer gemeinsamen Wahrscheinlichkeitsverteilung angeben kann. Copulas werden eingesetzt, um Rückschlüsse auf die Art der stochastischen Abhängigkeit verschiedener Zufallsvariablen zu erzielen oder um Abhängigkeiten gezielt zu modellieren.[661] Bei der Verwendung mehrerer Wahrscheinlichkeitsverteilungen bezüglich des Ausfalls von einzelnen Hyp, berechnet die Copula einen Wert in Bezug auf den gemeinsamen Ausfall aller Hyp.

Ausgehend von zwei Hyp, deren Ausfallwahrscheinlichkeit jeweils 5% beträgt, könnte man für den Fall, dass beide unkorreliert (Korrelation = 0) sind, davon ausgehen, dass die gemeinsame Ausfallwahrscheinlichkeit 0,25% beträgt. Verändert man jedoch die Korrelation, so verändert sich die gemeinsame Ausfallwahrscheinlichkeit. Für den Fall von 2 Hyp berechnet sich das gemeinsame Ausfallrisiko nach Li wie folgt:

$$C(u, v) = \Phi_2(\Phi^{-1}(u), \Phi^{-1}(v), \rho), \quad -1 \leq \rho \leq 1$$

Wobei Φ_2 die bivariate Normalverteilungsfunktion (Copula), ρ den Korrelationskoeffizienten und Φ^{-1} die inverse eindimensionale Normalverteilungsfunktion symbolisieren.[662] Geht man von einer Korrelation von 0,3 aus, so steigt die gemeinsame Ausfallwahrscheinlichkeit auf 0,71%.[663]

660 Vgl. Li, David X. (1999), S. 9-10.

661 http://de.wikipedia.org/wiki/Copula_(Mathematik)

662 Vgl. Li, David X. (1999), S. 14.

663 Wert stammt aus http://www.youtube.com/watch?v=z43_pf5Y6A8

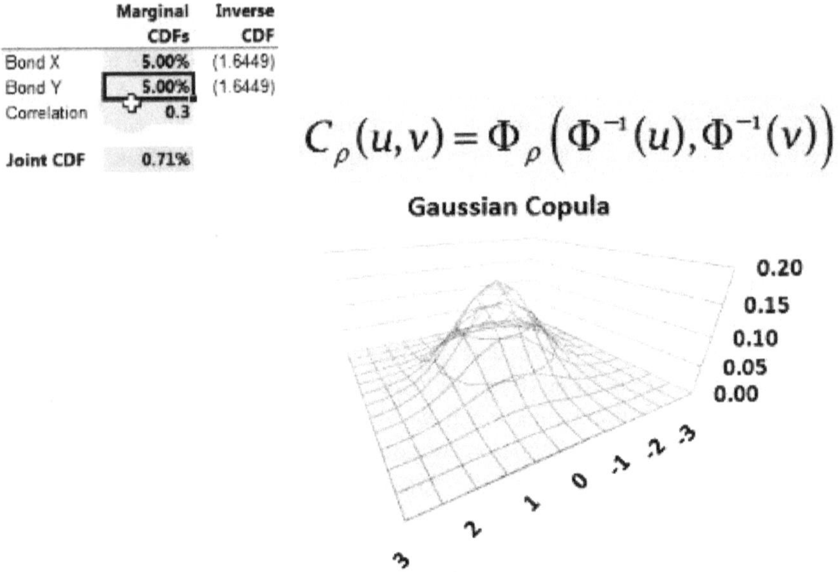

Abbildung 6.17 grafische Darstellung einer bivariaten Gauss´schen Copula

Quelle: http://www.youtube.com/watch?v=z43_pf5Y6A8

Da diese Methode der Risikoberechnung ab August 2004 von Moody´s und eine Woche später auch von Standard & Poor´s verwendet wurde, konnte man sie ab diesem Zeitpunkt als industrieweiten Standard bezeichnen.[664] Anstelle der herkömmlichen Auflage einer Mischung von verschiedenen Assetklassen (Geschäfts-Hyp, Studentenkredite, Kreditkartendarlehen oder Subprime-Hyp), verzichtete Moody´s nunmehr auf diese, da das jeweilige Risiko mathematisch korrekt berechnet werden konnte. Die Folge war, dass insbesondere CDO-Emittenten damit begannen, reine subprime Pools zu kreieren, was die hohe Nachfrage nach diesen Produkten, die gesteigerte Verfügbarkeit von Kapital und das gesteigerte Risiko des HypM der USA erklärte.[665]

Es sollte sich jedoch herausstellen, dass die Annahmen und Vereinfachungen der Gauss´schen Copula Funktion von Li das wahre Risiko verfälscht darstellte.

---

664 http://www.ft.com/cms/s/2/912d85e8-2d75-11de-9eba-00144feabdc0.html (Zugriff: 09.11.2010)

665 http://www.ft.com/cms/s/2/912d85e8-2d75-11de-9eba-00144feabdc0.html (Zugriff: 09.11.2010)

Wie Paul Willmott bereits 1998 erklärte, sind "*correlations between financial quantities are notoriously unstable*". Da die Copula Funktion von Li jedoch von einem festen Wert ausgeht, kam eine Veränderung der Korrelationen in ihr nicht vor. Unvorhersehbarkeiten (Black Swans) wurden von ihr nicht berücksichtigt, da sie auf Normalverteilungsfunktionen aufbaut, welche die Klumpenrisiken nur ungenau widergeben.[666] Eine Normalverteilung bildet zwar das Risiko von Lebensversicherern adäquat ab, trifft aber bei der Anwendung auf dem HypM an ihre Grenzen. Die möglichen Folgen auf diesem sind einfach zu mannigfaltig und zufällig, um durch eine Normalverteilungsfunktion abgebildet werden zu können, da extreme Korrelationsveränderungen auf diesem eher möglich sind, als dies durch eine Normalverteilung abgebildet wird.[667]

Ebenso basierte die Gaussch´sche Copula Funktion von Li auf CDS Preisen, wodurch lediglich eine Periode in Betracht gezogen wurde, in der Immobilienpreise stark gestiegen waren und Ausfallkorrelationen sehr gering waren. Als die Immobilienpreise jedoch zu fallen begannen, stiegen auch die Korrelationen, was von der Formel in der Art nicht berücksichtigt wurde.[668] Bereits geringe Veränderungen der Marktgegebenheiten führten zu weitreichenden Veränderungen der Korrelationen, was von Emittenten und vor allem von den RA hätte vorhergesehen werden müssen.

Nassim Nicholas Taleb kommentierte die Verwendung der Gauss´schen Copula Formel wie folgt:

> *"People got very excited about the Gaussian copula because of its mathematical elegance, but the thing never worked. Co-association between securities is not measurable using correlation, [because past history can never prepare you for that one day when everything goes south]. Anything that relies on correlation is charlatanism."*[669]

Die fehlende Stabilität der Korrelationen auf dem HypM entwertet somit in Extremsituationen die folgende Aussage:

> *"...diversification [in mortgage pools] reduces the risk of lending to borrowers with suboptimal credit."*[670]

---

666 http://www.wired.com/techbiz/it/magazine/17-03/wp_quant?currentPage=all (Zugriff: 09.11.2010)

667 http://www.ft.com/cms/s/2/912d85e8-2d75-11de-9eba-00144feabdc0.html (Zugriff: 09.11.2010)

668 http://www.wired.com/techbiz/it/magazine/17-03/wp_quant?currentPage=all (Zugriff: 09.11.2010)

669 http://www.wired.com/techbiz/it/magazine/17-03/wp_quant?currentPage=all (Zugriff: 09.11.2010)

670 Frank, Ted (2007) (http://www.aei.org/article/26023 (Zugriff: 09.11.2010))

Dieser Diversifikationseffekt durch die Zusammensetzung des Hyp-Pools kann jedoch in seiner Gänze verloren gehen, wenn die Korrelationen der Hyp 1 betragen. Das höhere Risiko von Subprime-Hyp kann in diesem Fall nicht reduziert werden, da der Diversifikationseffekt ausbleibt. Der Vorteil des Verbriefens liegt in diesem Fall eher darin, dass das Risiko mit anderen Investoren geteilt werden kann. Die wahre Diversifikation setzt somit erst bei der Zusammenstellung des Portfolios des Investors ein, indem dieser sein Kapital auf unterschiedliche Investitionen verteilt, welche nicht miteinander perfekt korreliert sind und unterschiedlichem Risiken aufweisen.[671]

6.8.2.2 Das Anwenden von Anleihe-Rating-Modellen eignet sich nicht zur Risikobewertung von MBS

Der fundamentale Unterschied zwischen Unternehmensanleihen und Anleihen, denen Hyp-Pools zugrunde liegen, basiert auf der Dynamik der Kapitalstrukturen. Da Unternehmen in Projekte investieren, deren Auszahlungen über oder unter den Erwartungen liegen können und sie ihre Anlagestrategie jeder Zeit ändern können, kann man davon ausgehen, dass ihre Kapitalstruktur dynamisch ist. Projekte, welche unter den Erwartungen liegen, können jederzeit verkauft werden, um mit den Erlösen lukrativere Investitionen zu tätigen. Die Zusammensetzung von Hyp-Pools bleibt hingegen während der gesamten Anlageperiode fix, da ihre Zusammensetzung während der Verbriefung festgelegt wurde. Der Verkauf von Hyp oder eine Investition in andere Hyp ist folglich nicht gestattet, was dazu führt, dass der Hyp-Pool seine Kapitalstruktur durch Sparen oder durch das Zuführen von neuem Kapital von außen nicht verändern kann. Dies führt dazu, dass ein Übererfüllen der Erwartungen des Hyp-Pools nach oben hin nur gering ausfallen kann und mit einem Unterschreiten des erwarteten Verlustes aus den Hyp gleich zu setzen ist.[672]

Investitionen in Unternehmensanleihen stellen folglich Analgen in eine fortlaufend überprüfte dynamische Investitionsstrategie dar, wohingegen Investitionen in Hyp-Pools Anlagen in einen statischen Pool aus unsicheren, festverzinslichen Cash Flows sind. Die fixe Struktur der Hyp-Pools ermöglicht auf der einen Seite die Minimierung von Verlusten durch falsche Managemententscheidungen, verbaut aber ebenso die Möglichkeit des Ausmerzens von ex ante Fehlern bei der Zusammensetzung des Pools, welche durch falsch wahrgenommene Kreditqualität herbei geführt wurden.[673]

671 Vgl. Mason, Joseph R./Rosner, Joshua (2007), S. 36.
672 Vgl. Mason, Joseph R./Rosner, Joshua (2007), S. 37.
673 Vgl. Mason, Joseph R./Rosner, Joshua (2007), S. 38.

Ebenso basieren Unternehmen-Ratings auf einer Punktschätzung des erwarteten Verlustes. Wird dieser überschritten, so geht man davon aus, dass eine Rückzahlung der Verpflichtungen fraglich wird, was wiederum zu einem Downgrade des Ratings führt. Da Unternehmen einer konsistenten Investitionsstrategie folgen, kann man davon ausgehen, dass der erwartete Verlust konstant verläuft.[674]

Die Schätzung des erwarteten Verlusts eines Hyp-Pools erweist sich hingegen als schwierig, da sein Verlauf nur erahnt werden kann und eine Vergangenheit, wie etwa bei einer Unternehmensstrategie und deren Ergebnis, nicht vorliegt. Außerdem zeigt sich, dass die Ausfallwahrscheinlichkeit von Hyp in den ersten Monaten besonders hoch ist, um daraufhin wieder zu sinken. Eine Schätzung des erwarteten Verlustes beider Investitionen folgt somit einem Verlauf, welcher in Abbildung 6.18 abgebildet ist.

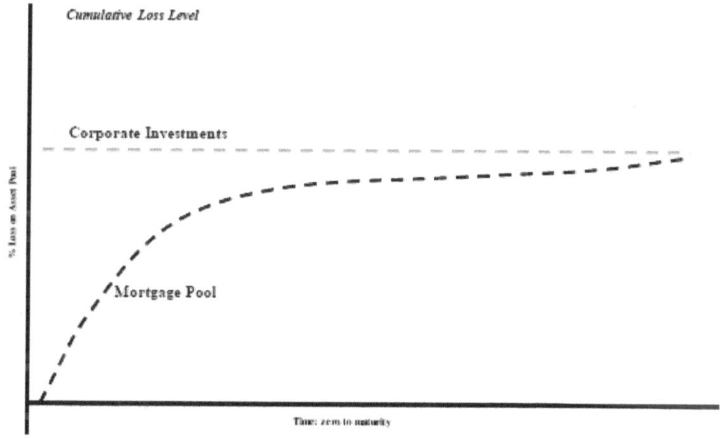

Abbildung 6.18 Erwarteter Verlust einer Unternehmensinvestition und eines Hyp-Pools

Quelle: Mason, Joseph R./Rosner, Joshua (2007), S. 39.

In welcher Art und Weise die tatsächlichen Verluste ausfallen, basiert im Endeffekt auf der Dynamik der Strategien. Unternehmensstrategien können die Erwartungen im hohen Maße übertreffen oder weit hinter ihnen zurück bleiben. Bei Hyp hingegen handelt es sich um festverzinsliche Anlageformen, welche die Erwartungen nur in geringem Maße übererfüllen können, jedoch im hohen Maße untererfüllen können. Der Verlauf der tatsächlichen Verluste folgt somit in etwa denen aus Abbildung 6.19.

674 Vgl. Mason, Joseph R./Rosner, Joshua (2007), S. 38.

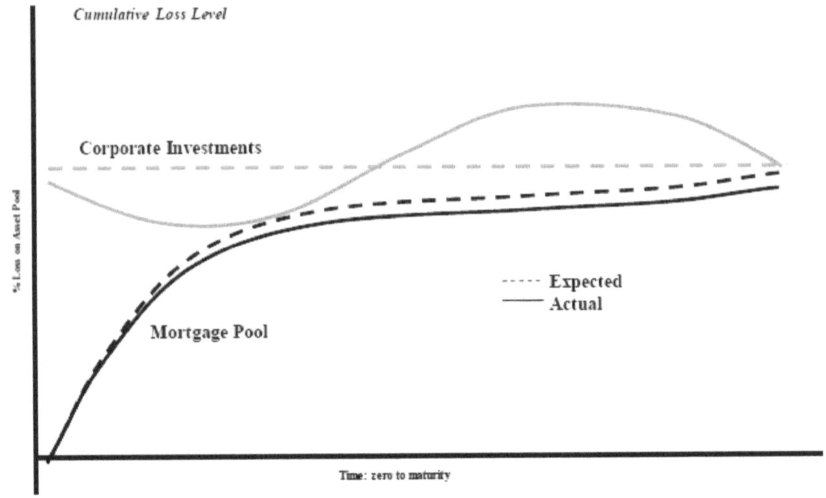

Abbildung 6.19 Erwarteter und tatsächlicher Verlust einer Unternehmensinvestition und eines Hyp-Pools

Quelle: Mason, Josepg R./Rosner, Joshua (2007), S. 41.

Im Zeitablauf folgen die erwarteten Verluste dem festen Wert, wobei sie, wie in Abbildung 6.20 links, entsprechend einer Normalverteilung um diesen Wert schwingen können. Aufgrund der Limitierung der Möglichkeit des Übererfüllens der Erwartungen bei Hyp, verteilt sich der tatsächliche Verlust entsprechend einer verzerrten Verteilungsfunktion, wie auf der rechten Seite der Abbildung 6.20 darstellt, welche dem oben beschriebenen steigenden Pfad des erwarteten Verlusts des Pools folgt.[675]

675 Vgl. Mason, Joseph R./Rosner, Joshua (2007), S. 42.

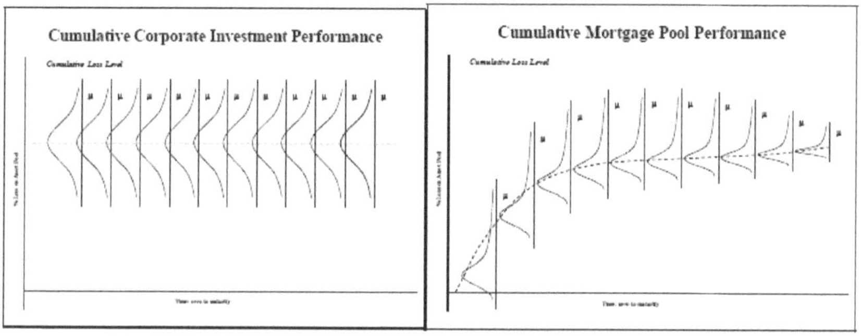

Abbildung 6.20 Statistische Verteilung kumulativer Verluste einer Unternehmensinvestition und eines Hyp-Pools

Quelle: Mason, Joseph R./Rosner, Joshua (2007), S. 42.

Die Verengung der Verteilungsfunktion des Verlusts von Hyp-Pools basiert dabei auf der sinkenden Ungewissheit bezüglich der Kreditqualität, was dazu führt, dass erwartete Verluste sinken und die Verzerrung der Funktion zurück geht und sich mehr dem Mittelwert nährt.[676]

6.8.2.3 Schlussfolgerungen

Da sich der Erfolg von Unternehmensstrategien normalverteilt prognostizieren lässt, was durch einen konstanten Mittelwert mit einer konstanten Varianz abgebildet werden kann, erscheint ein Downgrade nach einer Abweichung von beispielsweise mehr als zwei Standardabweichungen logisch. Die Übertragung dieses Gedankens auf das Downgraden von MBS führt jedoch zu Fehlinterpretationen. Da die erwartete Verlustverteilung auf Annahmen basiert und dabei noch eine Verzerrung aufweist, können Rückschlüsse auf Basis von Standardabweichungen zu falschen Schlüssen führen. Ebenso verändert sich die Verteilung im Laufe der Zeit.[677]

676 Vgl. Mason, Joseph R./Rosner, Joshua (2007), S. 43.
677 Vgl. Mason, Joseph R./Rosner, Joshua (2007), S. 44.

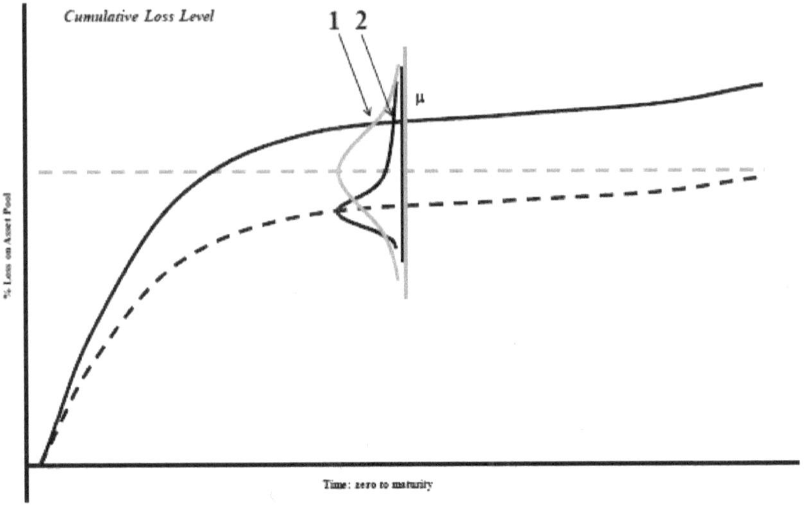

Abbildung 6.21 Anwenden von Unternehmensratingmodellen auf Hyp-Pools führt zu verspäteten Downgrades

Quelle: Mason, Joseph R./Rosner, Joshua (2007), S. 44.

Wie man in Abbildung 6.21 sehen kann, liegt der tatsächliche Verlust (schwarze durchgezogene Linie) weit über dem erwarteten Verlust (schwarze gestrichelte Linie). Fraglich ist jedoch, ob diese Abweichung derart hoch ausfällt, dass eine Abwertung gerechtfertigt wäre? Entsprechend der Anwendung von Unternehmensanleihen auf MBS würde in der Abbildung keine Abwertung erfolgen, da der tatsächliche Verlust des MBS in Punkt 1 nicht außerhalb von zwei Standardabweichungen der grauen, normalverteilten Verlustverteilung liegt, welche auf Basis von Unternehmensverlusten basiert. Eine Verteilungsfunktion für Hyp-Pools schneidet die tatsächliche Verlustverteilung jedoch in Punkt 2, welcher bereits weit entfernt vom Mittelwert der Verlustverteilung von Hyp-Pools liegt. Anstelle einer Abwertung, die in diesem Fall bereits weit im Voraus hätte getätigt werden müssen, würde in diesem Fall eine Abwertung ausbleiben. Normalverteilte Annahmen der Verlustverteilung von Hyp-Pools um einen fixen Mittelwert herum, führen folglich zu einer verspäteten Abwertung.[678]

Da sich die tatsächliche Verlustverteilung von Hyp-Pools im Zeitablauf verengt und ein Wechsel der Pool-Zusammensetzung ausgeschlossen ist, besteht für

678 Vgl. Mason, Joseph R./Rosner, Joshua (2007), S. 45.

MBS keinerlei Möglichkeit einer späteren Aufwertung. Hyp-Pools, welche unterhalb ihrer Erwartungen bleiben, ist es somit unmöglich dies später korrigieren zu können.[679]

Die Verengung der Verteilungsfunktion im Zeitablauf, welche auf einer Senkung der Unsicherheit bezüglich der Kreditqualität des Pools basiert, führt außerdem dazu, dass Maßnahmen des Credit Enhancements in späteren Perioden überflüssig werden.

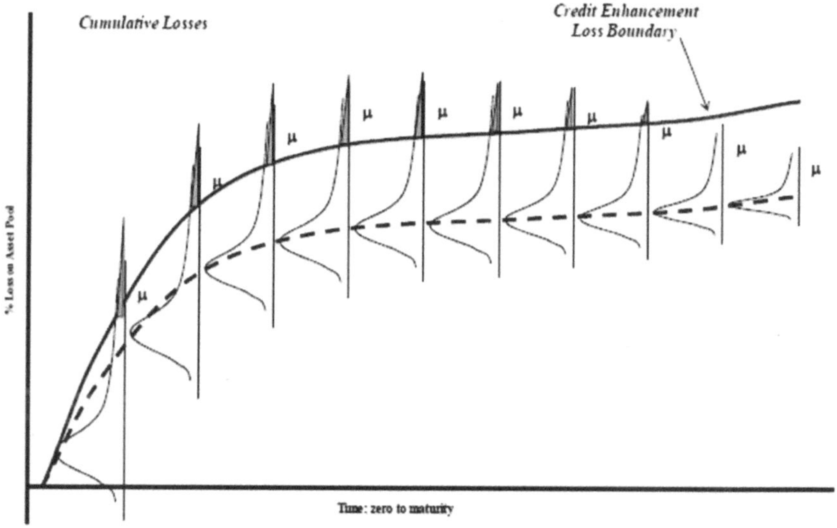

Abbildung 6.22 Unnötige Absicherungshöhe durch Credit Enhancement

Quelle: Mason, Joseph R./Rosner, Joshua (2007), S. 47.

Die Flächen der Verlustverteilung in Abbildung 6.22, welche außerhalb der Credit Enhancement Loss Boundary liegen, nehmen wie dargestellt im Laufe der Zeit ab. Die tatsächliche Verengung der Verteilung um den Mittelwert führt dazu, dass am Ende der Laufzeit Risiken abgedeckt werden, welche immer unwahrscheinlicher werden. Die Absicherung gegen diese ist insofern verschwendet und unnötig.[680]

Wie man sehen kann, bewirkt die Anwendung von traditionellen Rating-Verfahren, welche auf Unternehmensanalysen basieren, im Fall von MBS, dass das Risiko falsch dargestellt und bewertet wird. Die fehlende Dynamik des Hyp-

679 Vgl. Mason, Joseph R./Rosner, Joshua (2007), S. 45.
680 Vgl. Mason, Joseph R./Rosner, Joshua (2007), S. 47.

Pools in Verbindung mit einer verzerrten Verlustverteilung, welche sich im Zeitablauf immer weiter dem Mittelwert annähert, sowie eine anfangs steigende Verlustfunktion lassen die Anwendung eines doppelten Standardabweichungsansatzes, welcher auf einer Normalverteilung und einer konstanten erwarteten Verlustfunktion basiert, zu falschen Ergebnissen kommen.

Angesichts der oben beschriebenen Probleme bei der Risikobestimmung anhand von Ratings, kommt man zu dem Schluss, dass es sich bei diesen rechtlich betrachtet lediglich um Meinungen der Rating-Agenturen handelt. Aus ihnen können einem Investor keinerlei Schadensersatzansprüche oder sonstige Rechtsansprüche entstehen und sie dienen lediglich als Orientierungshilfe. Das Risiko kann jedoch nicht exakt bestimmen werden. Dieses Problem der Genauigkeit steigt bei neuartigen Produkten, welche vor ihrer Emission geratet werden müssen, um einen Wert für das regulatorische EK zu erhalten. Aufgrund des Mangels ausreichender historischer Werte in vielen verschiedenen Kreditzyklen müssen die Modelle der RA fortwährend angepasst werden, um das tatsächliche Risiko widerzuspiegeln. Da sich die Werte für das regulatorische EK aber an Ratings orientieren, wird den Einstufungen durch die drei großen RA ein besonderes Maß an Aufmerksamkeit geschenkt, was über das reine Äußern einer Meinung weit hinaus geht. Es ist somit fraglich, ob die drei großen RA auch in Zukunft ihrem bestehenden Geschäftsmodell nachgehen können, welches allein auf der Finanzierung durch den Emittenten aufbaut. Eine Alternative dazu könnte eine Finanzierung der RA durch die Käufer der Wertpapiere in Form eines Abonnements darstellen, was in der Praxis jedoch nur schwer einzuführen und aufrecht zu erhalten ist. Ebenso ist es fraglich, ob das bisherige regulatorische Vakuum von Seiten des Gesetzgebers auch weiterhin bestehen bleibt, da gesetzliche Eingriffe, aufgrund von Prinzipal-Agenten-Problemen und falschen Anreizen, in den Prozess des Ratings von strukturierten Produkten unumgänglich erscheinen.

7 Zusammenfassung und Ausblick

Die vorliegende Diplomarbeit zeigt, dass es kein ideales System für den Vertrieb von Hypothekarkrediten gibt. In Anlehnung an Winston Churchill kommt man zu dem Schluss, dass Originate-to-Distribute die schlechteste aller Vertriebsformen darstellt - abgesehen von all den anderen Formen, die von Zeit zu Zeit ausprobiert worden sind. Die scheinbar höhere Stabilität des Originate-to-Hold-Systems wurde nicht nur mit dem Ausschluss eines großen Teils der US-Amerikaner bei der Kreditvergabe, und hier insbesondere den unterschiedlichen Minderheiten, erkauft. Ebenso erwies sich die alleinige Finanzierungsbasis in Form von Einlagen als zu gering und krisenanfällig in Zeiten hoher Inflation. Das aktuelle System in den USA basiert auf dem fortwährenden Eingreifen des Staates, in Form von trial-and-error, was aufgrund von immer neuen Systemkrisen notwendig wurde. Der Wandel des Vertriebs von Hyp in den USA von Originate-to-Hold zur Originate-to-Distribute-Strategie führte zu einer höheren Fragmentierung, Spezialisierung und Komplexität des Vertriebs von Hypothekarkrediten in den USA. Dies erhöhte nicht nur die Anzahl der beteiligten Akteure, sondern auch die Wahrscheinlichkeit, die individuell optimale Lösung für jeden Kreditnehmer zu finden. Die gestiegene Anzahl der beteiligten Parteien in der Wertschöpfungskette von Hypothekarkrediten und die damit steigende Interdependenz der Akteure untereinander führten jedoch dazu, dass Prinzipal-Agenten Probleme entstanden. Asymmetrische Informationen, mangelnde Aufsicht, opportunistisches Verhalten der Akteure und deren „no skin in the game" Mentalität führten zu einem kontinuierlichen Sinken der Risikostandards bei der Kreditvergabe. Begünstigt durch ungenaue Risikobewertungen durch die Rating Agenturen und die Möglichkeit der Verbriefung von Hypothekarkrediten entstand ein Nachfragesog von Seiten der Kapitalmärkte, welcher den Kreislauf aus steigenden Immobilienpreisen, Finanzinnovationen und steigender Kreditvergabe zu einer Spekulationsblase anwachsen ließ. Um diesen Nachfragesog zu decken, reichte der Distributionskanal des Retails allein nicht mehr aus. Neben diesem gewannen Wholesale und die Korrespondenzsysteme immer mehr an Bedeutung. Durch die stetig steigende Nachfrage von Private-Label-Verbriefungsgesellschaften (MBS, CDO, CDO^2, usw.) konnten Subprime-KG, wie New Century Financial, die genannten Prinzipal-Agenten Probleme ausnutzen, die Kreditqualität stetig senken und gleichzeitig hohe Gewinne erwirtschaften.

Der Vertrieb von Hypothekarkrediten mit der Absicht, diese weiter zu reichen und schlussendlich zu verbriefen, um sie in Form von MBS an Investoren auszugeben, erfüllte nicht nur die anfänglichen Anforderungen, sondern verbirgt ebenso einige weitere Stärken. Neben einer breiteren, langfristigen Finanzierungsbasis des US-amerikanischen Hypothekarkreditmarktes, welcher nicht nur die regionalen Kapitalungleichgewichte ausgleichen sollte, sondern gleichsam die Finanzierung alternativer Hypothekarkreditinstrumente ermöglichte, kam es außerdem dazu, dass nicht nur die Zinssätze des US-amerikanischen Hypothekarkreditmarkt fielen, sondern ebenso die Verfügbarkeit von Hypothekarkrediten auf Bevölkerungsschichten ausgeweitet werden konnte, welchen zuvor der Wunsch vom Eigenheim verwehrt wurde. Die Verbriefung war ebenso usächlich dafür, dass die Volatilität der Zinssätze des Hypothekarkreditmarktes sank und die vormals hohe Abhängigkeit von geldpolitischen Maßnahmen der FED zurück ging. All diese Faktoren hatten zur Folge, dass über Jahrzehnte hinweg nicht nur die Eigenheimquote der US-amerikanischen Bürger, sondern durch Refinanzierungsmöglichkeiten und Home Equity Kredite ebenso deren Wohlstand beständig anstieg.

Im Gegenzug zu den oben genannten Stärken brachte die Verbriefung aber auch Schwächen mit sich. Infolge der Steigerung des Leverages und der höheren Interdependenz der Marktteilnehmer erhöhte sich nicht nur das Risiko einzelner Akteure, sondern das Risiko aller Beteiligten. Dies führte zwar einerseits dazu, dass aufgrund der Mark-to-Market-Bewertung und des VaR-Risikomanagements bei steigenden Preisen die Gewinne der Beteiligten stiegen, aber im Fall sinkender Preise führte dies andererseits zu einer erhöhten systemweiten Krisen-Ansteckungsgefahr. Diese Prozyklizität erhöht folglich die Volatilität der Marktpreise von Finanzprodukten und lässt eine nationale Krise aufgrund der internationalen Finanzierung durch die Kapitalmärkte schnell zu einer internationalen Finanzkrise anwachsen, die zwar die Auswirkungen einer US-amerikanischen Krise im eigenen Land verringert, aber die Weltwirtschaft gefährdet. Aufgrund der hohen Ratings durch die drei großen Rating Agenturen waren viele internationale Investoren der Auffassung, dass AAA eingestufte, strukturierte Produkte sichere Anlagen darstellten. Die höhere Komplexität und Intransparenz und das gestiegene Risiko dieser Anlageform wurde von vielen Investoren nicht vollends verstanden, wodurch ihre Anlageentscheidungen schlussendlich allein auf den relativ hohen Renditen und den fehlerhaften Risikoeinschätzung der Rating Agenturen basierten.

Trotz dieser Schwächen stellt die Vertriebsstrategie des Originate-to-Hold die effizienteste Form des Vertriebs von Hypothekarkrediten dar, dessen Nachteile durch den Gesetzgeber und seine Aufsichtsbehörden hätten erkannt und behoben werden müssen. Aufgrund der Deregulierungsphilosophie der US-Regierung seit den 1980er Jahren und dem allgemeinen Glauben, dass die unsichtbare Hand die Missstände auf effizienten Märkten durch Wettbewerb automatisch behebt, unterblieben Eingriffe der Regierung. Trotz einzelstaatlicher Versuche des Verbots nachweislich negativer Geschäftspraktiken des Predatory Lendings, wie betrügerische Prepayment-Strafgebühren, Balloon-Hypothekarkredite, oder der Einführung einer Assignee Liability, wurden viele Vorstöße dieser Art von Aufsichtsbehörden oder den Rating Agenturen verwässert oder gar verhindert. Ein frühzeitiges Füllen des regulatorischen Vakuums von Teilen des Hypothekarkreditmarktes, wie die unzureichende Überwachung von Brokern aber auch der Rating Agenturen, hätte den Kapitalfluss in die riskanten Segmente des US-amerikanischen Hypothekarkreditmarktes minimieren, wenn nicht sogar unterbinden können. Dank der regulatorischen Abwesenheit des Gesetzgebers konnten so im Zeitablauf ein Korporatismus entstehen, welcher, durch teilweise absichtliches Ausnutzen der Prinzipal-Agenten Probleme, das systemweite Risiko immer weiter erhöhen und die Spillover-Effekte des eigenen Handelns vernachlässigen konnte, um so hohe Gewinne zu erwirtschaften.

Eine höhere Transparenz, und damit verbundene Minimierung der asymmetrischen Informationen aller Marktakteure, würde falsche Anreize beseitigen und das Risiko im Allgemeinen senken. Da dies von den Marktteilnehmern nicht zu erwarten ist, ist einmal mehr der Gesetzgeber als Initiator gefragt. Die Zukunft wird zeigen, wie sich die getroffenen staatlichen Eingriffe auf den US-amerikanischen Vertrieb von Hypothekarkrediten und die Beziehung zwischen dessen Akteuren auswirken werden, ob intransparente und dadurch riskante Vertriebskanäle wie der Wholesale weiterhin existieren und ob Rating Agenturen in ihren bisherigen Formen auch weiterhin Bestand haben werden.

Literaturverzeichnis

Akerlof, George A. (1970), The Market for „Lemons“: Quality Uncertainty and the Market Mechanism, The Quarterly Journal of Economics, Vol. 84 (3), S. 488-500

Albrecht, Michael (2004), Das System der US-amerikanischen Wohnungsfinanzierung, Frankfurt am Main.

Alexander William P./Grimshaw, Scott/McQueen, Grant/Slade, Barrett (2001), Some Loans Are More Equal than Others: Third -Party Originations and Defaults in the Subprime Mortgage Industry, Real Estate Economics 30(4), S. 667-697.

Ambrose, Brent W./Thibodeau, Thomas G. (2004), Have the GSE Affordable Housing Goals Increased the Credit Supply of Mortgage Credit?, Regional Science and Urban Economics, Vol. 34. S. 263-273.

Ashcraft, Adam B./Schuermann (2007), Understanding the Securitization of Subprime Mortgage Credit, Foundations and Trends in Finance, Vol. 2, No. 3, S. 191-309.

Austin, Kelly (2005), Zero Down Payment Mortgage Default, verfügbar: http://www.fhfa.gov/webfiles/1276/workingpaper075.pdf (Zugriff am 15.11.2010).

Barth, James R. u.a. (2009), The Rise and Fall of the U.S. Mortgage and Credit Market, Hoboken.

Bhardwaj, Geetesh/Sengupta, Rajdeep (2008), Where's the Smoking Gun? A Study of Underwriting Standards for US Subprime Mortgages, verfügbar: http://research.stlouisfed.org/wp/2008/2008-036.pdf (Zugriff am 07.12. 2010).

Bhutta, Neil (2009), GSE Activity and Mortgage Supply in Lower-Income and Minority Neighborhoods: The Effect of the Affordable Housing Goals, verfügbar: http://www.federalreserve.gov/pubs/feds/2009/200903/revision/200903pap.pdf (Zugriff am 05.12.2010).

Black, Deborah G./ Garbade, Kenneth D./Silber, William L. (1981), The Impact of the GNMA Pass-through Program on FHA Mortgage Costs, The Journal of Finance, Vol. 36 (2), S. 457-469.

Boleat, Mark (1985), National Housing Finance Systems, London.

Bowen III., Richard M. (2010), Testimony presented tot he FCIC, Hearing on Subprime Lending and Securitization and GSE, verfügbar: http://fcic.gov/hearings/pdfs/2010-0407-Bowen.pdf (Zugriff am 05.11.2010).

Buckley, Robert u.a. (2009), Housing Finance and the Economy, in: Chiquier, Loic/Lea, Michael (Hrsg.), Housing Finance Policy in Emerging Markets, Washington, S. 1-28.

Buiter, Willem (2008), Lessons from the North Atlantic Financial Crisis, verfügbar: http://www.nber.org/~wbuiter/NAcrisis.pdf (Zugriff am 07.12. 2010).

Callis, Robert R. (2010), Residential Vacancies and Homeownership in the Second Quarter 2010, verfügbar: http://www.census.gov/hhes/www/ housing/hvs/qtr210/files/q210press.pdf (Zugriff am 22.11.2010).

Calomiris, Charles W. (2008), The Subprime Turmoil: What's Old, What's New, and What's Next, verfügbar: http://imf.org/external/np/res/seminars/2008/ arc/pdf/cc.pdf (Zugriff am 07.12.2010).

Carr, James H./Kolluri, Lopa (2001), Predatory Lending: An Overview, verfügbar: http://www.knowledgeplex.org/kp/text_document_summary/ article/relfiles/hot_topics/Carr-Kolluri.pdf (Zugriff am 06.11.2010).

Chambers, Matthew S. u.a. (2008), Mortgage Innovation, Mortgage Choice and Housing Decisions, verfügbar: http://research.stlouisfed.org/publications/ review/08/11/Chambers.pdf (Zugriff: 12.10.2010).

Cho, Man (2007), 180 Years Evolution of the US Mortgage Banking System: Lessons for Emerging Mortgage Markets, International Real Estate Review, Vol 10 No. 1, S. 171-212.

Chomsisengphet, Souphala/ Murphy, Timothy/Pennington-Cross, Anthony (2008), Product Innovation & Mortgage Selection in the Subprime Era, verfügbar: http://ssrn.com/abstract=1288726 (Zugriff am 07.12.2010).

Cole, Roger T. (2007), Subprime mortgage market, verfügbar: http://www. federalreserve.gov/newsevents/testimony/cole20070322a.htm (Zugriff am 12.10.2010).

Colton, Kent W. (2002), Housing Finance in the United States: The Transformation of the U.S. Housing Finance System, verfügbar: http://www.jchs. harvard.edu/publications/finance/W02-5_Colton.pdf (Zugriff am 30.10. 2010).

Congressional Budget Office (2001), Federal Subsifies and the Housing GSE, verfügbar: http://www.cbo.gov/ftpdocs/28xx/doc2841/GSE.pdf (Zugriff am 02.12.2010).

Cowan, Cameron L. (2003), Statement of Cameron L. Cowan before the Subcommittee on Housing and Community Opportunity, History and Overview of Securitization, November 5th 2003, verfügbar: http://financialservices.house.gov/media/pdf/110503cc.pdf (Zugriff am 01.11.2010).

Dell'Ariccia, Giovanni/ Igan, Deniz/ Laeven, Luc (2008), Credit Booms and Lending Standards: Evidence from the Subprime Mortgage Market, verfügbar: http://papers.ssrn.com/sol3/papers.cfm?abstract_id=1100138 (Zugriff am 07.12.2010).

Demyanyk, Yuliya/Hemert, Otto Van (2008), Understanding the Subprime Mortgage Crisis, verfügbar: http://www.stlouisfed.org/banking/pdf/SPA/SPA_2007_05.pdf (Zugriff am 05.11.2010).

Dennis, Marshall W. (1989), Residential Mortgage Lending: Principles and Practices, Mason.

Dugan, John C. (2010), Statement before the Financial Crisis Inquiry Commission, verfügbar: http://fcic.gov/hearings/pdfs/2010-0408-Dugan.pdf (Zugriff am 13.09.2010).

Duncan, Douglas (2001), The current status of the U.S. mortgage market, Housing Finance International, September.

El-Anshasy, Amany/Elliehausen, Gregory/Shimazaki, Yoshiaki (2005), The Pricing of Subprime Mortgages by Mortgage Brokers and Lenders, verfügbar: http://www.cambweb.org/main/cwo/pdfs/misc_assets/GW_brokerstudy_06.pdf (Zugriff am 05.11.2010).

Ergungor, O. Emre (2003), Securitzation, verfügbar: http://www.clevelandfed.org/research/commentary/2003/0815.pdf (Zugriff am 01.11.2010).

FCIC (Financial Crisis Inquiry Commission) (2010a), The Mortgage Crisis, verfügbar: http://fcic.gov/reports/pdfs/2010-0407-PSR_-_The_Mortgage_Crisis.pdf (Zugriff am13.09.2010).

FCIC (2010b), Credit Ratings and the Financial Crisis, verfügbar: http://fcic.gov/reports/pdfs/2010-0602-Credit-Ratings.pdf (Zugriff am 24. 11.2010).

FDIC (1997), The Mutual Savings Bank Crisis, verfügbar: http://www.fdic.gov/bank/historical/history/211_234.pdf (Zugriff: 12.10.2010).

FDIC (2006), Challenges and FDIC Efforts Related to Predatory Lending, verfügbar: http://www.fdicig.gov/reports06/06-011-508.shtml (Zugriff am 05.11.2010).

FDIC (2007), ComE-IN Background Definitions, verfügbar: http://www.fdic.gov/about/comein/background.html (Zugriff am 12.10.2010)

Federal Reserve Bank of Boston (2009), Frequently Asked Questions of FHA Lending, verfügbar: http://www.bos.frb.org/bankinfo/fhalending.pdf (Zugriff am 30.10.2010).

FTC (Federal Trade Commission) (2007), Improving Consumer Mortgage Disclosure, verfügbar: http://www.ftc.gov/os/2007/06/P025505MortgageDisclosureReport.pdf (Zugriff am 08.11.2010).

Foote, Christopher L./Gerardi, Kristopher/Goette, Lorenz/Willen, Paul S. (2008), Subprime Facts: What (we think) we know about the Subprime

Crisis and what we don´t, Public Policy DisCUsion Paper No. 08-2, verfügbar: http://www.bos.frb.org/economic/ppdp/2008/ppdp0802.pdf (Zugriff am 05.11.2010).

Franke, Günter/ Krahnen, Jan Pieter (2005), Default risk sharing between banks and markets: The contribution of collateralized debt obligations, verfügbar: http://citeseerx.ist.psu.edu/viewdoc/download?doi=10.1.1.111.7810&rep=rep1&type=pdf (Zugriff am 06.12.2010).

Gallegati, Mauro/ Greenwald, Bruce/ Richiardi, Matteo G./ Stiglitz , Joseph E. (2008), The Asymmetric Effect of Diffusion Processes: Risk Sharing and Contagion, Global Economy Journal, Vol. 8(3), S. 1-20.

GAO (General Accounting Office) (2004), Federal and State Agencies Face Challenges in combating Predatory Lending, verfügbar: http://www.gao.gov/new.items/d04280.pdf (Zugriff am 06.11.2010).

Gerardi, Kristopher/Shapiro, Adam Hale/ Willen, Paul S. (2008), Subprime Outcomes: Risky Mortgages, Homeownership Experiences, and Foreclosures, verfügbar: http://www.bos.frb.org/economic/wp/wp2007/wp0715.pdf (Zugriff am 07.12.2010).

Green Richard K./Wachter Susan M. (2005), The American Mortgage in Historical and International Context, Journal of Economic Perspectives, Vol. 19 Issue 4, S. 93-114.

Greenbaum, Stuart I./Thaktor, Anjan V. (1987), Bank Funding Modes: Securitization versus Deposits, Journal of Banking and Finance, Vol. 11, S. 379-401.

Greenlaw, David/Hatzius, Jan/Kashyap, Anil K/Shin, Hyun Song (2008), Leveraged Losses- Lessons from the Mortgage Market Meltdown, verfügbar: http://faculty.chicagobooth.edu/anil.kashyap/research/MPFReport-final.pdf (Zugriff am 07.12.2010).

Golding, Edward/Green, Richard K./Mcmanus, Douglas A. (2008), Imperfect Information and the Housing Finance Crisis, verfügbar: http://www.jchs.harvard.edu/publications/finance/understanding_consumer_credit/papers/ucc08-6_golding_green_mcmanus.pdf (Zugriff am 05.11.2010).

Goldstein, Debbie/Strohauer, Stacey (2003), Why Prepayment Penalties are Abusive in Subprime Home Loans, verfügbar: http://www.responsiblelending.org/mortgage-lending/research-analysis/PPP_Policy_Paper2.pdf (Zugriff am 06.11.2010).

Gorton, Gary/Souleles, Nicholas S. (2005), Special Purpose Vehicles and Securitization, verfügbar: http://www.nber.org/chapters/c9619.pdf (Zugriff am 03.12.2010).

Gorton, Gary B. (2008), The Panic of 2007, verfügbar: http://www.kc.frb.org/publicat/sympos/2008/gorton.08.04.08.pdf (Zugriff am 07.12.2010).

Hänsel, Dennis/ Krahnen, Jan-Pieter (2007), Does Credit Securitization Reduce Bank Risk? Evidence from the European CDO Market, verfügbar: http://ssrn.com/abstract=967430 (Zugriff am 06.12.2010).

Hellwig, Martin (2008), Systemic Risk in the Financial Sector: An Analysis of the Subprime-Mortgage Financial Crisis, verfügbar: SSRN: http://ssrn.com/abstract=1309442 (Zugriff am 06.12.2010).

Hendershott, Patric H./Shilling James D. (1989), The Impact of the Agencies on Conventional Fixed-Rate Mortgage Yields. Journal of Real Estate Finance and Economics 2. S. 101-115.

Hill, Claire A. (1996), Securitization: A Low-Cost Sweetener For Lemons, Washington University Law Quarterly, Vol. 74, S. 1061-1120.

Hoffmann, Mathias/ Nitschka , Thomas (2008), Securitization of Mortgage Debt, Asset Prices and International Risk Sharing, verfügbar: http://ssrn.com/abstract=1159724 (Zugriff am 07.12.2010).

HUD (U.S. Department of Housing and Urban Development) (2002), Subprime Markets, the Role of GSE and risk-based Pricing, prepared by Temkin, Kenneth/Johnson, Jennifer E.H./Levy, Diane, verfügbar: http://www.hud user.org/publications/pdf/subprime.pdf (Zugriff: 03.11.2010).

Hull, John C. (2009), Credit Crunch of 2007: What Went Wrong? Why? What Lessons Can Be Learned? Journal of Credit Risk, Vol. 5(2), S. 3-18.

Immergluck, Dan (2009), Foreclosed – High Risk Lending, Deregulation and the Undermining of America´s Mortgage Market, New York.

Jacobides, Micahel G. (2002), Mortgage Banking Unbundling: Structure, Automation and Profit, Housing Finance International, März, S. 3-13.

Keys, Benjamin J./Mukherjee, Tanmoy/Seru, Amit/Vig, Vikrant (2008), Did Securitization lead to lax Screening? Evidence from Subprime Loans, verfügbar: http://papers.ssrn.com/sol3/papers.cfm?abstract_id=1093137& (Zugriff am 07.11.2010).

Kim-Sung, K./Hermanson, S. (2003), Experiences of older Refinance Mortgage Loan Borrowers: Broker- and Lender-Originated Loans, verfügbar: http://assets.aarp.org/rgcenter/post-import/dd83_loans.pdf (Zugriff am 05.11.2010)

Kolari, James W., /Fraser, Donald R./Anari, Ali (1998), The Effects of Securitization on Mortgage Market Yields: A Cointegration Analysis, Real Estate Economics, Vol. 26(4). S. 677-693.

LaCour-Little, Michael/Chun, Gregory H. (1999), Third Party Originators and Mortgage Prepayment Risk: An Agency Problem?, Journal of Real Estate Research, Vol 17(1/2), S. 55-70.

LaCour-Little, Michael (2009), The Pricing of Mortgage by Brokers: An Agency Problem?, Journal of Real Estate Research, Vol. 31, No. 2, S. 235-263.

Ladermann, Elisabeth/Reid Carolina (2009), CRA Lending during the Subprime Meltdown, verfügbar: http://www.frbsf.org/publications/community/cra/cra_lending_during_subprime_meltdown.pdf (Zugriff am 06.11.2010).

Lea, Michael (2009), Mortgage Instruments, , in: Chiquier, Loic/Lea, Michael (Hrsg.), Housing Finance Policy in Emerging Markets, Washington, S. 49-64.

Lehnert, Andreas/Passmore, Wayne/Sherlund, Shane M. (2007), GSE, Mortgage Rates and Secondary Market Activities, Journal of Real Estate Finance and Economics, Vol. 36(3), S. 343-363.

Lei, Ding/Quercia, Roberto, G./Reid, Carolina K./White, Alan M. (2010), The Impact of Federal Preemption of State Anti-Predatory Lending Laws and the Foreclosure Crisis, verfügbar: https://www.appam.org/conferences/fall/boston2010/sessions/downloads/1099.1.pdf (Zugriff am 06.11.2010).

Lereah, David (2003), Current Structure of U.S. Real Estate Market, verfügbar: http://www.ba.ncku.edu.tw/stuff/teacher/yong/REI/A/0/CurrentStructure.ppt (Zugriff am 01.10.2010).

Li, David X (1999), On Default Correlation: A Copula Function Approach, Journal of Fixed Income, Vol. 9, S. 43–54.

Liebowitz, Stan J. (2009), Anatomy of a Train Wreck: Causes of the Mortgage Meltdown, verfügbar: http://ssrn.com/abstract=1211822 (Zugriff am 07.12.2010).

Lindsay, Patricia (2010), Testimony of Patricia Lindsay for the Financial Crisis Inquiry Commission, verfügbar: http://www.fcic.gov/hearings/pdfs/2010-0407-Lindsay.pdf (Zugriff am 05.11.2010).

Loutskina, Elena (2005), Does Securitization Affect Bank Lending? Evidence from Bank Responses to Funding Shocks, verfügbar: http://ssrn.com/abstract=677001 (Zugriff am 03.12.2010).

Loutskina, Elena/Strahan, Philip E. (2006), Securitization and the Declining Impact of Bank Finance on Loan Supply: Evidence from Mortgage Acceptance Rates, verfügbar: https://www.imf.org/external/np/seminars/eng/2008/fincycl/pdf/loustr.pdf (Zugriff am 03.12.2010).

Macke, John F./McGuire, Rick L. (1993), Methods of Mortgage Loan Origination, in The Handbook of Mortgage Banking, Ledermann, Jess (Hrsg.), S. 145-162.

Manns, Jeffrey (2008), Rating Risk after the Subprime Mortgage Crisis: A User Fee Approach for Rating Agency Accountability, verfügbar: http://ssrn.com/abstract=1199622 (Zugriff am 08.12.2010).

Mason Joseph R./Rosner Joshua (2007), Where did the risk go? How misapplied Bond Ratings caused Mortgage Backed Securities and Collateralized Debt Obligation Market Disruptions, verfügbar: http://papers.ssrn.com/sol3/papers.cfm?abstract_id=1027475& (Zugriff am 07.11.2010).

Martinellini, Lionel/Priaulet, Philippe/Priaulet, Stéphane (2003), Fixed-Income Securities, Chichester.

Mian, Atif/Sufi, Amir (2008), The Consequences of Mortgage Credit Expansion: Evidence from the Mortgage Default Crisis. verfügbar: http://ssrn.com/abstract=1072304 (Zugriff am 03.12.2010).

Miller, Stephen M./Tootell, Geoffrey M.B. (2000), Redlining, the Community Reinvestment Act and Private Mortgage Insurance, Journal of Urban Economics, Vol. 55(2), S. 278-297.

Missal, Michael J. (2008), Final Report of Michael J. Missal Bankruptcy Court Examiner in New Century TRS Holding, verfügbar: http://www.klgates.com/FCWSite/Final_Report_New_Century.pdf (Zugriff am 06.11.2010).

Mizen, Paul (2008), The Credit Crunch of 2007-2008: A DisCUsion of the Background, Market Reactions, and Policy Responses, Federal Reserve Bank of St. Louis Review, 90(5), S. 531-567.

Moe, Ronald C./Stanton, Thomas H. (1989), Government-Sponsored Enterprises as Federal Instrumentalities, Public Administration Review, Vol. 49(2), S. 321-329.

Naranjo, Andy/Toevs, Alden. (2002), The Effects of Purchases of Mortgages and Securitizations by GSE on Mortgage Yield Spreads and Volatility, Journal of Real Estate Finance and Economics, Vol. 25, S. 173-195.

OCC (1998), Mortgage Banking Comptroller´s Handbook, verfügbar: http://www.occ.gov/static/publications/handbook/mortgage.pdf (Zugriff am 01.10.2010).

OTS (Office of Thrift Supervision) (2002), Qualified Thrift Lending Test, verfügbar: http://www.ots.treas.gov/_files/422097.pdf (Zugriff am 12. 10.2010).

Pafenberg, Forrest (2004), The Single-Family Mortgage Industry in the Internet Era: Technology Developments and Market Structure, OFHEO Research Paper, verfügbar: http://www.fhfa.gov/webfiles/1146/technologypaper12004.pdf (Zugriff am 03.11.2010).

Peterson, Christopher L. (2007), Cardozo Law Review, Vol. 28, No. 5, S. 2186-2238.

Picot, Arnold/Reichwald, Ralf/Wigand, Rolf (2008), Information, Organization and Management, Heidelberg.

Piossek, Ines / Wölfle, Peter (2007), ABS-Transaktionen, in: Hockmann Heinz J. / Thießen Friedrich (Hrsg.), Investment Banking,Stuttgart, S. 329-351.

Pratt, John W./Zeckhauser, Richard J. (1985), Principals and Agents: The Structure of Business, Boston.

Purnanandam, Amiyatosh (2009), Originate-to-Distribute Model and the Sub-Prime Mortgage Crisis. verfügbar: http://ssrn.com/abstract=1167786 (Zugriff am 07.12.2010).

Quercia, Roberto G./Stegman, Michael A./Davis, Walter R. (2005), The Impact of predatory loan terms on subprime foreclosure: The special case of prepayment penalties and balloon payments. Housing Policy Debate Vol. 18(2), S. 311-346.

Rajan, Uday/ Seru, Amit/Vig, Vikrant (2010), The Failure of Models that Predict Failure: Distance, Incentives and Defaults, verfügbar: http://ssrn.com/abstract=1296982 (Zugriff am 06.12.2010).

Reiss, David J. (2009), The Role of Fannie Mae/Freddie Mac in the American Housing Market, Journal of Financial Regulation and Compliance, Vol. 17, S. 336-348.

Ross, Stephen A. (1973), The Economic Theory of Agency: The Principal´s Problem, American Economic Review, Vol. 63(2), S. 134-139.

Sabry, Faten/Okongwu, Chudozie (2009), Study of the Impact of Securitization on Consumers, Investors, Financial Institutions and Capital Markets, verfügbar: http://www.nera.com/extImage/PUB_ASF_Report_June_2009.pdf (Zugriff am 01.12.2010).

Schwarcz, Steven L. (1994), The Alchemy of Asset Securitization, Stanford Journal of Law, Business & Finance, Vol. 1, S. 133-154.

Schwarcz, Steven L. (2008), The Future of Securitization, verfügbar: http://ssrn.com/abstract=1300928 (Zugriff am 06.12.2010).

Schwartz, Alex F. (2010), Housing Policy in The United States, New York.

Smith, Steve (2002), Predatory Lending, Mortgage Fraud and Client Pressure, The Appraisal Journal, S. 200-213.

Straka, John W. (2000), A Shift in the Mortgage Landscape: The 1990s Move to Automated Credit Evaluations, Journal of Housing Research, Vol. 11(2), S. 207-232.

Staub, Uwe (o.J.), Was Deutschland bei der Eigenheimförderung von anderen Ländern lernen kann?, verfügbar: http://www.familienpolitik.net/Bauforderung/Landervergleich/body_landervergleich.html (Zugriff am 13.09.2010).

Thießen, Friedrich (2011), Opportunismus und Finanzmärkte, Wiesbaden.

U.S. Census Bureau (o.J.), Historical Census of Housing Tables: Homeownership, verfügbar: http://www.census.gov/hhes/www/housing/census/historic/owner.html (Zugriff am 22.11.2010) .

U.S. Department of Housing and Urban Development (2009), Subprime Lending Report: Unequal Burden: Income and Racial Disparities in Subprime Lending, verfügbar: http://archives.hud.gov/reports/subprime/subprime.cfm (Zugriff: 12.10.2010).

White, Lawrence J. (2004), Fannie Mae, Freddie Mac and Housing Finance: Why True Privatization is good Public Policy, Policy Analysis October 2004, No. 528, S. 1-23.

Woodward, Susan E. (2003), Consumer Confusion in the Mortgage Market, verfügbar: http://www.sandhillecon.com/pdf/consumer_confusion.pdf (Zugriff am 05.11.2010).

Kolibri 360 GmbH
Ferdinand-Jühlke-Straße 7
99095 Erfurt, Deutschland
produktsicherheit@kolibri360.de